클린 애자일

Clean Agile: Back to Basics

클린 애자일

새로운 세대를 위한 애자일 가치와 실천

초판 1쇄 발행 2020년 12월 4일 **2쇄 발행** 2022년 3월 28일 **지은이** 로버트 C. 마틴 **옮긴이** 정지용 **펴낸이** 한기성 **펴낸곳** (주)도서
출판인사이트 **편집** 백주옥 **본문 디자인** 성은경 **제작·관리** 이유현, 박미경 **용지** 월드페이퍼 **출력·인쇄** 에스제이피앤비 **후가공** 이
레금박 **제본** 서정바인텍 **등록번호** 제2002-000049호 **등록일자** 2002년 2월 19일 **주소** 서울시 마포구 연남로5길 19-5 **전화** 02-
322-5143 **팩스** 02-3143-5579 **이메일** insight@insightbook.co.kr **ISBN** 978-89-6626-286-1 책값은 뒤표지에 있습니다. 잘못
만들어진 책은 바꾸어 드립니다. 이 책의 정오표는 http://blog.insightbook.co.kr에서 확인하실 수 있습니다.

클린 애자일

Clean Agile

로버트 C. 마틴 지음 | 정지용 옮김

인사이트

풍차나 폭포를 공격해 본[1]
모든 프로그래머에게

---

1 (옮긴이) 세르반테스의 소설 《돈키호테》에서 주인공 돈키호테가 풍차를 공격하는 모습에서 온 표현이다.

차례

7장 장인 정신 189

8장 결론 209

옮긴이의 글

"합시다. 스크럼."

　장류진 작가의 소설 《일의 기쁨과 슬픔》은 어느 스타트업의 스탠드업 미팅 장면으로 시작한다. 아침마다 한 무리의 사람이 둥그렇게 둘러서 있는 모습은 어느덧 익숙한 풍경이 되었다. 웬만한 소프트웨어 회사라면 애자일 실천 방법을 몇 가지 도입하여 사용하고 있을 것이다. 소프트웨어 업계 밖에서도 애자일을 다룬 책들이 주목을 받고 있다. 하지만 안타깝게도 현업에서는 소설에서 묘사된 것처럼 껍데기만 애자일인 경우가 적지 않다.

　스크럼이나 계획 세우기, 리팩터링 같은 애자일 실천 방법을 당연하다는 듯 사용하지만, 애자일 선언과 그에 따르는 12가지 원칙까지 찾아본 사람은 그리 많지 않을 것이다. 나 역시 애자일을 다룬 책도 보고 여러 가지 실천 방법도 따르려고 애썼지만, 애자일의 본질이 무엇인지는 별로 생각해 보지 않았다.

　로버트 마틴은 애자일 선언에 참여했을 뿐 아니라, 《클린 코드: 애자일 소프트웨어 장인 정신》을 비롯한 많은 책에서 애자일 소프트웨어 개발에 대하여 끊임없이 이야기해 왔다. 그는 아마 애자일이 품고 있는 사상과 가치를 설명하기에 가장 적합한 사람일 것이다. 왜 짧은 주기로 반복을 해야 하는지, 왜 번다운 차트를 그려야 하는지, 왜 그렇게 포스트잇을 붙여야 하는지 말이다.

애자일 선언 이후 19년이 흘렀지만 애자일의 가치는 전혀 녹슬지 않았다. 오히려 빠르게 변하는 환경에 대응하는 방법으로 더욱 주목받고 있다. 애자일의 기본을 제대로 이해한다면 더 효과적으로 애자일을 활용하고, 나아가 좋은 소프트웨어를 만드는 데 큰 도움이 될 것이다. 이 책이 그 여정에 좋은 길잡이가 되길 바란다.

번역을 맡겨 주시고 꼼꼼하게 원고를 다듬어 주신 인사이트 관계자 여러분, 원고를 꼼꼼하게 검토해 주신 리뷰어들께 감사의 말씀을 전한다.

정지용

2020년 10월

추천사

애자일 개발Agile development이란 정확하게 무엇인가? 어디서 기원했고, 어떻게 진화해 왔나?

이 책에서 엉클 밥은 이 질문들에 사려 깊게 답하고 있다. 애자일 개발에 대한 많은 오해와 왜곡도 짚어 준다. 엉클 밥은 이 주제의 권위자이기도 하지만, 애자일 개발의 탄생에 참여하기도 했으니 그의 생각을 잘 들어보면 좋을 것이다.

밥과 나는 오랜 친구 사이다. 우리는 1979년에 내가 테라다인Teradyne의 통신 부서에 합류하면서 처음 만났다. 원래 전기 기술자였던 나는 제품 설치와 지원을 담당하다가, 나중에 하드웨어 설계자가 되었다.

입사하고 1년쯤 후에 회사는 새로운 제품 아이디어를 찾기 시작했다. 1981년에 밥과 나는 전자 전화 안내원이라는 아이디어를 제안했다. 오늘날로 따지면 통화 분배 기능이 있는 음성 사서함 서비스였다. 회사는 이 발상을 마음에 들어 했고, 우리는 곧 '전자 안내원Electronic Receptionist, E.R.'을 개발하기 시작했다. 우리 프로토타입은 최첨단이었다. 인텔 8086 프로세서에서 MP/M 운영체제를 사용했다. 음성 메시지는 5메가바이트 시게이트Seagate ST-506 하드 디스크에 저장했다. 밥이 프로그램을 작성하는 동안, 나는 음성 포트 하드웨어를 설계했다. 나는 설계를 마친 후에 프로그램을 작성하기 시작했다. 그 이후로 나는 개발자로서 살아왔다.

1985~86년 즈음에 테라다인은 급작스럽게 E.R. 개발을 중단시켰다. 그리고 우리 모르게 특허 신청도 취소했다. 사업상의 이유로 내린 결정이었지

만, 회사는 곧 후회했다. 밥과 나도 여전히 그 일로 괴로워하고 있다.

결국 우리는 테라다인을 떠나 각자 다른 곳으로 갔다. 밥은 시카고 지역에서 컨설팅 사업을 시작했고, 나는 외주 소프트웨어 개발과 강의를 시작했다. 내가 다른 주로 이사한 후에도 우리는 계속 연락을 하며 지냈다.

2000년까지 나는 러닝 트리 인터내셔널Learning Tree International에서 객체 지향 분석과 설계를 가르쳤다. 수업 내용에는 UML과 통합 소프트웨어 개발 프로세스Unified Software Development Process, USDP가 포함되어 있었다. 나는 이런 기술에는 훤했지만, 스크럼Scrum이나 익스트림 프로그래밍Extreme Programming 같은 방법론은 잘 몰랐다.

2001년 2월, 애자일 선언Agile Manifesto이 발표되었다. 나의 첫 반응도 다른 많은 개발자와 다르지 않았다. "애자일… 뭐?" 내가 아는 유일한 선언은 열렬한 공산주의자였던 칼 마르크스Karl Marx가 쓴 것이었다. 이 애자일이라는 것이 군대를 동원하라는 건가? 이런 소프트웨어 과격분자들을 보았나!

이 선언이 일종의 반란을 촉발하긴 했다. 애자일 선언은 협력, 적응, 피드백에 기반한 접근방식을 중요시했다. 이를 통해 간결하고 깨끗한 코드를 개발하도록 이끄는 것이었다. 애자일 선언은 폭포수나 USDP 같은 '무거운' 프로세스의 대안을 제시했다.

애자일 선언이 발표된 지 18년이 지났다. 요즘의 개발자 대부분에게는 오래된 역사일 것이다. 그래서 어쩌면 애자일 개발에 대해 이해하고 있는 것이 원래 창시자들의 의도와는 다를 수도 있을 것이다.

이 책의 목표는 오해를 바로잡는 것이다. 역사라는 렌즈를 통해 애자일 개발을 보다 전체적으로 정확하게 보여 준다. 엉클 밥은 내가 아는 가장 똑똑한 사람 중 한 명이며, 프로그래밍에 대한 끝없는 열정을 가지고 있다. 애자일 개발을 분명하게 알려 줄 수 있는 사람이 있다면, 바로 엉클 밥일 것이다.

제리 피츠패트릭(Jerry Fitzpatrick)

소프트웨어 리노베이션 코퍼레이션

2019년 3월

이 책은 연구 결과물이 아니다. 나는 문헌을 열심히 살펴보지 않았다. 여러분이 이제 읽게 될 내용은 내가 애자일과 함께한 20년간의 개인적인 기억과 관찰, 의견일 뿐 그 이상도 이하도 아니다.

이 책은 대화하듯이 구어체로 썼다. 때로는 다소 상스러운 단어도 사용했다. 그렇다고 횡설수설하기만 한 것은 아니다. 필요해 보이는 부분에는 참고 문헌을 추가하여 더 찾아볼 수 있도록 해두었다. 몇 가지 사실은 나만큼이나 애자일 커뮤니티에 오래 있었던 다른 사람들에게 확인했다. 몇몇 사람에게는 추가할 내용이나 동의하지 않는 관점을 직접 이 책의 한 꼭지로 써달라고 부탁까지 했다. 그렇지만 이 책을 학술적인 결과물이라고 생각해서는 안 된다. 회고록이라고 생각하면 좋을 것 같다. 괴팍한 사람 하나가 신기한 것만 좋아하는 애자일 키즈에게 우리 집 마당에서 꺼지라고 외치는 불평 같은 것 말이다.

이 책은 프로그래머와 프로그래머가 아닌 사람, 둘 다를 위한 것이다. 기술적인 책도 아니고 코드도 없다. 프로그래밍이나 테스트, 관리에 대한 기술적인 세부사항은 깊이 다루지 않으면서, 애자일 소프트웨어 개발의 본래 취지를 전반적으로 살펴보려는 것이다.

이 책은 짧다. 다루는 주제가 그리 크지 않기 때문이다. 애자일은 작은 일을 하는 작은 프로그래밍팀이 겪는 작은 문제에 대한 작은 아이디어다. 큰 일을 하는 큰 프로그래밍팀이 겪는 큰 문제에 대한 큰 아이디어가 아니다. 이렇게 작은 문제에 대한 작은 해결책에 이름까지 붙인다는 게 좀 아이러니하다. 어쨌든, 우리가 다루는 이 작은 문제는 1950~60년대에 답이 나왔다. 거의 소프트웨어라는 것이 발명되자마자였다. 그 시대의 작은 소프트웨어팀들은 작은 일을 잘하는 법을 깨달았다. 하지만 1970년대에 모든 것이 어그러지고 말았다. 작은 일을 하던 작은 소프트웨어팀들이 큰 팀을 이루어 큰 일을 해야 한다는 이념 아래 모두 뒤얽히고 만 것이다.

우리가 큰 팀에서 큰 일을 하기로 되어 있었던 것 아니냐고? 천만에, 아니다! 큰 일은 큰 팀에서 이루어지지 않는다. 큰 일은 작은 일을 하는 많은 작은 팀이 협동해서 이루어진다. 이것이 1950~60년대의 프로그래머들이 본능적으로 알았던 사실이다. 하지만 1970년대에는 잊히고 말았다.

왜 잊었을까? 나는 단절 때문이라고 본다. 세계의 프로그래머 수는 1970년대에 폭발하기 시작했다. 그전에는 전 세계에 프로그래머가 몇 천 명밖에 되지 않았다. 그러나 1970년대가 지나며 수십만 명이 되었고, 이제는 1억 명에 가까워지고 있다.

예전 1950~60년대 최초의 프로그래머들은 젊은이들이 아니었다. 프로그래밍을 30대나 40대 혹은 50대에 시작한 사람들이었다. 프로그래머 인구가 폭발하기 시작한 1970년대가 되자 필요한 교육이 이루어지지 않은 채, 나이 많은 이들은 은퇴하기 시작했다. 경험 많은 사람들이 떠나던 그때, 말도 안 될 정도로 어린 20대가 새롭게 노동시장에 유입되었고, 그동안 쌓인 경험은 효과적으로 전해지지 않았다.

어떤 사람은 이 사건이 프로그래밍에 일종의 암흑기를 열었다고 이야기한다. 그 후로 30년 동안 우리는 큰 팀으로 큰 일을 해야 한다는 생각 속에서 헤맸다. 비결은 다수의 작은 팀에서 작은 일을 많이 하는 것이라는 것을 모르는 채.

그러다 90년대 중반, 우리는 우리가 잊어버렸던 것을 다시 알아차리기 시작했다. 작은 팀이라는 아이디어가 싹트고 자라기 시작했다. 이 아이디어는 소프트웨어 개발자 커뮤니티 사이에서 동력을 얻으며 퍼져갔다. 2000년에 우리는 산업 전반에 걸쳐서 재시작이 필요함을 깨달았다. 우리 조상들이 본능적으로 알았던 것을 다시 일깨워야 했다. 큰 일은 작은 일을 하는 많은 작은 팀이 협동함으로써 이룰 수 있다는 것을 다시 한번 깨달아야 했다.

이 아이디어를 더 널리 알리기 위해, 우리는 여기에 이름을 붙였다. 바로 '애자일Agile'이다.

나는 이 글을 2019년 초에 쓰고 있다. 2000년의 재시작으로부터 거의 20

년이 지났고, 재시작을 다시 한번 해야 할 것 같아 보인다. 왜냐고? 애자일의 단순하고 작은 메시지가 그동안 뒤죽박죽 되어 버렸기 때문이다. 애자일은 린Lean이나 칸반Kanban, LeSS, SAFe, 모던Modern, 숙련Skilled 등 많은 개념과 섞여 버렸다. 이런 다른 아이디어가 나쁜 것은 아니지만, 원래 애자일의 메시지는 아니다.

자, 이제 우리 조상들이 1950~60년대에 알았던, 그리고 우리가 2000년에 다시 배운 것을 또다시 떠올릴 시간이다. 애자일이란 진짜로 무엇인지 되짚어 볼 때가 되었다.

이 책에서 특별히 새로운 것이나 놀라운 것, 충격적이거나 틀을 깨는 혁명적인 내용을 찾을 수는 없을 것이다. 2000년에 우리가 이야기했던 애자일에 관하여 다시 이야기할 것이다. 아, 다만 다른 관점에서 이야기할 것이고, 지난 20년 동안 우리가 배운 것도 몇 가지 추가했다. 하지만 전체적으로 이 책의 메시지는 2001년의 메시지, 그리고 1950년대의 메시지다.

오래된 메시지지만, 옳은 메시지다. 이 메시지는 작은 일을 하는 작은 소프트웨어팀이 겪는 작은 문제에 대한 작은 해결책을 알려 준다.

감사의 글

기쁘게도 이 책에 들어 있는 실천 방법을 발견한(또는 재발견한) 두 명의 용맹한 프로그래머, 워드 커닝햄Ward Cunningham과 켄트 벡Kent Beck을 가장 먼저 이야기해야 할 것 같다.

그다음으로 마틴 파울러Martin Fowler가 있다. 초기에 마틴이 꾸준히 도와주지 않았다면 애자일 혁명은 아마 무산되고 말았을 것이다.

켄 슈와버Ken Schwaber는 특별히 언급할 만하다. 켄은 애자일의 홍보와 도입을 위하여 불굴의 에너지를 보여 주었다.

메리 포펜딕Mary Poppendieck도 특별히 언급할 만하다. 메리는 이타적이고 샘솟는 에너지로 애자일 운동에 공헌했으며 애자일 얼라이언스Agile Alliance를 이끌었다.

론 제프리즈Ron Jeffries는 강연, 기고, 블로그, 그리고 그의 한결같이 따뜻한 성품을 통해 초기 애자일 운동의 양심 역할을 했다고 생각한다.

마이크 비들Mike Beedle은 애자일을 위해 잘 싸웠지만, 안타깝게도 시카고 거리에서 한 노숙자에게 이유 없이 살해당했다.

애자일 선언에 참여한 다른 지자들은 아래에 따로 적었다.

아리 반 벤네쿰Arie van Bennekum, 앨리스터 코오번Alistair Cockburn, 제임스 그레닝James Grenning, 짐 하이스미스Jim Highsmith, 앤드류 헌트Andrew Hunt, 존 컨Jon Kern, 브라이언 매릭Brian Marick, 스티브 멜러Steve Mellor, 제프 서덜랜드Jeff Sutherland, 데이브 토마스Dave Thomas.

당시 사업 동반자였던 내 친구 짐 뉴커크Jim Newkirk는, 우리가(특히 나는) 상상할 수조차 없는 개인적 고난을 견디는 와중에도, 애자일을 퍼트리기 위하여 끊임없이 노력했다.

다음으로, 오브젝트 멘토Object Mentor Inc.에서 함께 일했던 사람들을 언급하고 싶다. 이들은 모두 초기에 애자일을 도입하고 홍보하는 위험을 짊어졌다. 아래 사진에 대부분 나와 있는데, 최초의 XP 이머전XP Immersion 수업을 시작할 때 찍은 것이다.

뒷줄: 론 제프리즈, 필자, 브라이언 버튼, 로웰 린드스트롬, 켄트 벡, 미카 마틴, 안젤리크 마틴, 수잔 로소, 제임스 그레닝

앞줄: 데이비드 파버, 에릭 미드, 마이크 힐, 크리스 비세이, 엘린 프란시스, 제니퍼 콘크, 탈리샤 제퍼슨, 파스칼 로이

사진에 없음: 팀 오팅거, 제프 랭어, 밥 코스, 짐 뉴커크, 마이클 페더스, 딘 웜플러, 데이비드 첼림스키

그리고 또 애자일 얼라이언스를 만들기 위해 모인 사람들에게도 감사하고

싶다. 이제는 존경받는 얼라이언스가 된 모임의 첫 회의 때 찍은 다음 사진에 그들 중 일부가 나와 있다.

왼쪽부터 오른쪽으로: 메리 포펜딕, 켄 슈와버, 필자, 마이크 비들, 짐 하이스미스(사진에 없음: 론 크룩커)

마지막으로, 피어슨의 모든 관계자 여러분, 특히 발행인 줄리 파이퍼Julie Phifer에게 감사를 전한다.

리뷰어의 글

식상한 표현 같지만, 책을 읽어갈수록 이 책의 원서 부제목 'Back to Basics'
이 떠올랐다.

이제는 애자일 방법론은 선택이 아니라 필수를 넘어 운명이 되어가는 듯
하다. 많은 조직이 개발 방법론으로 애자일을 채택하고 있고, 인터넷 서점
에서 '애자일'로 검색을 하면 수많은 신간이 눈에 띈다. 만일 애자일 방법론
을 채택하고 있다면 혹은 애자일 관련 책을 읽고 싶다면, 이 책을 반드시 읽
어보기 바란다.

– 계기훈(삼성SDS)

이 책을 통해 애자일을 처음 접하였다면 당신은 행운아다. 이 책은 애자일
에 대한 개념을 알려 주기 때문이다. 이제 이 책으로 개념을 잡고 실전에서
는 어떤 개념의 응용인지 고민해 가면서 일하면 된다.

이미 애자일을 알고(또는 실천해 본 적이) 있다면 당신은 더 큰 행운아
다. 그동안 왜 우리 조직에서는 애자일을 실천하기 힘들었는지 알 수 있기
때문이나. 또한 애사일 도입에 실패한 경험이 있다면 다시 힌번 시도해 보
고 싶은 욕구를 느끼게 될 것이다. 이번에는 좀 더 근원적으로 접근함으로
써 성공에 한층 더 가까이 다가갈 수 있을 것이다.

이 책을 통해 내가 알게 된 것은 애자일은 빠른 개발이 아니라 데이터를
이용하여 정확한 피드백을 줌으로써 일정, 품질, 비용 등을 빠르게 변경할

기회를 주는 방법이라는 것이다. 여러분 모두 이 책을 통해 이 같은 기회를 잡을 거라 의심치 않는다.

– 박선욱(한국예탁결제원)

책을 읽고 나서 애자일 코치이자 프로덕트 매니저인 나에게 애자일에 대한 엉클 밥의 진정한 조언들, 때로는 꾸짖음이 뇌리에 계속 맴돌았다.

그만큼 이 책은 상세하고 정확하며 인사이트가 강하다. 애자일 선언 당시 유타주 스노버드의 현장 분위기뿐 아니라 현 시대의 애자일 현장 상황에 대한 설명이 마치 그 현장에 있는 것처럼 상세하다. 애자일의 핵심 가치, 실천 방법, 규율에 대한 설명에 그치지 않고, 엉클 밥답게 핵심 실천 방법까지 제시함으로써 독자로 하여금 응어리로 찬 마음을 통쾌하게 만든다. 특히 소프트웨어 장인으로서 엔지니어링 핵심 기술의 실천과 사업의 목표 달성과의 균형을 유지함으로써 일에서 삶의 의미를 찾고 더 나아가 기업과 산업에 공헌할 수 있음을 강조했다.

– 변창범(삼성SDS)

"Back to Basics!"(이 책의 원서 부제목이다.)

그럴싸한 기법과 도구가 애자일을 복잡하게 만들고 해로운 오해를 재생산하고 있는 지금이 바로 '다시 기본을 떠올려야 할 때'인 것 같다. 애자일 선언과 원칙을 만드는 데 참여한 '어느 괴팍한 사람'의 XP에 대한 재조명 작업은 사업 부서와 개발 부서 사이의 불화를 치유하고 소프트웨어 개발 산업 전반에 전문가다운 행동을 퍼트리며 원래의 목표를 되찾게 할 영감을 불러일으킨다.

애자일을 도입할 예정이거나 애자일을 도입했지만 어려움을 겪고 있다면, 론 제프리즈의 책 《The Nature of Software Development》와 함께 이 책을 강력히 추천한다.

엉클 밥은 '지혜롭게 프로젝트를 운영하는 방법'을 고민하다가 애자일 선언문을 만드는 데까지 참여하게 되었다. 그는 거기에서 그치지 않고 어떻게 실천해야 하는지를 고민하고, 이 책을 통해 실천 방법을 잘 설명해 주고 있다. 스스로 '애자일에 대한 내 기억, 내 의견, 내 고함과 호통 소리'라고 이야기할 만큼 읽다 보면 마치 엉클 밥이 난롯가에서 자신이 애자일을 도입하며 있었던 많은 이야기들을 친절하게 들려주는 모습을 상상할 수 있을 것이다.

그리고 절대 "이 책을 하루 동안 다 읽고 내일부터 이렇게 할 거야"라고 생각하고 애자일을 시작하면 안 된다. 애자일을 실행하는 현장에서 동료들과 함께 애자일하게 문제를 풀어가면서 더 나은 방법으로 일하는 것을 고민하는 과정이 있어야 진정한 애자일이 될 것이기 때문이다.

– 유진호((주)티켓플레이스 CTO)

애자일팀에 속한 개발자로 이 책을 처음 읽기 시작했을 땐 '간단한 리뷰 정도만 하면 되겠지?'라고 생각했는데, 책을 다 읽고 난 후 애자일을 새로 알게 된 거 같은 느낌이 든다. 아마도 애자일을 규칙처럼 따랐을 뿐, 애자일 자체를 이해하기 위한 기회를 가져 보지 못했기 때문인 것 같다.

이 책은 애자일을 어떻게 실천해야 하는지가 아니라 왜 이렇게 하는지에 대한 가치로 독자를 설득하고 있어 쉽게 이해하며 읽을 수 있다. 또한 왜 프로젝트 중간 일정은 맞추는데 끝은 맞추기 어려운지, 왜 조직에 애자일을 도입하기 어려운지, 왜 애자일이 변질되는지와 같은 프로젝트를 둘러싼 현실적인 문제를 다루고 가이드를 제시하고 있어 프로젝트 매니저, CTO, 개발자를 포함한 이해관계자들에게 필독서가 될 거라 감히 예측해 본다.

– 이경준(GE Appliances)

1장
애자일 소개

2001년 2월, 개탄스러운 소프트웨어 개발 현실을 논의하기 위해 17명의 소프트웨어 전문가들이 유타주 스노버드에 모였다. 당시에는 소프트웨어를 만들 때 대부분 폭포수Waterfall나 비대해진 래셔널 통합 프로세스Rational Unified Process, RUP 같은 프로세스를 사용했는데, 이런 프로세스는 비효율적이고 복잡한 데다 매우 형식적이었다. 그래서 17명의 전문가들은 더 효율적이고, 가벼운 접근 방법을 소개하는 선언문을 작성하고자 했다.

절대 쉽지 않은 과제였다. 17명은 모두 다양한 경험을 가지고 있었고, 이들의 의견은 너무나도 제각각이었다. 이런 모임에서 합의를 기대하기란 쉽지 않았다. 하지만 모든 어려움을 극복하고 뜻을 하나로 모아 애자일 선언을 만들었다. 그리고 소프트웨어 분야에서 가장 강력하고 오랫동안 이어져 온 운동이 탄생했다.

소프트웨어 분야의 운동은 빤한 시나리오대로 흘러간다. 처음에는 소수의 열렬한 지지자가 있다. 동시에 미친 듯이 비방을 퍼붓는 사람도 조금 있다. 하지만 대다수는 신경 쓰지 않는다. 많은 운동이 이 단계에서 사그라들거나, 영원히 이 단계를 벗어나지 못한다. 관점 지향 프로그래밍aspect-oriented programming이나 논리형 프로그래밍logic programming, CRC 카드[1]를 보라. 하지만 일부는 이 관문을 넘어서서 이례적으로 유명해지고 논란의 소재가 된다. 그중 또다시 일부는 이 논란을 뒤로하고 주류의 일원으로 여겨지게 된다. 객체 지향Object Orientation, OO이 이 마지막 단계에 들어섰다고 볼 수 있다. 그리고 애자일도 마찬가지다.

불행하게도 어떤 운동이 인기를 얻으면, 오해나 잘못된 사용 때문에 운동의 이름이 퇴색하기 마련이다. 실제 운동과는 아무런 관계가 없는 제품이나 방법론이 이름을 가져다 쓴다. 운동의 인기와 존재감에 편승하여 돈을 벌려는 것이다. 애자일에서도 같은 현상이 일어났다.

---

1 (옮긴이) CRC 카드는 객체 지향 소프트웨어 설계에서 사용되는 브레인 스토밍 툴이다(출처: 위키백과).

스노버드 회의가 열린 이후 거의 20년 만에 오해를 바로잡기 위해 이 책을 쓴다. 가능한 한 실질적인 도움을 주고 싶다. 허튼소리나 불확실한 용어를 쓰지 않고 설명해 보려 한다.

여기서는 애자일의 근본적인 내용을 다룬다. 많은 사람이 이 근본적인 아이디어를 더 꾸미고 확장시켰다. 물론 그게 나쁜 것은 아니지만, 이렇게 꾸미고 확장된 것은 애자일이 아니다. 애자일에 덧붙인 무언가일 뿐이다. 이 책에서는 애자일은 무엇이고, 무엇이었고, 앞으로도 영원히 무엇일지를 다룬다.

애자일의 역사

애자일은 언제 탄생했을까? 아마 5만여 년 전, 인류가 처음으로 공동의 목표를 위해 힘을 모으기로 한 때였을 것이다. 중간 단계의 작은 목표를 고르고, 그 진행 상황을 측정한다는 아이디어는 너무나 직관적이고 인간적이다. 혁신이라고 할 것도 없다.

현대 산업에서는 언제부터 애자일이 쓰였을까? 답을 정하기 어렵다. 내 생각으로는 최초의 증기기관이나 최초의 제분기, 최초의 내연기관, 최초의 비행기 모두 오늘날 애자일이라고 부르는 방법으로 만들어졌을 것 같다. 측정 가능한 작은 단계들을 밟는다는 것은 너무나 자연스럽고 인간적이어서 다른 방법으로 만들었을 것 같지가 않기 때문이다.

그렇다면 소프트웨어에서 애자일은 언제 시작되었을까? 나는 앨런 튜링Alan Turing이 1936년 논문[2]을 쓰던 시절로 돌아가 몰래 엿보고 싶다. 주측

2 Turing, A. M. 1936. On computable numbers, with an application to the Entscheidungs-problem [proof]. *Proceedings of the London Mathematical Society*, 2 (1937년 출판), 42(1):230-65. 이 논문을 이해하기 위한 가장 좋은 방법은 찰스 펫졸드(Charles Petzold)의 걸작인 다음 책을 읽어보는 것이다. Petzold, C. 2008. *The Annotated Turing: A Guided Tour through Alan Turing's Historic Paper on Computability and the Turing Machine*. Indianapolis, IN: Wiley. (옮긴이) 이 1936년 논문은 튜링이 튜링 기계, 정지 문제 등을 정의한 역사적인 논문이다.

해 보면, 튜링은 이 논문에 담은 많은 '프로그램'을 작은 단계마다 손으로 검토하며 만들었을 것 같다. 더 상상해 보면, 튜링이 1946년 자동 계산 기계 Automatic Computing Engine용 프로그램을 만들 때도 작은 단계마다 손으로 여러 번 검토하고 때로는 실제 테스트도 해 보면서 만들었을 것 같다.

소프트웨어 개발 초창기에는 오늘날 기준으로 보면 애자일이라고 부를 만한 행동을 쉽게 찾아볼 수 있었다. 예를 들어 머큐리 우주 캡슐[3]의 제어 소프트웨어를 쓴 프로그래머는 한나절 단위로 일의 단계를 나누었고, 각 단계는 단위 테스트로 마무리 지었다.

이 시기에 대해서는 다른 곳에서 많이 다루었다. 크레이그 라만Craig Larman 과 빅 바실리Vic Basili가 이 시기의 역사를 썼는데, 워드 커닝햄Ward Cunningham 의 위키[4]에 요약되어 있다. 라만의 책 《Agile & Iterative Development: A Manager's Guide》[5]에도 실렸다.

하지만 그 시절 애자일이 유일한 방법론은 아니었다. 사실 제조업과 산업 전반에서 상당한 성공을 거둔 방법론과 경쟁하고 있었는데, 과학적 관리법Scientific Management이 바로 그것이었다.

과학적 관리법은 하향식, 지휘 및 통제command and control[6] 접근법이었다. 관리자는 과학적 기법을 써서 목표를 달성하는 최고의 방법을 알아낸 후, 그 계획을 토씨 하나 틀리지 말고 따르라고 하급자에게 지시한다. 다시 말하면, 이 방법론은 계획을 세우는 데 먼저 많은 노력을 들인 다음, 그 계획을 주의 깊고 세세하게 실천하는 것이다.

과학적 관리법은 아마도 피라미드나 스톤헨지, 다른 고대의 거대 유적들

---

3 (옮긴이) 머큐리 계획은 1958년부터 1963년까지 미국 항공우주국에서 수행한 미국 최초의 유인 우주 비행 탐사 계획이다(출처: 위키백과).
4 워드의 위키인 c2.com은 위키의 원조다. 인터넷에 등장한 최초의 위키였다. 부디 영원히 유지되길.
5 Larman, C. 2004. *Agile & Iterative Development: A Manager's Guide*. Boston, MA: Addison-Wesley.
6 (옮긴이) 군사 분야에서 많이 쓰이는 용어로, 지휘 통제 혹은 줄여서 C2라고도 한다.

만큼이나 오래되었을 것이다. 거대한 작품을 이런 관리법 없이 만들 수 있으리라 상상하기 어렵기 때문이다. 성공적인 프로세스를 반복한다는 아이디어 역시 혁명이라고 하기에는 너무나 직관적이고 인간적이다.

과학적 관리법은 프레더릭 윈즐로 테일러Frederick Winslow Taylor의 1880년대 연구에서 이름을 따왔다. 테일러는 이 접근법을 공식화 및 상업화하여 경영 컨설팅을 하며 부를 쌓았다. 과학적 관리법은 엄청나게 성공적이었고, 그 후 수십 년간 효율성과 생산성을 극적으로 향상시켰다.

그리고 1970년, 소프트웨어 세계가 이 두 가지 충돌하는 기법의 갈림길 앞에 서 있었다. 선-애자일pre-Agile('애자일'이라고 불리기 이전 시기의 애자일)은 조금씩 걸어보고 측정을 한 후 그에 맞추어 개선하기를 반복하는 방식으로 걷는 것이었다. 이를 통하여 이쪽저쪽 무작위로 비틀거리는 것 같으면서도 방향성을 가지고 좋은 결과를 향하여 나아가는 방식이었다. 과학적 관리법은 철저하게 분석하고 그에 따라 상세한 계획을 만들기 전까지는 행동을 미루는 방법이었다. 선-애자일은 변경 비용이 작은 프로젝트에서 잘 동작했고, 목표가 명확하게 세워지지 않은 불완전하게 정의된 문제를 잘 풀었다. 과학적 관리법은 변경 비용이 많이 드는 프로젝트에서 제일 잘 동작했고, 목표가 극도로 명확한 매우 상세하게 정의된 문제를 잘 풀었다.

갈림길에서 던져야 했을 질문은 소프트웨어 프로젝트라는 것이 어떤 종류의 프로젝트인가 하는 것이었다. 변경 비용이 많이 들고 명확한 목표로 상세하게 정의된 것인가? 아니면 변경 비용이 적게 들고 불명확한 목표로 불완전하게 정의된 것인가?

위 질문에 너무 신경 쓸 필요는 없다. 내가 알기로 실제 저 질문을 던진 사람은 아무도 없다. 얄궂게도 1970년대 우리가 향했던 길은 의도적으로 선택한 것이 아니라 우연히 향하게 된 것으로 보인다.

1970년, 윈스턴 로이스Winston Royce는 대규모 소프트웨어 프로젝트를 관리하는 방법에 대한 그의 아이디어를 설명하는 논문[7]을 썼는데, 여기에 그의 계획을 묘사한 그림(그림 1.1)이 들어 있었다. 로이스가 이 그림을 처음으로 그린 것도 아니고, 그가 추천하는 계획 방법도 아니었다. 사실 이 그림은 이후에 더 좋은 방법을 제시하기 위해 비교 대상으로 내세운 허수아비에 불과했다.

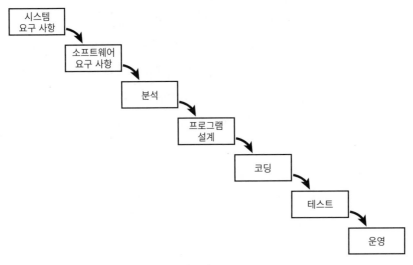

그림 1.1 폭포수 개발에 영감을 준 윈스턴 로이스의 그림

그럼에도 불구하고 이 그림의 절묘한 위치, 그리고 논문의 맨 앞 한두 페이지에 있는 그림으로 전체 논문 내용을 넘겨짚는 사람들의 습관 때문에 소프트웨어 산업은 극적인 변화를 맞았다.

로이스의 원래 그림이 꼭 늘어선 바위들에 물이 흘러 떨어지는 것처럼 보였기 때문에, 이 방법은 '폭포수Waterfall'라고 불리게 되었다.

폭포수는 과학적 관리법의 이론적인 후예였다. 철저한 분석을 하고, 상

---

7 Royce, W. W. 1970. Managing the development of large software systems. *Proceedings, IEEE WESCON*, August: 1-9. 접속 주소: *http://www-scf.usc.edu/~csci201/lectures/Lecture11/royce1970.pdf*.

세한 계획을 세우고, 계획을 실행하여 완성하는 것에 관한 이야기다. 로이스가 추천하는 것이 아니었음에도, 사람들은 그의 논문에서 폭포수만 기억했다. 그리고 폭포수 모델이 그 후 30년 동안 산업을 지배했다.[8]

여기서 나도 등장한다. 1970년에 나는 18살이었고, 일리노이주 레이크 블러프에 있는 A. S. C. 타뷸레이팅A. S. C. Tabulating이라는 회사에서 프로그래머로 일하고 있었다. 회사에는 16K 코어 메모리의 IBM 360/30[9]과 64K 코어 메모리의 IBM 360/40, 그리고 배리언 620/f 미니컴퓨터가 있었다. 나는 시스템 360에서 코볼, PL/1, 포트란, 어셈블리어로 프로그래밍을 했다. 620/f에서는 어셈블리어만 썼다.

이 시기의 프로그래머가 어떻게 일했는지 알고 넘어가는 것이 좋겠다. 우리는 코드를 코딩 양식지에 연필로 적었다. 그러면 천공 기사가 코드대로 천공 카드에 구멍을 뚫어 주었다. 그러면 우리는 천공 카드를 신중하게 검토한 후, 컴퓨터 조작원에게 건넸다. 조작원은 3교대 근무시간 중 야간에만 컴파일과 테스트를 돌려 주었는데, 낮 동안에는 컴퓨터가 실제 작업을 처리하느라 너무 바빴기 때문이었다. 가끔은 처음 코드를 쓰고 나서 컴파일하기까지 며칠이 걸리기도 했고, 수정 후 다시 컴파일하는 데도 보통 하루는 걸렸다.

620/f는 상황이 조금 달랐다. 620/f는 우리 팀 전용이었기 때문에 온종일 우리가 쓸 수 있었다. 하루에 두세 번, 잘하면 네 번까지도 작업과 테스트를 반복할 수 있었다. 게다가 우리 팀은 당시 대부분의 프로그래머와는 달리 모두 타자를 칠 줄 알았다. 그래서 우리는 천공 기사가 언제 천공을 해 줄지

---

8 이 시간 흐름에 대한 내 해석에 반대하는 의견도 있다는 것을 언급해야겠다. 다음 책의 7장에서 볼 수 있다. Bossavit, L. 2012. *The Leprechauns of Software Engineering: How Folklore Turns into Fact and What to Do About It.* Leanpub.

9 (옮긴이) IBM 시스템/360 모델 30. IBM 시스템/360은 IBM이 1964년 4월 7일에 발표하고 1965년부터 1978년까지 출하한 메인프레임 컴퓨터 시스템 계열이다(출처: 위키백과). 모델 30은 시스템/360에서 가장 저성능 모델이었다.

기다리느라 전전긍긍하지 않고 직접 카드에 천공을 했다.

이 시기에 우리는 어떤 프로세스를 사용했을까? 폭포수가 아닌 것은 확실하다. 우리는 상세한 계획을 따라야 한다는 생각이 없었다. 그저 컴파일하고, 코드를 테스트하고, 버그를 수정하면서 하루하루 단위로 일을 해치워 나갔다. 끝없는 반복이었을 뿐 체계는 없었다. 그렇다고 애자일도 아니었고, 선-애자일도 아니었다. 우리가 일하는 방식에는 아무런 규칙이 없었다. 테스트를 묶어서 정리하지도 않았고, 시간이 얼마나 걸렸는지 측정하지도 않았다. 그저 코딩 후 수정, 코딩 후 수정으로 하루하루, 한 달 또 한 달을 보냈다.

처음으로 폭포수 모델을 접한 것은 1972년 즈음이었다. 한 전문지에서 본 폭포수 모델은 신이 나에게 보내신 선물 같았다. 문제를 먼저 다 분석한 다음, 그 문제에 대한 해결 방법을 설계하고, 그 설계를 구현할 수 있다는 것이 진짜란 말인가? 진짜로 우리가 이런 3단계 일정을 세울 수 있단 말인가? 분석을 마치면 정말로 프로젝트의 3분의 1을 한 셈이라고? 나는 정말로 믿고 싶었다. 이게 진짜라면 정말 꿈이 이루어지는 것이었으니까.

보아하니 나만 그런 것이 아니었다. 다른 프로그래머나 회사도 다들 폭포수에 빠져들었다. 그리고 앞서 말했듯이 폭포수 모델이 우리의 사고방식을 지배하기 시작했다.

지배하긴 했지만, 제대로 되지는 않았다. 그 후 30년 동안 나와 내 동료, 전 세계 프로그래머 형제자매들이 분석과 설계라는 것을 제대로 해 보려고 노력하고, 노력하고, 또 노력했다. 하지만 우리가 해냈다고 느낄 때마다 구현 단계에서 성공은 모래알처럼 손가락 사이로 빠져나갔다. 몇 달에 걸쳐 신중하게 세운 계획은 물거품이 되었다. 관리자와 고객의 이글거리는 눈빛을 마주한 채, 한참이나 연기된 마감 기한을 향해 미친 듯이 달리는 것을 피할 수 없었다.

사실상 실패가 끝없이 이어졌는데도 우리는 끊임없이 폭포수 모델로 사고했다. 그러니까 대체 왜 실패하냐는 말이다. 어째서 철저하게 문제를 분석하고, 해결책을 신중하게 설계하고, 이 설계를 구현하는 일이 이렇게 처절하게 연거푸 실패하는 걸까? 전략 자체에 문제가 숨어있으리라고는 정말 상상도 할 수 없었다. 문제는 우리에게 있어야만 했다. 우리가 무엇인가 잘못하는 게 분명했다.

그 당시 우리가 얼마나 폭포수 모델에 따라 생각했는지는 사용하던 용어만 보아도 알 수 있다. 1968년 데이크스트라Dijkstra가 구조적 프로그래밍 Structured Programming을 들고 나오자, 구조적 분석[10]과 구조적 설계[11]가 곧이어 나왔다. 1988년 객체 지향 프로그래밍Object-Oriented Programming, OOP이 인기를 끌기 시작하자, 객체 지향 분석[12]과 객체 지향 설계[13] 또한 곧이어 나왔다. 분석, 설계, 구현의 3종 세트, 이 삼총사는 우리를 사로잡았다. 우리는 다른 방식으로 일하는 것을 상상조차 할 수 없었다.

그러다 갑자기, 상상할 수 있게 되었다.

초기 애자일 개혁은 1980년대 후반 혹은 1990년대 초반에 시작되었다. 1980년대에 스몰토크Smalltalk[14] 커뮤니티가 애자일의 징조를 보였다. 그래디 부치Grady Booch가 1991년에 쓴 객체 지향 설계에 관한 책[15]에서도 실마리를 찾아볼 수 있다. 1991년에 나온 앨리스터 코오번Alistair Cockburn의 크리스털 방법론Crystal Method도 해결 방안을 더 선보였다. 디자인 패턴 커뮤니티도 1994년에 새로운 방식에 대한 논의를 시작했고, 제임스 코플리언James Coplien

---

10 DeMarco, T. 1979. *Structured Analysis and System Specification*. Upper Saddle River, NJ: Yourdon Press.

11 Page-Jones, M. 1980. *The Practical Guide to Structured Systems Design*. Englewood Cliffs, NJ: Yourdon Press.

12 Coad, P., and E. Yourdon. 1990. *Object-Oriented Analysis*. Englewood Cliffs, NJ: Yourdon Press.

13 Booch, G. 1991. *Object Oriented Design with Applications*. Redwood City, CA: Benjamin-Cummings Publishing Co.

14 (옮긴이) 스몰토크는 객체 지향과 동적 타입을 지원하는 프로그래밍 언어로, 1970년대 제록스 파크 연구소에서 만들어졌다.

15 Booch, 1991. 각주 13의 책.

의 논문[16]이 논의에 불을 붙였다.

1995년에는 비들[17], 데보스, 샤론, 슈와버, 서덜랜드가 스크럼Scrum에 대한 유명한 논문[18]을 썼다. 봇물이 터졌다. 폭포수 모델의 성은 허물어졌고, 되돌아가는 일은 없었다.

여기서 다시 한번, 내가 등장한다. 이어지는 내용은 내 기억에 따른 것이고 다른 사람에게 확인하려고 해 본 적은 없다. 그러니 내 기억은 빠진 부분 또는 의심스러운 내용이나 틀린 점도 많다고 생각하는 게 좋겠다. 하지만 겁내지 말라.[19] 최소한 재미는 있도록 신경 썼다.

켄트 벡Kent Beck을 처음 만난 것은 코플리언의 논문이 발표된 1994년 PLOP[20]에서였다. 우연한 만남이었고, 별로 기억에 남는 일도 없다. 켄트를 다시 만난 것은 1999년 2월, 뮌헨에서 열린 객체 지향 프로그래밍 학회에서였다. 이때는 이미 켄트에 대해서 많은 것을 알고 있었다.

그 당시 나는 C++와 객체 지향 설계 컨설턴트였다. 이곳저곳을 누비며 사람들이 객체 지향 설계 기술을 써서 C++ 응용 프로그램을 설계하고 만드는 것을 도왔다. 그런데 고객들이 프로세스에 관해 물어보기 시작했다. 어디선가 폭포수 모델과 객체 지향이 잘 맞지 않는다고 들었다며 내 조언을

---

16 Coplien, J. O. 1995. A generative development-process pattern language. *Pattern Languages of Program Design. Reading,* MA: Addison-Wesley, p. 183.

17 마이크 비들(Mike Beedle)은 2018년 3월 23일, 시카고에서 정신 장애가 있는 노숙자에게 살해당했다. 범인은 그전에도 99번이나 체포되었다가 풀려난 적이 있었고, 마땅히 보호시설에 수용되었어야 했다. 마이크 비들은 내 친구였다.

18 Beedle, M., M. Devos, Y. Sharon, K. Schwaber, and J. Sutherland. SCRUM: An extension pattern language for hyperproductive software development. 접속 주소: *http://jeffsutherland.org/scrum/scrum_plop.pdf.*

19 (옮긴이) 원문은 "Don't Panic!"으로, 더글러스 애덤스(Douglas Adams)의 소설 《은하수를 여행하는 히치하이커를 위한 안내서(The Hitchhiker's Guide to the Galaxy)》에 나오는 표현이다.

20 프로그램의 패턴 언어(Pattern Languages of Programs) 학회는 1990년대에 일리노이대학교 부근에서 열렸다.

구했다. 나는 폭포수 모델과 객체 지향이 잘 맞지 않는다는 데 동의했고,[21] 여기에 대해 깊이 생각해 보았다. 심지어 내가 직접 객체 지향 프로세스를 하나 만들 수도 있겠다고 생각했다. 다행히 여기에 너무 큰 노력을 들이지는 않았는데, 우연히 켄트 벡이 익스트림 프로그래밍Extreme Programming, XP에 관해 쓴 글을 발견했기 때문이었다.

XP에 대해서 읽으면 읽을수록 매혹적이었다. 혁신적인 발상(적어도 그때의 나는 그렇게 생각했다)이고, 타당한 생각이었다. 특히 객체 지향을 쓰는 환경에서 그랬다(다시 말하지만, 그때의 나는 그렇게 생각했다). 나는 XP를 더 배우고 싶어서 안달이 났다.

뮌헨의 객체 지향 학회에서 강의하고 있는데 놀랍게도 강의실 저쪽에서 켄트 벡이 듣고 있는 것이 보였다. 나는 쉬는 시간에 켄트에게 다가가서 점심 먹으면서 XP 이야기를 좀 하자고 했다. 이 식사는 중요한 협력 관계의 실마리가 되었다. 켄트와 토론한 끝에 나는 그의 집이 있는 오리건주 메드퍼드로 날아가서 XP를 가르치는 강의를 함께 설계하기로 했다. 이 과정에서 나는 처음으로 테스트 주도 개발Test-Driven Development, TDD을 맛보았고, TDD에 빠져들었다.

그 당시 나는 오브젝트 멘토Object Mentor라는 회사를 운영하고 있었다. 나는 켄트와 손잡고 XP를 다루는 5일짜리 부트 캠프 강의를 만들기로 하고, XP 이머전XP Immersion이라고 이름 붙였다. 1999년 말부터 2001년 9월 11일[22]까지의 강의는 대성공이었다. 수백 명이 강의를 이수했다.

2000년 여름, 켄트는 XP와 패턴 커뮤니티에서 특별히 몇몇 사람을 초청하여 자신의 집 근처에서 회의를 주최했다. 켄트는 이 회의를 'XP 리더십' 회의라고 불렀다. 우리는 배도 타고, 로그 강 강둑을 따라 걷기도 했다. 그

---

21 가끔은 이렇게 우연찮게 이상한 일이 일어난다. 객체 지향에는 폭포수와 잘 맞지 않을 만한 특별한 요소가 전혀 없다. 하지만 그때는 그런 생각이 많이 번지고 있었다.
22 이날의 중요성을 간과해서는 안 된다. (옮긴이) 이날은 9·11 테러가 발생한 날이다.

리고 XP와 관련해서 함께 하고 싶은 일을 정해 보기로 했다.

한 가지 아이디어는 XP에 관한 비영리 단체를 만들자는 것이었다. 나는 이 아이디어를 좋아했지만, 많은 사람이 싫어했다. 듣자 하니 그들은 디자인 패턴을 주제로 만들어졌던 비슷한 모임에서 안 좋은 경험을 한 듯했다. 나는 좌절하며 회의에서 빠져나왔다. 하지만 마틴 파울러Martin Fowler가 따라 나와서는 나중에 시카고에서 다시 만나자고 제안했고, 나는 수락했다.

이렇게 마틴과 나는 2000년 가을, 그가 일하던 소트웍스ThoughtWorks 사무실 근처의 카페에서 다시 만났다. 나는 경쟁하고 있는 여러 경량 프로세스lightweight process의 지지자들을 모두 함께 모아 통합 선언문을 만들어 보자는 내 아이디어를 설명했다. 마틴은 초대할 만한 사람을 몇 명 추천해 주었고, 함께 초대장을 쓰기 시작했다. 그날 늦게 내가 초대장을 보냈다. 제목은 '경량 프로세스 회담'이었다.

초대한 사람 중에 앨리스터 코오번도 있었다. 앨리스터는 내게 전화해서 자신도 비슷한 회의를 주최하려고 했는데, 우리의 초대 목록이 자신의 목록보다 더 나은 것 같다고 했다. 그러니 자신의 초대 목록과 우리 목록을 합치면 어떻겠냐고 제안했다. 솔트레이크시티 근처의 스키 리조트인 스노버드에서 회의를 여는 데 이견이 없다면 필요한 제반 준비는 자신이 담당하겠다고도 했다.

이렇게 스노버드 회의 준비가 끝났다.

스노버드

나는 그렇게 많은 사람이 참여하겠다고 한 것에 꽤 놀랐다. 대체 누가 '경량 프로세스 회담'이라는 회의에 진짜로 가고 싶겠는가? 하지만 이렇게 스노버드의 산장lodge 내 아스펜 회의실에 사람들이 모였다.

우리는 모두 17명이었다. 우리는 줄곧 17명의 중년 백인 남성이라고 비판 받아 왔다. 일정 부분 타당한 비판이다. 여성도 초대하기는 했었다. 앙네타 야콥슨Agneta Jacobson 한 명뿐이었는데, 아쉽게도 그녀는 참석하지 못했다. 게다가 어쨌든 당시 전 세계 고급 프로그래머 중 압도적 다수는 중년 백인 남성이었다. 이렇게 된 연유에 대해서는 다른 기회에 다른 책에서 이야기해야 할 것 같다.

17명의 참가자는 서로 다른 몇 가지 관점을 대표했다. 먼저 다섯 가지 경량 프로세스가 있었다. 가장 많은 사람이 참석한 것은 XP 팀으로 켄트 벡, 나, 제임스 그레닝James Grenning, 워드 커닝햄, 론 제프리즈Ron Jeffries가 있었다. 다음은 스크럼팀으로 켄 슈와버Ken Schwaber, 마이크 비들Mike Beedle, 제프 서덜랜드Jeff Sutherland가 참가했다. 존 컨Jon Kern이 기능 주도 개발Feature-Driven Development을 대표했고, 아리 반 벤네쿰Arie van Bennekum이 동적 시스템 개발 방법Dynamic Systems Development Method, DSDM을 대표했다. 마지막으로 앨리스터 코오번이 자신의 크리스털 계열 프로세스를 대표하여 참석했다.

한편 그 밖의 참가자는 특별한 소속이 없었다. 앤디 헌트Andy Hunt와 데이브 토머스Dave Thomas는 실용주의 프로그래머Pragmatic Programmer[23]였다. 브라이언 매릭Brian Marick은 테스트 컨설턴트였고, 짐 하이스미스Jim Highsmith는 소프트웨어 관리 컨설턴트였다. 스티브 멜러Steve Mellor는 우리 중 다수가 미심쩍어하는 모델 주도Model-Driven 철학을 대표했었기 때문에, 우리의 틀린 부분을 지적해 줄 수 있었다. 마지막으로 마틴 파울러가 있었다. 마틴은 XP 팀과 개인적으로 친분이 있긴 했지만, 멋지게 이름을 붙이고 홍보하는 프로세스에 회의적이었다. 그래도 모두와 공감하는 편이었다.

우리가 만났던 이틀간의 일이 많이 기억나지는 않는다. 그 자리에 참석

---

23 (옮긴이) 1999년에 두 사람이 함께 쓴 책의 제목이기도 하다. 번역서는 《실용주의 프로그래머》(인사이트, 2005)이다. 또 두 사람은 동명의 출판사(Pragmatic Programmers, LLC)를 설립했다.

한 이들과 나의 기억이 다른 부분도 있다.[24] 내 기억을 더듬어 이야기할 테니, 65살 먹은 사람의 근 20년 묵은 기억임을 염두에 두고 읽기 바란다. 몇 가지 세부 사항은 틀리더라도 요점은 아마 맞을 것이다.

어쩌다 보니 내가 회의의 시작 부분을 진행하기로 의견이 모였다. 나는 모든 참석자에게 감사의 인사를 한 다음, 선언문 작성을 회의의 목표로 삼자고 제안했다. 선언문에는 모든 경량 프로세스와 소프트웨어 개발 전반에 걸쳐서 우리가 공통적으로 가진 믿음을 담아야 한다고 말했다. 그리고 나는 자리에 앉았다. 내 기억에 그 회의에서 내가 한 일은 그게 전부였던 것 같다.

우리는 늘 하던 식으로 회의를 진행했다. 이슈들을 카드에 쭉 쓰고, 카드를 분류하여 관련된 것끼리 모아 바닥에 늘어놓았다. 그래서 어떤 결론이 났는지는 모르겠다. 카드를 가지고 무언가 한 기억만 난다.

마법이 첫째 날에 일어났는지, 둘째 날에 일어났는지는 기억이 나지 않는다. 첫째 날이 거의 끝나갈 즈음이었던 것 같기도 하다. 카드를 관련된 것끼리 모아서 네 가지 가치에 따라 정리하던 중이었을 수도 있다. 네 가지 가치는 '개인과 상호작용', '작동하는 소프트웨어', '고객과의 협력', '변화에 대응하기'였다. 누군가가 방 앞쪽의 화이트보드에 이것을 적었다. 그리고 이것이 공정과 도구, 문서, 계약, 계획이 담고 있는 가치보다 선호되기는 하지만, 대체하는 것은 아니라는 멋진 아이디어가 나왔다.

이것이 애자일 선언의 핵심이었지만, 누가 이걸 화이트보드에 적었는지는 아무도 기억을 못 하는 것 같다. 내 생각에는 워드 커닝햄이었던 것 같은데, 워드는 마틴 파울러였다고 한다.

애자일 선언 웹사이트(*agilemanifesto.org*)의 사진을 보자. 워드가 그 순간

---

24 〈디 애틀랜틱(The Atlantic)〉지가 이 행사에 대한 이야기를 실었다. Mimbs Nyce, C. 2017. The winter getaway that turned the software world upside down. *The Atlantic*. 12월 8일자. 접속 주소: *https://www.theatlantic.com/technology/archive/2017/12/agile-manifesto-a-history/547715/*. 이 글을 쓰는 시점에 나는 아직 기사를 읽지 않았다. 내가 여기 쓰는 기억에 영향을 주고 싶지 않기 때문이다.

을 기록하기 위해 찍었다고 한다. 마틴 파울러가 화이트보드 앞에 서 있고, 나머지 사람들이 그 주위를 둘러싼 것이 확실하게 보인다.[25] 이 사진을 보면 마틴이 처음으로 아이디어를 냈다는 워드의 말에 신빙성이 있어 보인다. 하지만 어쩌면 영원히 모르는 편이 더 나을 수도 있겠다.

마법이 일어나자 모든 사람이 함께 뭉쳤다. 단어를 조금 다듬고, 몇 가지를 수정하고 조정했다. 내가 기억하기로는 워드가 서문을 썼다. "우리는 소프트웨어를 개발하고, 또 다른 사람의 개발을 도와주면서 소프트웨어 개발의 더 나은 방법들을 찾아가고 있다." 몇몇이 아주 작은 수정을 하고, 제안도 더 했지만, 우리가 완성했다는 것은 명백했다. 끝이 보인다는 기운이 방안을 채웠다. 모두가 동의했다. 논쟁도 없었다. 다른 대안에 대한 논의도 없었다. 완성된 네 문장은 다음과 같다.

- 공정과 도구보다 개인과 상호작용
- 포괄적인 문서보다 작동하는 소프트웨어
- 계약 협상보다 고객과의 협력
- 계획을 따르기보다 변화에 대응하기

우리가 완성했다고 내가 말했던가? 그런 느낌이 들었다. 하지만 물론 아직 정하지 않은 세부 사항이 많았다. 우선 무엇보다, 우리가 찾은 것을 뭐라고 부를 것인가?

'애자일Agile'이라는 이름이 압도적인 지지를 받았던 것은 아니다. 다른 경쟁 후보가 많이 있었다. 나는 '경량Light Weight'이 마음에 들었지만, 다른 사람들은 좋아하지 않았다. 다들 '경량'이 '중요하지 않은' 느낌을 준다고 생각했

---

25 필자를 둥그스름하게 둘러싼 모습인데, 왼쪽에서 오른쪽 순으로 데이브 토머스, 앤디 헌트(아니면 존 컨), 필자(청바지와 벨트에 달린 레더맨(Leatherman)으로 알 수 있다), 짐 하이스미스, 누군지 모름, 론 제프리즈, 제임스 그레닝이다. 론 뒤에 누군가 앉아 있는데, 이 사람 신발 옆에 관련된 것끼리 모으는 활동을 했던 카드가 보인다.

다. '적응Adaptive'이라는 단어를 좋아하는 사람도 있었다. '애자일'이 언급되긴 했는데, 누군가 그건 지금 군대에서 뜨는 유행어라고 지적했다. 결국, 누구도 '애자일'이라는 단어를 정말 좋아하지는 않았다. 하지만 여러 가지 안 좋은 후보 중에서 그나마 제일 나은 것이었다.

둘째 날이 거의 끝나가자, 워드가 애자일 선언 웹사이트를 만들겠다고 자원했다. 웹사이트에서 사람들의 서명을 받는 것은 워드의 아이디어였던 것 같다.

스노버드 이후

그 뒤로 이어진 2주간은 스노버드에서의 이틀만큼 그렇게 낭만적이지도 파란만장하지도 않았다. 대부분의 시간 동안 워드가 웹사이트에 올릴 애자일 원칙 문서의 내용을 힘들게 협의해야 했다.

네 가지 가치를 설명하고 안내하기 위하여 문서를 쓸 필요가 있다는 데 모두가 동의했다. 어쨌든 네 가지 가치는 모든 사람이 별생각 없이 동의할 수 있는 선언이었다. 실제로 일하는 방식은 아무것도 바꾸지 않으면서 말이다. 애자일 원칙 문서를 통하여 네 가지 가치가 "밥을 먹으면 배부르다" 수준을 넘어서는 영향력이 있음을 명확히 하고 싶었다.

이 시기에 대한 뚜렷한 기억이 많지 않다. 애자일 원칙을 서술한 문서를 이메일로 서로 주고받으며 계속해서 문구를 다듬었다. 힘든 일이 많았지만, 모두가 그런 노력을 기울일 가치가 있는 일이라고 느꼈던 것 같다. 마침내 끝이 나자 우리는 모두 각자 평소의 일과 활동, 삶으로 돌아갔다. 내 느낌에 우리 중 대부분은 이걸로 끝났다고 생각했던 것 같다.

우리 중 누구도 그렇게 호응이 들불처럼 번질 것이라고 예상하지 못했다. 우리 중 누구도 그 이틀의 영향력이 이렇게 크리라 예측하지 못했다. 나는 그 회의의 일원이었던 것 이상으로 거만해지지 않기 위해, 앨리스터도 비슷한 회의를 열기 직전이었다는 사실을 스스로 끊임없이 되새긴다. 그러고 보면 우리 말고 얼마나 많은 사람이 마찬가지 상황이었을지 궁금해진다. 내가 보기에는 때가 충분히 무르익었던 것 같다. 우리 17명이 유타주의 산에서 만나지 않았더라도, 또 다른 이들이 어딘가에서 만나 비슷한 결론에 도달했을 것이다.

애자일 개요

소프트웨어 프로젝트를 어떻게 관리해야 할까? 수년간 많은 접근 방법이 시도되었지만, 결과는 대부분 상당히 좋지 않았다. 소프트웨어 프로젝트의 운명을 관장하는 신이 있다고 믿는 관리자는 희망과 기도에 의지했다. 이런 믿음이 없는 이들은 여러 가지 동기 유발 기법에 의지하곤 했다. 채찍이라든가, 체인, 끓는 기름, 암벽 등반 사진이나 바다 위를 나는 갈매기 사진 같은 것 말이다.

　이러한 접근법은 거의 언제 어디서나 소프트웨어 관리에 실패했을 때 나타나는 전형적인 증상으로 이어진다. 매일같이 야근을 하지만 언제나 일정을 맞추지 못하는 개발팀. 만드는 제품의 품질이 너무 낮아서 고객이 원하는 것 근처에도 미치지 못하는 팀 말이다.

철십자

이런 기법이 그렇게 처절하게 실패하는 이유는 그 기법을 사용하는 관리자가 소프트웨어 프로젝트의 근본 물리 법칙을 이해하지 못하기 때문이다. 이 물리 법칙은 모든 프로젝트가 일종의 트레이드오프를 벗어날 수 없다는 것인데, 이 트레이드오프를 프로젝트 관리의 철십자Iron Cross라고 부른다. 좋음, 빠름, 저렴함, 완성. 이 중 셋만 고를 수 있다. 네 번째 것은 가질 수 없다. 좋고 빠르고 저렴한 프로젝트는 있을 수 있지만 완성이 되지 않을 것이다. 저렴한 프로젝트를 빠르게 완성할 수는 있지만 절대 좋지는 않을 것이다.

현실에서는 좋은 프로젝트 관리자라면 이 네 가지 속성에 가중치를 둘 수 있다는 것을 이해하고 있다. 좋은 관리자는 프로젝트를 필요한 만큼 좋고, 필요한 만큼 빠르고, 필요한 만큼 저렴하고, 필요한 만큼 완성되도록 진행한다. 좋은 관리자는 네 가지 속성의 가중치를 관리하지, 모든 속성이 100%가 되기를 요구하지 않는다. 애자일은 이런 관리를 추구한다.

이 시점에서 다시 한번 짚고 넘어가자. 애자일은 개발자와 관리자가 프로젝트를 이렇게 실용적으로 관리할 수 있도록 돕는 체계다. 하지만 이런 관리가 자동으로 되는 것은 아니다. 관리자가 올바른 결정을 내릴 것이라는 보장도 없다. 사실 애자일 체계에 따라 일하면서도 프로젝트를 완전히 엉망으로 관리해서 실패로 내모는 상황 또한 일어날 수 있다.

벽에 걸린 차트

그렇다면 애자일이 어떻게 이런 관리를 도울까? 애자일은 데이터를 제공한다. 애자일 개발팀은 관리자가 좋은 결정을 내리는 데 필요한 딱 맞는 데이터를 생산한다.

그림 1.2를 보자. 프로젝트실 벽에 이런 차트가 걸려 있다고 상상해 보자. 멋지지 않은가?

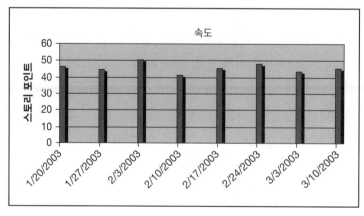

그림 1.2 팀의 속도

이 그래프는 개발팀이 매주 일을 얼마나 해냈는지 보여 준다. 측정 단위는 '포인트'다. 이 포인트가 무엇을 의미하는지는 나중에 이야기하고, 일단 그래프를 한번 보자. 그래프를 흘끗 보기만 해도 이 팀이 어떤 속도로 움직이는지 누구나 알 수 있다. 이 팀의 평균 속도가 주당 45포인트 정도라는 것을 파악하는 데 10초도 걸리지 않는다.

누구나, 심지어 관리자라도 이 팀이 다음 주에 45포인트 정도의 일을 해내리라 예측할 수 있다. 향후 10주 동안은 대략 450포인트 정도의 일을 해낼 것이다. 이것이 힘이다! 만약 관리자나 팀원이 프로젝트를 완수하기까지 남은 포인트가 얼마인지 대략 알고 있다면 더욱 큰 힘이 된다. 사실, 좋은 애자일팀은 이 정보 또한 차트로 그려서 벽에 걸어 놓는다.

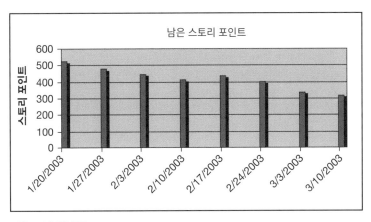

그림 1.3 번다운 차트

그림 1.3은 번다운 차트burn-down chart라고 부른다. 다음 주요 마일스톤까지 포인트가 얼마나 남았는지를 보여 준다. 매주 높이가 얼마나 줄었는지 보자. 속도 그래프보다 줄어든 포인트가 더 적은 것을 알 수 있다. 이는 새로운 요구 사항이나 개발 과정에서 발견되는 문제가 늘 더 추가되기 때문이다.

번다운 차트의 기울기를 보면 마일스톤이 대략 언제쯤 달성될지 예측할 수 있을 것이다. 누구든 이 방에 들어와서 두 차트를 보면, 이 팀이 주당 45 포인트 정도의 속도로 진행하여 6월쯤 마일스톤에 도달할 것이라는 결론을 내릴 수 있을 것이다.

하지만 번다운 차트를 보면 문제가 하나 보인다. 2월 17일이 속한 주에 는 웬일인지 남아있는 포인트가 오히려 늘었다. 이건 아마 새로운 기능이 추가되었거나 요구 사항에 큰 변화가 있어서였을 것이다. 아니면 개발자들 이 남은 업무의 분량을 재산정한 결과일 수도 있다. 어떤 일이 일어났든지 일정에 미치는 영향을 알아야 그에 맞춰 프로젝트를 적절히 관리할 수 있을 것이다.

이 두 차트를 벽에 거는 것이 애자일의 중요한 목표다. 관리자가 철십자 의 네 가지 축의 가중치를 얼마로 할지 결정해야 할 때, 결정에 필요한 데이 터를 제공함으로써 관리자가 프로젝트를 최선의 결과로 이끌도록 한다. 이 것이 애자일 소프트웨어 개발의 중요한 강점이다.

바로 위 문단에 동의하지 않는 사람이 많을 수도 있겠다. 무엇보다 애자 일 선언은 이런 차트를 언급하지 않았다. 모든 애자일팀이 이 차트를 사용 하지도 않는다. 그리고 정확하게 말하자면, 진짜로 필요한 것은 차트가 아 니다. 진짜 필요한 것은 데이터다.

애자일 개발은 가장 먼저 만들어졌고, 가장 유명한 피드백 기반 접근법 이다. 매주, 매일, 매시간, 심지어는 매분마다 지난주, 어제, 한 시간 전, 1분 전의 결과를 보고 적절한 조정을 가하며 개발을 진행해 나간다. 이는 개별 프로그래머에게도 해당하지만, 전체 팀의 관리에도 해당한다. 데이터 없이 는 프로젝트를 관리할 수 없다.[26]

---

26 이 생각은 존 보이드(John Boyd)의 OODA 루프와 밀접한 관련이 있다. OODA 루프는 다음 주소에 요약되어 있다. *https://en.wikipedia.org/wiki/OODA_loop*. Boyd, J. R. 1987. *A Discourse on Winning and Losing*. Maxwell Air Force Base, AL: Air University Library, Document No. M-U 43947.

그러니 두 차트를 벽에 걸지 않더라도, 관리자에게 데이터를 꼭 제공해야 한다. 팀이 어떤 속도로 움직이고 있는지, 팀이 목표를 달성하기까지 얼마나 남았는지를 관리자가 꼭 이해해야 한다. 그리고 이 정보를 투명하게 공개된 곳에 명시적인 방법으로 표시해야 한다. 예를 들어, 벽에 두 가지 차트를 건다든지 말이다.

그런데 이 데이터가 왜 그렇게 중요할까? 이 데이터 없이 프로젝트를 효과적으로 관리할 수 있을까? 우리는 30년 동안 계속해서 시도했다. 그리고 다음과 같이 흘러갔다.

가장 먼저 알게 되는 것

프로젝트에 대해서 가장 먼저 알게 되는 것은 무엇일까? 프로젝트의 이름이나 요구 사항이 알려지기 전, 모든 것에 앞서서 전해지는 단 하나의 정보가 있다. 물론 마감 기한이다. 마감 기한은 한번 정해지면 절대 바뀌지 않는다. 마감 기한을 협의하려는 시도는 무의미하다. 마감 기한은 타당한 사업상의 이유로 정해진 것이기 때문이다. 만약 마감 기한이 9월이라면, 9월에 박람회가 있어서일 것이다. 아니면 주주총회가 있을 수도 있고, 9월이면 투자금이 다 떨어지기 때문일 수도 있다. 이유가 무엇이든, 타당한 사업상의 이유다. 따라서 개발자 몇 명이 그 일정은 불가능하다고 생각한다고 해서 바뀔 리가 없다.

동시에, 요구 사항은 대단히 유동적이고 절대 확정되지 않는다. 고객은 자신이 실제로 무엇을 원하는지 모르기 때문이다. 고객은 어떤 문제를 풀고 싶은지는 어느 정도 알지만, 고객의 생각을 시스템의 요구 사항으로 바꿔내는 일은 절대 쉽지 않다. 그래서 요구 사항을 끊임없이 재평가하고 재검토한다. 새로운 기능이 추가되고, 기존 기능은 빠진다. 사용자 인터페이스는 매주 바뀐다. 아니 매일 바뀔지도 모른다.

이것이 소프트웨어 개발팀의 세상이다. 마감 기한은 바뀌지 않지만, 요구 사항은 계속해서 바뀐다. 이런 상황에서 개발팀은 어떻게든 프로젝트를 성공적인 결과로 이끌어야 한다.

회의

폭포수 모델은 이 문제를 해결할 수 있는 방법을 알려 주겠다고 약속했다. 이것이 얼마나 매혹적인 동시에 쓸모가 없는지 회의가 열리는 모습을 통해 살펴보자.

5월의 첫날이다. 부문장이 큰 회의실에 모두를 불러 모았다.

"우리가 새로운 프로젝트를 수주했습니다." 부문장이 말했다.

"11월 1일에 끝날 예정입니다. 아직 요구 사항은 모릅니다. 아마 1, 2주 정도 안에 전달될 겁니다. 자, 분석하는 데 얼마나 걸릴까요?"

우리는 서로를 곁눈질로 흘깃 본다. 아무도 말하려 하지 않는다. 이런 질문에 어떻게 대답하겠는가?

"하지만 아직 요구 사항이 뭔지도 모르잖아요." 우리 중 누군가 웅얼거린다.

"요구 사항이 있다 치고 하는 거죠!" 부문장이 고함친다.

"일이 어떻게 돌아가는지 다 알잖아요. 모두 전문가 아닙니까? 제가 지금 정확한 날짜를 말하라는 게 아니잖아요. 그래도 일정은 잡아야 하니까 물어보는 겁니다. 참, 만약에 두 달이 넘게 걸린다면 이 프로젝트는 그냥 접는 게 나을 겁니다."

누군가의 입에서 "두 달?"하고 중얼대는 소리가 흘러나오자, 부문장은 의견을 낸 것으로 받아들인다.

"좋아요! 사실 제 생각에도 그렇습니다. 자, 그러면 설계에는 얼마나 걸릴까요?"

다시 한번 충격으로 모두가 말을 잃었다. 산수를 할 줄 안다면, 11월 1일까지 여섯 달밖에 남지 않았다는 것은 금방 깨달았을 것이다. 결론은 자명하다.

"두 달요?" 당신이 말한다.

"정확해!" 부문장이 활짝 웃는다.

"제가 생각한 것과 정말 똑같네요. 그러면 구현에 두 달을 쓰면 되겠군요. 모두들 회의하느라 수고 많았습니다."

이 책의 독자 중 많은 수가 이런 회의에 참석해 봤을 것이다. 이런 경험이 없다면, 운이 좋았다고 생각하자.

분석 단계

모두가 회의실을 떠나 자리로 돌아왔다. 무엇을 해야 할까? 분석 단계가 시작되었으니 분석을 해야 할 것이다. 그런데 분석이라는 것이 대체 뭘까?

소프트웨어 분석에 관한 책을 읽어 본 적이 있다면, 분석의 정의가 저자의 수만큼이나 다양하다는 것을 발견했을 것이다. 분석이란 무엇인가에 대한 진정한 합의는 없다. 요구 사항의 작업 분할 구조work breakdown structure[27]를 만드는 것일 수도 있고, 요구 사항을 찾고 정교하게 다듬는 것일 수도 있다. 기반이 되는 데이터 모델이나 객체 모델 등을 만드는 것일 수도 있다. 분석이 무엇인가에 대한 최고의 정의는 바로 '분석가가 하는 일'이라는 것이다.

물론 몇 가지는 명백하다. 프로젝트의 규모를 추산해야 하고, 기본적인 실현 가능성 검증이나 인력 계획 등을 해야 한다. 일정 내에 프로젝트를 마칠 수 있는지도 확인해야 한다. 이것이 사업 부서에서 요구하는 최소한이다. 분석이라는 것이 진짜로 무엇이든지 간에 분석이 앞으로 두 달 동안 할 일이다.

이 기간은 프로젝트의 신혼 시기다. 모두가 행복하게 웹 서핑을 하고, 주식 투자도 조금 하고, 고객도 만난다. 사용자를 만나보기도 하고, 멋진 차트도 그리며 전반적으로 좋은 시간을 보낸다.

---

27 (옮긴이) 프로젝트를 더 작은 구성 요소들로 여러 단계에 걸쳐 나누는 것으로, 보통 프로젝트 초기 계획 단계에 이루어진다.

그리고 7월 1일이 되자 기적이 일어난다. 분석이 끝난 것이다.

왜 분석이 끝났을까? 7월 1일이 되었기 때문이다. 일정상 7월 1일에 분석이 끝난다고 되어 있으므로 끝낸 것이다. 왜 늦어지겠는가?

관문을 한 단계 넘은 것을 기념하기 위해 작은 파티를 연다. 풍선과 치하의 말씀도 빼놓을 수 없다. 이제 다음으로 우리가 들어설 곳은 설계 단계다.

설계 단계

자, 이제는 또 무엇을 해야 할까? 물론 설계를 해야 한다. 그런데 설계란 무엇일까?

소프트웨어 설계에 대해서는 조금 더 나은 그림을 갖고 있다. 소프트웨어 설계란 프로젝트를 모듈별로 나누고, 각 모듈 간의 인터페이스를 설계하는 것이다. 몇 개의 팀이 필요하고, 각 팀 사이는 어떻게 연결해야 할지를 고민하는 단계이기도 하다. 보통은 현실적으로 달성 가능한 구현 계획을 만들기 위해 일정도 조정해야 하는 단계다.

물론 이 단계에서도 여러 가지가 예상치 못하게 바뀐다. 새로운 기능이 추가되고, 기존 기능은 빠지거나 변경된다. 앞 단계로 돌아가서 이 변경 사항을 재분석하고 싶지만, 시간이 모자란다. 그러니 변경 사항을 설계 안에 땜질해 넣는다.

그리고 또 한 번 기적이 일어난다. 9월 1일이 되었고, 설계를 마친 것이다. 왜 설계가 끝났을까? 9월 1일이 되었기 때문이다. 일정상 끝나는 것으로 되어 있는데 왜 늦어지겠는가?

다시 한번 풍선과 치하의 말씀을 곁들인 파티를 연다. 그리고는 나음 단계의 문을 열어젖히고 구현 단계로 들어간다.

이제 이 과정을 한 번만 더 하면 된다. 구현이 끝났다고 선언하고 넘어갈 수 있다면 좋을 것이다. 하지만 그럴 수는 없다. 구현이라는 것은 실제로 완성해야 하는 것이기 때문이다. 분석이나 설계는 성공인지 실패인지가 명확한 결과물을 내놓지 않는다. 분명한 완성 기준이 없기 때문이다. 진짜로 분석이나 설계가 끝났는지 알 방법은 없다. 그러니 제시간에 된 것처럼 하는 편이 나은 것이다.

구현 단계

반면에 구현은 명확한 완성 기준을 갖고 있다. 완성된 것처럼 꾸밀 수 있는 방법은 없다.[28]

구현 단계 동안 우리가 하는 일은 하나도 모호하지 않다. 우리는 코딩을 한다. 그것도 엉덩이에 불이 난 것처럼 코딩하는 게 좋을 것이다. 이미 이 프로젝트의 넉 달을 날려 버렸기 때문이다.

그러는 동안, 요구 사항은 여전히 계속 바뀐다. 새로운 기능이 계속 추가되고, 기존 기능은 계속 빠지거나 변경된다. 앞 단계로 돌아가서 이 변경 사항을 재분석하고 재설계하고 싶지만, 이제 몇 주밖에 남지 않았다. 그러니 변경 사항을 코드 속에 땜질, 또 땜질해 넣는다.

코드를 보면서 설계와 비교해 보면, 설계할 때 술을 좀 마셨거나 제정신이 아니었던 것이 분명하다는 생각이 든다. 설계할 때 우리가 그린 근사하고 예쁜 그림에 코드가 전혀 들어맞지 않기 때문이다. 하지만 걱정할 시간 따위는 없다. 시곗바늘은 돌고 있고, 야근 시간은 쌓여 간다.

그러다 10월 15일쯤, 누군가가 말한다.

"저, 마감 기한이 언제죠? 언제까지 해야 하죠?"

이제 2주밖에 남지 않았고, 11월 1일까지는 절대 끝낼 수 없다는 것을 알아차리게 되는 시점이 이때다. 이해관계자가 프로젝트에 자그만 문제가 있

---

28 healthcare.gov의 개발자들은 꾸미려고 했던 것 같긴 하다. (옮긴이) '오바마케어'라고도 부르는 미국의 건강보험 신청을 위하여 2013년 신설된 웹사이트로, 서비스 시작 직후 심각한 접속 문제가 오래 지속되었다. 이로 인하여 오바마 대통령의 지지율 하락 및 공식 사과 등이 이어졌다.

을 수 있다는 것을 처음 알게 되는 시점이기도 하다.

이해관계자의 불만을 상상할 수 있을 것이다.

"분석 단계에서 우리에게 알려 줄 수는 없었습니까? 프로젝트 규모를 산정하고 일정을 맞출 수 있는지 가늠하는 것은 그때 아닙니까? 설계 단계에서 우리에게 말할 수는 없었습니까? 설계를 모듈별로 나눈 후, 모듈을 팀별로 할당하고, 인력 수요를 계산하는 것이 그때 하는 일 아닙니까? 왜 마감기한을 2주 남겨놓은 지금에서야 말하는 거죠?"

이해관계자의 말에 일리가 있지 않은가?

죽음의 행진 단계

이제 우리는 죽음의 행진 단계에 들어선다. 고객은 화가 나 있다. 이해관계자도 화가 나 있다. 압박이 심해진다. 야근 시간은 급증한다. 사람들이 그만둔다. 지옥이 따로 없다.

3월의 어느 날, 고객이 원하던 것을 절반 정도만 그럭저럭 해내는 물건을 인도한다. 모두가 상심해 있다. 다시는 이렇게 프로젝트를 진행하지 않겠다고 스스로 다짐한다. 다음번에는 제대로 해야지! 다음번에는 더 분석하고 더 설계해야지!

나는 이것을 따라잡을 수 없는 프로세스 인플레이션Runaway Process Inflation[29]이라고 부른다. 우리는 될 리가 없는 일을 계속하려고 한다. 그것도 아주 많이 하려고 한다.

---

29 (옮긴이) runaway inflation이란 물가 상승이 너무 급격해서 도저히 제어할 수 없는 상태를 말한다.

과장?

과장된 이야기인 것은 명백하다. 소프트웨어 프로젝트에서 일어난 거의 모든 나쁜 일을 한곳에 함께 모아 놓은 것이다. 폭포수 모델을 따르는 프로젝트가 늘 이렇게 극적으로 실패하지는 않는다. 사실은, 정말 운이 좋아서 소소한 성공을 거두는 경우도 종종 있다. 반면에 나는 이런 회의에 참석한 적이 한두 번이 아니고, 이런 프로젝트에서 일한 것도 여러 번이었다. 나만 그런 것도 아니다. 이 이야기는 과장일 수 있지만, 한편으로 사실이기도 하다.

폭포수 프로젝트 중 앞에서 묘사한 것처럼 정말로 처참했던 경우의 비중이 얼마나 되는지 묻는다면, 상대적으로 많지는 않았다고 해야겠다. 하지만 0은 아니다. 그보다는 훨씬 많다. 정도는 약하더라도 대부분 비슷한 문제를 경험한다. 때로는 더 심하게 겪는 경우도 있다.

폭포수가 무조건 나쁜 것은 아니다. 폭포수 때문에 모든 소프트웨어 프로젝트가 폭삭 망하지는 않는다. 하지만 소프트웨어 프로젝트를 운영하기에는 재앙에 가까운 방법이었고, 지금도 여전히 그렇다.

더 나은 방법

폭포수 모델의 발상은 꽤 타당해 보인다. 먼저 문제를 분석하고, 해결 방법을 설계하고, 그 설계를 구현한다.

단순하고, 직접적이고, 명확하다. 그리고 틀렸다.

애자일 프로젝트의 접근법은 방금까지 읽은 것과는 완전히 다르다. 딱 와닿는 느낌을 준다. 사실 읽어 나갈수록 폭포수의 3단계보다 훨씬 더 와닿는다고 느끼게 될 것이다.

애자일 프로젝트도 분석으로 시작한다. 하지만 이 분석은 끝나지 않고 계속 이어진다. 그림 1.4에서 전체 프로젝트를 보자. 맨 오른쪽이 마감 기한인 11월 1일이다. 가장 먼저 알게 되는 게 마감 기한이라는 것을 기억하라. 프로젝트 일정을 일정한 크기로 더 작게 나눈다. 이것을 반복 주기iteration

또는 스프린트$_{sprint}$[30]라고 부른다.

반복 주기의 길이는 일반적으로 1주일 혹은 2주일이다. 나는 1주일을 좋아하는데, 2주일이면 그사이 너무 많은 것이 틀어질 수 있기 때문이다. 반면에 1주일이면 그동안 할 수 있는 일이 너무 적을까 봐 2주일을 더 좋아하는 사람도 있다.

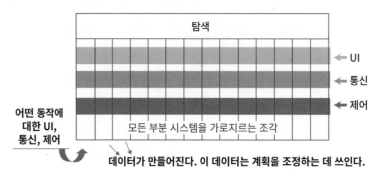

그림 1.4 전체 프로젝트

반복 주기 0

첫 번째 반복 주기는 종종 반복 주기 0이라고도 한다. 반복 주기 0에서는 짧게 기능 목록을 만드는데, 이를 스토리라고 부른다. 스토리에 대해서는 뒤에서 훨씬 더 자세히 살펴보겠다. 일단은 개발해야 하는 기능이라고 생각하자. 반복 주기 0 동안 개발 환경을 준비하고, 스토리의 크기를 추산하고 최초의 계획을 세운다. 계획은 단순하게 세우는데, 처음 반복 주기 몇 번 동안 처리할 스토리를 대략 할당한다. 마지막으로 개발자와 아키텍트는 잠정적인 스토리 목록을 바탕으로 초기 시스템 설계의 잠정적인 밑그림을 그린다.

스토리를 쓰고, 크기를 추산하고, 계획을 세우고, 설계를 하는 이 과정은

---

30 스프린트는 스크럼에서 쓰는 용어다. 나는 이 용어를 별로 좋아하지 않는데, 전력 질주(sprint)를 해야 할 것 같기 때문이다. 소프트웨어 프로젝트는 마라톤이고, 마라톤에서는 전력 질주를 하지 않는다.

끝없이 계속된다. 그래서 그림 1.4를 보면, 탐색이라는 영역이 전체 프로젝트에 가로로 걸쳐 있는 것이다. 맨 처음부터 끝까지 프로젝트의 모든 반복 주기에 분석과 설계, 구현이 각각 조금씩은 들어 있을 것이다. 애자일 프로젝트에서는 끊임없이 분석과 설계를 한다.

이 설명을 듣고는 애자일은 짧은 폭포수를 반복하는 것이라고 받아들이는 사람도 있을 것이다. 하지만 그렇지 않다. 반복 주기는 3단계로 나누어지지 않는다. 반복 주기의 앞부분에 분석만 진행하지도 않는다. 반복 주기가 끝날 즈음에는 구현만 하는 것도 아니다. 오히려 반복 주기 전체에 걸쳐 요구 사항 분석, 아키텍처 수립, 설계, 구현 활동이 끊임없이 일어난다.

혼란스럽더라도 걱정하지 않아도 된다. 뒤에서 훨씬 더 많이 설명할 것이다. 이것만 명심하면 된다. 애자일 프로젝트에서 반복 주기는 가장 작은 단위가 아니다. 애자일에는 여러 계층이 있고, 분석, 설계, 구현은 각각의 계층에서 일어난다. 거북이를 거북이가 받치고, 또 거북이가 받치는 것과 같다.[31]

애자일은 데이터를 만든다

반복 주기 1의 시작이다. 가장 먼저 스토리를 몇 개나 완료할 수 있을지 추산해 본다. 그리고 반복 주기 동안 팀은 이 스토리들을 완료하는 데 필요한 일을 한다. 반복 주기 내에서 어떤 일을 하는지는 나중에 더 설명하겠다. 자, 그럼 팀이 끝내기로 계획한 스토리를 모두 끝낼 확률은 얼마나 될 것 같은가?

물론 0에 가깝다. 소프트웨어 개발은 확실하게 예측할 수 없기 때문이다. 프로그래머인 우리는 일이 얼마나 걸리는지 잘 모른다. 우리가 무능력하거나 게을러서가 아니다. 그저 실제로 문제에 뛰어들어 해결하기 전까지

---

31 (옮긴이) 지구를 거북이가 받치고 있고, 이 거북이를 다른 거북이가 받치고 있는 것을 반복한다는 전설에서 유래한 표현이다.

는 그 문제가 얼마나 복잡한 것인지 알 수 있는 방법이 없기 때문이다. 하지만 예측이 틀렸다고 해서 남은 게 하나도 없는 것은 아니다. 한번 살펴보자.

반복 주기 1이 끝나면 우리가 계획했던 스토리 중 일부만 완료했을 것이다. 이를 통해 반복 주기 하나 동안 스토리를 몇 개나 완료할 수 있는지 측정한 수치를 처음으로 얻는다. 이것은 진짜 데이터다. 모든 반복 주기가 비슷할 것이라고 가정하면, 이 데이터에 기반하여 원래의 계획을 조정하고 프로젝트의 새로운 종료 일자를 계산할 수 있다(그림 1.5).

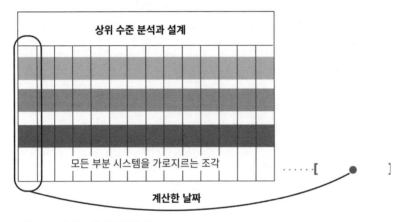

그림 1.5 새로운 종료 일자를 계산하기

계산 결과는 매우 실망스러울 가능성이 크다. 프로젝트의 원래 종료 일자를 한참이나 넘어갈 것이 뻔하다. 하지만 이 새로운 종료 일자는 실제 데이터에 기반한 것이므로 무시해서는 안 된다. 그렇다고 너무 심각하게 받아들여서도 안 된다. 딱 한 빈 측정한 데이터에 기반한 것이고 프로젝트 종료 일자의 오차 범위는 꽤 넓다.

이 오차 범위를 줄이려면 반복 주기를 두세 번 더 돌아야 한다. 더 진행할수록 반복 주기당 스토리를 몇 개나 완료할 수 있는지 더 많은 데이터를 얻을 수 있다. 이 숫자는 반복 주기에 따라 널뛰기 하겠지만, 평균을 구해 보면 상대적으로 일정한 속도가 될 것이다. 반복 주기를 네다섯 번 거치면, 프로젝트가 언제 완료될지 훨씬 더 잘 알게 될 것이다(그림 1.6).

반복 주기가 진행될수록 오차 범위는 더 줄어들고, 원래 종료 일자에 프로젝트를 끝낸다는 것은 헛된 희망임이 확실해질 것이다.

희망 대신 관리

희망을 없애는 것이 애자일의 주요 목표다. 애자일을 실천하면 희망이 프로젝트를 죽이기 전에 희망을 파괴할 수 있다.

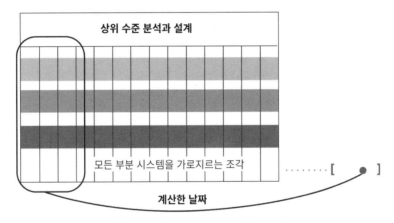

그림 1.6 반복 주기를 더 진행하면 프로젝트 종료 일자를 더 잘 추정할 수 있다.

희망은 프로젝트를 죽인다. 희망 때문에 소프트웨어팀은 관리자에게 진짜 진척도를 속인다. 관리자가 "어떻게 되어 가요?" 하고 물었을 때, 희망이 대신 대답한다. "꽤 괜찮아요." 희망은 소프트웨어 프로젝트 관리에 매우 나쁘다. 그리고 애자일은 희망 대신 춥고 힘든 현실을 초기부터 끊임없이 보여주는 방법이다.

애자일이 빠르게 나아가는 것이라고 생각하는 사람도 있다. 그렇지 않다. 빠르게 나아가는 것이었던 적은 없다. 애자일은 우리가 얼마나 망했는지를 최대한 빨리 아는 것이다. 최대한 빨리 알아야 상황을 관리할 수 있기 때문이다. 맞다. 이 관리가 관리자가 하는 일이다. 관리자는 데이터를 모으고 그 데이터에 기반하여 최선의 결정을 내림으로써 소프트웨어 프로젝트를 관리한다. 애자일은 데이터를 만든다. 애자일은 데이터를 많이 만든다. 관리자는 이 데이터를 사용하여 프로젝트를 가능한 한 최선의 결과로 이끈다.

가능한 한 최선의 결과가 원래 바라던 결과가 아닐 때도 있을 것이다. 원래 프로젝트를 의뢰한 이해관계자에게도 매우 실망스러울 수 있다. 하지만 가능한 한 최선의 결과가, 말뜻 그대로 얻을 수 있는 최선의 결과다.

철십자 관리하기

자, 이제 프로젝트 관리의 철십자로 되돌아가자. 좋음, 빠름, 저렴함, 완성. 관리자가 프로젝트에서 얻은 데이터에 기반하여 결정을 내릴 시간이다. 이 프로젝트는 얼마나 좋아야, 얼마나 빨라야, 얼마나 저렴해야, 얼마나 완성되어야 할 것인가?

관리자는 일의 범위나 일정, 사람, 품질을 변경할 수 있다.

일정 변경하기

일정부터 시작해 보자. 이해관계자에게 프로젝트를 11월 1일에서 3월 1일로 연기할 수 있겠냐고 물어보자. 이런 대화는 보통 결과가 좋지 않다. 기억하자. 마감 기한은 타당한 사업상의 이유로 정해진 것이다. 사업상의 이유는 아마도 바뀌지 않을 것이다. 따라서 프로젝트 연기가 사업에 심각한 타격을 가할 수도 있다.

반면에, 가끔은 사업상의 편의를 위해서 날짜를 고르는 경우도 있다. 예를 들어 프로젝트를 자랑할 만한 박람회가 11월에 있는 것일 수도 있다. 하지만 어쩌면 3월에 마찬가지로 또 다른 좋은 박람회가 있을 수도 있다. 아직 프로젝트 초기라는 점을 유념하자. 아직 반복 주기를 몇 번 돌지 않았다.

이해관계자가 11월 박람회의 부스 공간을 사기 전에 이해관계자에게 제품 인도 날짜가 3월이라고 말할 수 있어야 한다.

오래전에 전화 회사의 프로젝트에서 일하는 소프트웨어 개발자 그룹을 관리했던 적이 있다. 프로젝트 중반 즈음, 예정된 제품 인도 날짜로부터 6개월 정도 더 걸린다는 게 확실해졌다. 우리는 최대한 빨리 전화 회사 경영진에게 이 사실을 들고 찾아갔다. 이 경영진은 이렇게 이른 시점에 일정이 지연될 것이라고 말하는 소프트웨어팀을 본 적이 없었다. 경영진은 일어서서 우리에게 기립 박수를 쳤다.

이런 상황을 기대해서는 안 된다. 하지만 우리에게 일어났던 일이다. 딱 한 번.

사람 추가하기

일반적으로는 사업 부서에서 흔쾌히 일정을 바꿔 주지 않을 것이다. 마감 기한은 타당한 사업상의 이유로 정해진 것이고, 이 이유는 바뀌지 않았다. 그러니 사람을 추가해 보자. 모두 알다시피 사람을 두 배 늘리면 일을 두 배 빠르게 할 수 있지 않은가.

사실은 정확히 그 반대다. 브룩스의 법칙[32]에 따르면 지연된 프로젝트에 인력을 추가하면 더 늦어진다.

실제로 일어나는 일은 그림 1.7의 그래프와 비슷한 경우가 많다. 일정 수준의 생산성으로 일하고 있는 팀에 사람이 추가된다. 새로운 사람이 기존 사람들의 에너지를 빨아먹기 때문에 몇 주 동안 생산성은 곤두박질친다. 그러다 잘 풀리면 새로운 사람이 점점 실제로 보탬이 될 만큼 똑똑해지기 시

---

[32] Brooks, Jr., F. P. 1995 [1975]. *The Mythical Man-Month*. Reading, MA: Addison-Wesley. *https://en.wikipedia.org/wiki/Brooks%27s_law*. (옮긴이) 프레더릭 브룩스의 이 책은 소프트웨어 공학 분야의 고전이다. 번역서는 《맨먼스 미신》(인사이트, 2015)이다. 브룩스의 법칙은 한국어 위키백과를 참고하기 바란다(*https://ko.wikipedia.org/wiki/*브룩스의_법칙).

작한다. 관리자는 이 그래프의 점선 아래쪽 구간을 고려하더라도 전체적으로 플러스가 될지를 놓고 도박을 하는 것이다. 물론 초기의 손실을 만회하려면 충분한 시간과 새로운 사람의 충분한 발전이 필요하다.

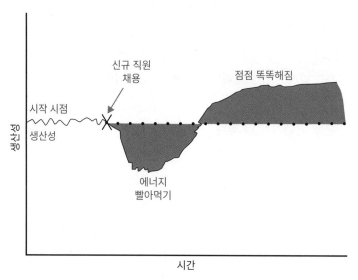

그림 1.7 팀에 구성원을 추가하는 일의 실제 효과

물론 또 다른 요소는 사람을 추가하는 데 돈이 많이 든다는 것이다. 가끔은 단순히 예산 때문에 새로운 사람을 채용하지 못할 수도 있다. 그러니 논의를 이어 나가기 위해서 사람을 추가할 수 없다고 가정해 보자. 그렇다면 다음으로 바꿔야 하는 것은 품질이다.

품질 떨어뜨리기

누구나 알듯이 쓰레기 같이 만들면 훨씬 더 빨리 진행할 수 있다. 그러니 모두 테스트를 쓰지 말고, 코드 리뷰도 때려치우자. 말도 안 되는 리팩터링 같은 건 하지 말고 코드를 써라, 이 자식아. 코드를 쓰라고. 필요하면 주 80시간씩 코드만 써라. 코드만!

내가 품질을 떨어뜨리는 것은 소용이 없다고 이야기할 거라는 걸 독자들은 알고 있었으리라 믿는다. 쓰레기를 만든다고 더 빨리 갈 수는 없다. 더 느려질 뿐이다. 이것이 프로그래밍을 20년 아니면 30년 정도 한 뒤에 배우게 되는 중요한 교훈이다. 빨리 대강 할 수 있는 방법 같은 것은 없다. 대강 하면 느려진다.

빠르게 가는 유일한 방법은 제대로 가는 것이다.

자, 그러니 우리는 품질 스위치를 돌려서 11로 올릴 것이다. 일정을 앞당기고 싶다면 유일한 선택지는 품질을 올리는 것이다.

범위 변경하기

이제 바꿀 수 있는 것은 단 하나 남았다. 어쩌면, 정말 어쩌면, 계획한 기능 중에 11월 1일까지 정말로 꼭 완성하지 않아도 되는 것이 있을 수도 있다. 이해관계자에게 물어보자.

"이해관계자분들께 여쭤보겠습니다. 이 기능 목록을 모두 원하신다면 3월에나 끝납니다. 만약 11월까지 무언가 반드시 완성하고 싶으시다면, 몇 가지 기능을 목록에서 빼야 할 겁니다."

"우리는 뺄 것이 없네. 전부 다 필요해! 그리고 11월 1일까지 모두 필요하네."

"아, 이해를 하지 못하시는군요. 모두 필요하다고 하시면 3월에나 끝날 겁니다."

"전부 다 필요해. 그리고 11월까지 필요하다고!"

누구도 물러서려고 하지 않아서 잠시 작은 논쟁이 이어질 것이다. 이 논쟁에서 이해관계자가 우월한 지위에 있기는 하지만, 프로그래머에게는 데이터가 있다. 그리고 합리적인 조직에서는 데이터가 이긴다.

합리적인 조직이라면, 이해관계자가 결국은 받아들이고 고개를 끄덕이게 될 것이다. 그리고 계획을 면밀히 살피기 시작한다. 하나하나 살펴보며 11월까지 절대적으로 필요하지는 않은 기능을 찾는다. 곤란한 일이지만, 합리적인 조직에서는 다른 선택의 여지가 없다. 이렇게 계획이 조정되고 몇 가지 기능은 연기된다.

비즈니스 가치 순서

아니나 다를까 이해관계자가 우리가 이미 구현한 기능을 보고 이렇게 말할 수도 있다. "아, 이건 정말 필요 없는 건데, 이미 만들었다니 정말 안타깝네요."

이런 이야기는 절대 다시 듣고 싶지 않다! 그러니 이제부터 반복 주기를 시작할 때마다 다음으로 어느 기능을 구현할지 물어보자. 물론 기능 사이에는 의존성이 있을 것이다. 하지만 우리는 프로그래머다. 의존성은 우리가 해결할 수 있다. 어떻게 해서든 이해관계자가 원하는 순서대로 기능을 구현할 것이다.

개요가 끝났다

여기까지 읽은 것은 애자일을 6000미터 상공에서 내려다본 것이다. 세부 사항을 많이 생략했지만, 이것이 애자일의 핵심이다. 애자일은 프로젝트를 더 작은 반복 주기로 나누는 프로세스다. 각 반복 주기의 결과물을 측정하여 지속적으로 일정을 평가하는 데 사용한다. 기능은 비즈니스 가치 순서대로 구현하므로 가장 중요한 것이 먼저 구현된다. 품질은 가능한 한 높게 유지한다. 일정은 주로 범위를 조절하여 관리한다.

이것이 애자일이다.

삶의 순환

그림 1.8은 XP의 실천 방법~practice~을 설명하는 론 제프리즈의 그림으로, 삶의 순환~Circle of Life~이라는 애칭으로 불린다.

그림 1.8 삶의 순환

이 책에서 XP의 실천 방법을 소개하는 이유는 모든 애자일 프로세스 중에서 XP가 가장 잘 정의되어 있고, 가장 완전하며, 가장 덜 혼란스럽기 때문이다. 사실상 다른 모든 애자일 프로세스는 XP의 부분 집합이거나 XP의 변종이다. 이 말은 다른 애자일 프로세스를 얕잡아 보는 것이 아니다. 사실 다양한 프로젝트를 하다 보면 다른 프로세스의 유용한 측면을 만나게 될 것이다. 하지만 애자일이 정말로 무엇인지 이해하고 싶다면 XP를 공부하는 것이 최선의 방법이다. XP는 애자일의 프로토타입이자, 최고의 대표주자이며, 본질이고, 핵심이다.

켄트 벡은 XP의 아버지고, 워드 커닝햄은 할아버지다. 이 둘은 80년대 중반 텍트로닉스~Tektronix~에서 함께 일했다. 이들이 시도해 보았던 여러 아이디어는 결국 XP가 되었다. 켄트는 이 아이디어들을 더 구체적인 모습으로 다듬었고, 1996년 즈음 XP를 만들었다. 2000년에 켄트는 《Extreme Programming Explained: Embrace Change》라는 최고의 작품을 출간했다.[33]

삶의 순환 그림은 세 개의 고리로 나누어진다. 가장 바깥은 비즈니스와 관련된 XP의 실천 방법을 보여 준다. 이 고리는 본질적으로 스크럼[34] 프로세스와 동일하다. 이 실천 방법들은 소프트웨어 개발팀이 사업 부서와 의사소통하는 방법과 사업 부서와 개발팀이 프로젝트를 관리하면서 지켜야 할 원칙에 대한 체계를 제안한다.

- 계획 게임planning game 실천 방법은 이 고리에서 가장 중심적인 역할을 한다. 프로젝트를 기능, 스토리, 작업으로 쪼개는 방법을 알려 준다. 크기를 추정하거나 우선순위를 결정하거나, 기능이나 스토리, 작업의 일정을 정하는 데 필요한 지침을 제공한다.
- 작은 릴리스small release는 팀이 일을 조그만 크기로 나누어서 하도록 이끈다.
- 인수 테스트acceptance test는 기능이나 스토리, 작업의 '완료'를 정의할 수 있게 해 준다. 완성 조건을 모호하지 않게 규정하는 방법을 보여 준다.
- 전체 팀whole team은 소프트웨어 개발팀이 여러 가지 역할로 구성되어 있음을 나타내는 개념이다. 팀을 이루는 프로그래머, 테스터, 관리자 등은 같은 목표를 위해 함께 일한다.

삶의 순환에서 가운데 고리는 팀과 관련된 실천 방법을 담고 있다. 이 실천 방법들은 개발팀을 관리하고, 팀원들이 서로 의사소통하는 체계와 원칙을

---

33 Beck, K. 2000. *Extreme Programming Explained: Embrace Change*. Boston, MA: Addison-Wesley. 2005년에 나온 2판이 있지만, 나는 1판을 더 좋아하고, 최고의 판본이라고 생각한다. 켄트의 생각은 다를 수 있다. (옮긴이) 번역서 《익스트림 프로그래밍: 변화를 포용하라》(인사이트, 2006)는 2판을 옮긴 것이다.
34 혹은 처음 고안되었을 당시의 스크럼. 요즘은 스크럼이 XP의 실천 방법을 더 많이 흡수했다.

제공한다.

- 지속 가능한 속도sustainable pace는 개발팀이 자원을 너무 빠르게 소진한 나머지 결승선에 도달하기도 전에 탈진해 버리는 것을 막기 위한 실천 방법이다.
- 공동 소유collective ownership는 팀이 프로젝트 안에 칸막이를 쳐서 지식이 퍼지지 못하게 만드는 것을 막는다.
- 지속적 통합continuous integration은 피드백 고리가 자주 돌게 만드는 데 계속 집중하도록 만든다. 이를 통해 언제나 팀의 현재 위치를 알 수 있어야 한다.
- 메타포metaphor는 시스템에 대해서 팀과 사업 부서가 의사소통할 때 사용하는 어휘나 표현을 만들고 널리 공유하는 실천 방법이다.

삶의 순환에서 안쪽 고리는 기술 실천 방법을 담고 있다. 이 실천 방법들은 프로그래머가 기술적인 품질을 가장 높게 유지하도록 이끌고 강제한다.

- 짝 프로그래밍pairing은 기술팀이 지식을 공유하고, 서로 리뷰하고, 협력하도록 하여 혁신과 정확성을 끌어내는 실천 방법이다.
- 단순한 설계simple design는 팀이 노력을 낭비하지 않도록 도와주는 실천 방법이다.
- 리팩터링refactoring은 모든 작업 산출물의 지속적인 개선과 향상을 장려한다.
- 테스트 주도 개발test driven development은 기술팀이 최고의 품질을 유지하면서도 빠르게 움직이기 위해 사용하는 안전망이다.

이 실천 방법들은 애자일 선언의 목표와 적어도 다음과 같이 밀접하게 발맞추고 있다.

- 공정과 도구보다 개인과 상호작용
  - 전체 팀, 메타포, 공동 소유, 짝 프로그래밍, 지속 가능한 속도

- 포괄적인 문서보다 작동하는 소프트웨어
  - 인수 테스트, 테스트 주도 개발, 단순한 설계, 리팩터링, 지속적 통합
- 계약 협상보다 고객과의 협력
  - 작은 릴리스, 계획 게임, 인수 테스트, 메타포
- 계획을 따르기보다 변화에 대응하기
  - 작은 릴리스, 계획 게임, 지속 가능한 속도, 테스트 주도 개발, 리팩터링, 인수 테스트

앞으로 이 책에서 살펴보겠지만 삶의 순환과 애자일 선언 사이의 관계는 앞에서 본 단순한 모델보다 더 깊고 절묘하다.

결론

지금까지 애자일이란 무엇인지, 그리고 애자일이 어떻게 시작되었는지 살펴보았다. 애자일은 작은 소프트웨어팀이 작은 프로젝트를 관리할 수 있게 도와주는 작은 규칙이다. 하지만 이런 작고 작고 작은 것이 어마어마한 영향력을 갖고 있다. 모든 큰 프로젝트는 작은 프로젝트가 많이 모여서 만들어지기 때문이다.

하루하루가 흘러갈수록 소프트웨어는 점점 더 많은 인류의 일상으로 그 어느 때보다 더 깊이 들어오고 있다. 소프트웨어가 세상을 지배한다고 해도 지나치지 않다. 만약 소프트웨어가 세상을 지배한다면, 그 소프트웨어의 개발을 가장 잘 이끄는 것은 애자일이다.

2장

왜 애자일인가

* 삽화 설명: 제임스 메디슨(James Madison)은 미국의 제4대 대통령으로, 미합중국 헌법 권리장전
(United States Bill of Rights)에 크게 기여했다. 배경에 초창기 미국 국기가 그려져 있다.

애자일 개발에 대해 자세히 살펴보기 전에, 먼저 우리가 짊어진 짐의 무게를 설명해야겠다. 애자일 개발은 중요하다. 소프트웨어 개발에서만 중요한 것이 아니라 우리 산업, 우리 사회, 궁극적으로는 우리 문명에 중요한 의미가 있다.

개발자나 관리자가 여러 가지 이유로 잠깐 애자일에 관심을 갖는 경우가 종종 있다. 애자일의 무언가가 마음에 와닿아서일 수도 있고, 때로는 애자일이 약속하는 속도나 품질에 홀려서 애자일을 시도하는 때도 있다. 하지만 이런 이유는 실체가 없고 불분명하다. 그러다 보니 무시되기 일쑤다. 애자일을 도입했다가도 기대했던 결과가 곧바로 나타나지 않아서 애자일을 그만두는 경우도 많다.

애자일 개발이 중요한 것은 이런 덧없는 이유 때문이 아니다. 애자일 개발이 중요한 것은 더 깊은 철학적·윤리적 이유 때문이다. 바로 직업의식과 고객의 당연한 기대 때문이다.

직업의식

애초에 내가 애자일에 끌렸던 것은 허례허식은 지양하면서도, 규율을 지켜야 한다고 강하게 요구하는 면 때문이었다. 애자일을 제대로 하려면 짝 프로그래밍을 해야 하고, 테스트를 먼저 쓰고, 리팩터링도 하고, 단순한 설계에 전념해야 한다. 짧은 주기로 일해야 하고, 그러면서도 주기마다 작동하는 결과물을 내놓아야 한다. 사업 부서와도 정기적으로 끊임없이 이야기해야 한다.

앞으로 돌아가 삶의 순환 그림을 다시 펼쳐 보자. 각각의 실천 방법을 약속이나 책임이라고 생각해 보면 내 말이 이해될 것이다. 나에게 애자일 개발은 약속이다. 전문가가 되겠다는 약속, 소프트웨어 개발 산업 전반에 전문가다운 행동을 퍼트리겠다는 약속, 그렇게 내 수준을 올리겠다는 약속이다.

소프트웨어 업계는 직업의식을 정말 많이 높여야 한다. 우리는 너무 자주 실패한다. 너무나 형편없는 제품을 출시한다. 너무 많은 결함을 용인한다. 끔찍한 타협을 한다. 신용카드를 처음 가진 철없는 10대처럼 굴 때가 너무 잦다. 세상이 조금 더 단순하던 시기에는, 이런 행동을 용인할 수 있었다. 걸려 있는 것이 많지 않았기 때문이다. 1970~80년대, 심지어 90년대에 들어와서도 소프트웨어 실패의 비용은 꽤 들긴 했지만, 제한적이었고, 수용할 만했다.

소프트웨어는 어느 곳에나 있다

오늘날 상황은 달라졌다.

주위를 둘러보자. 지금, 이 순간, 앉아 있는 곳에서 고개를 돌려 방안을 살펴보자. 방에 컴퓨터가 몇 개나 있는가?

자, 내가 한번 세어 보겠다. 지금 나는 위스콘신주의 북쪽 숲에 위치한 내 여름 별장에 있다. 내 방에 컴퓨터가 몇 개나 있을까?

- 4: 나는 4개의 CPU 코어가 있는 맥북프로에서 이 글을 쓰고 있다. 아, 8개라고 세는 사람도 있지만, 나는 '가상' 코어는 치지 않겠다. 맥북 안에 들어 있는 온갖 작은 보조 프로세서도 세지 않겠다.
- 1: 애플 매직 마우스 2. 분명 여러 개의 프로세서가 들어 있겠지만, 그냥 하나로 세겠다.
- 1: 듀엣Duet 앱[1]을 띄워서 보조 모니터로 쓰고 있는 아이패드. 내가 알기로는 아이패드에도 작은 프로세서가 많이 들어 있지만, 역시 하나로 세겠다.
- 1: 자동차 열쇠(!)

---

1 (옮긴이) 맥의 작업 화면을 아이패드나 스마트폰으로 확장해 주는 앱. 2019년 맥OS에 추가된 애플 사이드카(Sidecar)와 비슷한 기능을 제공한다.

- 3: 애플 에어팟. 왼쪽, 오른쪽에 하나씩, 그리고 케이스에도 하나가 있다. 아마도 더 있겠지만……
- 1: 아이폰. 맞다. 아이폰에 실제로 들어 있는 프로세서의 수는 아마 두 자리 숫자일 것이다. 하지만 여기서는 하나로 치겠다.
- 1: 지금 눈앞에 보이는 초음파 동작 감지기. (집 안에 더 많이 있지만, 지금 보이는 것은 하나뿐이다.)
- 1: 온도 조절기
- 1: 보안 계기판
- 1: 평면 TV
- 1: DVD 플레이어
- 1: 로쿠 인터넷 TV 셋톱박스
- 1: 애플 에어포트 익스프레스[2]
- 1: 애플 TV
- 5: 리모컨들
- 1: 전화기(진짜로 실제 전화기다.)
- 1: 가짜 벽난로(갖가지 화려한 불꽃 모드를 꼭 감상해 보기 바란다.)
- 2: 컴퓨터로 제어하는 오래된 망원경인 Meade LX 200 EMC. 구동 장치에 하나, 손에 드는 제어 장치에 하나의 프로세서가 있다.
- 1: 주머니에 있는 USB 메모리
- 1: 애플 펜슬

네기 갖고 있거나 이 방안에 있는 컴퓨터만 세었는데 30개가 넘는다. 대부분의 기기 안에는 프로세서가 여러 개 있으니 실제 숫자는 아마 그 두 배는 될 것이다. 하지만 일단 30개로 해 보자.

2 (옮긴이) 2018년 단종된 애플의 소형 유무선 공유기.

여러분 주변에는 몇 개가 있는가?[3] 틀림없이 대부분 30에 가까운 숫자일 것이다. 사실, 서구 사회에 사는 13억 인구 중 대부분은 늘 컴퓨터가 10개 이상 있는 환경에서 살 거라고 장담한다. 이건 새로운 상황이다. 1990년대 초만 해도, 이 숫자는 평균을 내면 0에 가까운 값이었다.

우리 가까이에 있는 이 많은 컴퓨터에 한 가지 공통점이 있다면 무엇일까? 바로 프로그래밍을 해야 한다는 것이다. 모두 소프트웨어가 필요하다. 우리가 만드는 소프트웨어 말이다. 그렇다면 여러분 생각에 이 소프트웨어의 품질은 어떤 것 같은가?

다른 관점에서 생각해 보자. 여러분의 할머니가 하루에 몇 번이나 소프트웨어 시스템을 접하실까? 할머니가 살아계신 독자라면 생각해 보자. 아마 그 숫자는 수천에 달할 것이다. 요즘 사회에서는 소프트웨어 시스템과 상호작용하지 않으면 아무것도 할 수 없다. 할 수 없는 일을 생각해 보자.

- 전화하기
- 무언가 사거나 팔기
- 전자레인지나 냉장고, 심지어는 토스터 사용하기
- 옷을 빨거나 건조시키기
- 식기세척기 돌리기
- 음악 듣기
- 운전하기
- 보험금 청구하기
- 방 온도 올리기
- TV 보기

---

3 (옮긴이) 옮긴이가 작업하고 있는 집 거실에는 (저자 기준으로) 맥북프로(4), 아이폰(1), 애플 에어팟(3), 자동차 열쇠(1), 에어컨(1), 전자레인지(1), 토스터(1), 캡슐 커피 머신(1), 밥솥(1), 디지털 피아노(1), 홈 네트(1), 온도 조절기(1), 디지털 카메라(1), 블루투스 스피커(1), 리모컨들(2) 이렇게 21개였다.

현실은 더 심각하다. 요즘 우리 사회를 보면, 소프트웨어 시스템과 상호작용하지 않으면 조금이라도 중요한 일은 사실상 하나도 할 수 없다. 어떤 법도 통과시키거나, 제정하거나, 집행할 수 없다. 정부 정책을 놓고 토론할 수도 없다. 비행기도 날 수 없고, 차도 움직일 수 없다. 미사일도 쏠 수 없다. 배도 운항을 못 한다. 도로포장도 못 하고, 곡식을 수확할 수도 없다. 제철소는 철을 만들 수 없고, 자동차 공장은 자동차를 만들 수 없고, 사탕 공장은 사탕을 만들 수 없다. 주식을 거래할 수도 없다…….

우리 사회는 소프트웨어 없이 아무것도 이룰 수 없다. 모든 순간을 소프트웨어가 지배한다. 심지어 소프트웨어로 잠을 모니터링하는 사람도 많다.

우리가 세상을 지배한다

우리 사회는 전적으로 소프트웨어에 의존하고 있다. 소프트웨어는 우리 사회를 돌아가게 하는 피와 같다. 소프트웨어 없이는 지금 우리가 누리는 문명을 만들 수 없을 것이다.

그렇다면 누가 소프트웨어를 만드는가? 여러분과 나다. 우리 프로그래머가 세상을 지배한다.

자신들이 세상을 지배한다고 생각하는 사람들도 있다. 하지만 그 사람들은 규칙을 만들어 우리에게 넘길 뿐이고, 우리가 이 규칙을 기계가 이해할 수 있는 규칙으로 다시 쓴다. 현대 생활의 사실상 모든 활동을 감시하고 제어하는 기계들 말이다.

우리 프로그래머가 세상을 지배한다.

그리고 아주 엉망으로 하고 있다.

세상의 모든 것을 돌아가게 만드는 이 소프트웨어 중에 제대로 테스트를 하는 것이 얼마나 될 것 같은가? 테스트 묶음이 있는 소프트웨어는 얼마나 될까? 테스트 묶음이 소프트웨어의 정상 작동을 엄밀하게 증명한다고 말할 수 있는 프로그래머는 얼마나 될까?

자동차에 들어 있는 코드 1억 줄이 잘 동작하는가? 거기서 버그를 찾은 적이 있는가? 나는 찾아보았다. 브레이크나 가속 페달, 핸들을 제어하는 코드는 어떤가? 그 안에 버그는 없을까? 여러분이 브레이크 페달을 발로 밟았을 때, 차가 실제로 멈춘다는 것을 엄밀하게 증명하는 테스트 묶음이 있을까? 그것도 당장 돌려 볼 수 있는 것으로?

운전자가 브레이크 페달을 밟았을 때, 차 안의 소프트웨어가 페달의 압력을 제대로 인식하지 못해서 죽은 사람이 몇 명이나 될까? 정확하게는 알수 없지만, 답은 '많다'이다. 2013년에 있었던 한 소송에서 도요타는 피해보상금으로 수십억 원을 내놓아야 했다. 소프트웨어의 '스파게티 코드' 속에 '비트가 바뀔 수 있는 가능성, 안전장치를 비활성화시킬 수 있는 갑작스러운 작업 종료, 메모리 오염, 단일 장애점, 스택 오버플로와 버퍼 오버플로대비 부족, 나뉘지 않은 장애 격리 구역, 수천 개의 전역 변수가 있었기 때문이다.[4]

우리의 소프트웨어가 지금 사람을 죽이고 있다. 여러분이나 내가 사람을 죽이려고 이 일을 시작하지는 않았을 것이다. 대부분은 아마 어렸을 적 무한 루프를 돌며 화면에 이름을 출력하는 프로그램을 짜고서는 너무 멋지다고 생각해서 프로그래머가 되었을 것이다. 하지만 이제 우리 행동에 생명과 재산이 걸려 있다. 그리고 하루하루가 지나갈수록 더 많은 코드에 더 많은 생명과 재산이 걸리고 있다.

재앙

그런 날이 닥칠 것이다. 여러분이 이 책을 읽고 있는 순간까지는 아직 오지 않았을지도 모르지만. 불쌍한 프로그래머 한 명이 순간의 실수로 멍청한 짓

---

4 Safety Research & Strategies Inc. 2013. Toyota unintended acceleration and the big bowl of "spaghetti" code. 블로그 포스팅. 11월 7일. 접속 주소: *http://www.safetyresearch.net/blog/articles/toyota-unintended-acceleration-and-big-bowl-%E2%80%9Cspaghetti%E2%80%9D-code.*

을 해서 수많은 사람이 죽는 사고가 일어날 것이다. 잠시만 깊이 생각해 보자. 그럴싸한 시나리오 대여섯 가지는 쉽게 생각해 낼 수 있다. 이런 일이 벌어지면 전 세계 정치인들이 정의를 위하여 분노하며 들고 일어나는 그런 날 말이다. 그래야 마땅하다. 그러고는 손가락으로 정확하게 우리를 지목할 것이다.

어쩌면 이 손가락이 여러분의 사장이나 회사의 임원진을 향할 것이라 생각할지도 모르겠다. 하지만 우리는 이 손가락이 폭스바겐 북미 지역 대표를 향했을 때 어떤 일이 일어났는지 보았다. 그가 미국 의회에서 증언할 때의 일이다. 캘리포니아에서 사용하던, 배기가스 검사 기기를 감지해서 무력화하기 위한 소프트웨어를 폭스바겐에 왜 넣었냐는 질문에 그는 이렇게 대답했다. "제가 볼 때, 그리고 지금까지 제가 알아본 바에 따르면 그것은 회사의 결정이 아니었습니다. 이유는 알 수 없지만, 그 소프트웨어를 넣은 것은 두 명의 소프트웨어 엔지니어입니다."[5]

따라서 손가락은 우리를 가리킬 것이다. 마땅히 그래야 한다. 키보드에 올려져 있었던 것은 우리 손가락이고, 규율이 부족했던 것도 우리고, 궁극적인 원인도 우리가 부주의했던 것이니 말이다.

내가 애자일에 큰 희망을 품었던 것도 이런 생각에서였다. 나는 꿈꾸었고, 지금도 꿈꾼다. 애자일 소프트웨어 개발의 규율이 컴퓨터 프로그래밍을 진정한 직업, 명예로운 직업으로 바꾸는 첫 단추가 될 거라고.

---

5 O'Kane, S. 2015. Volkswagen America's CEO blames software engineers for emissions cheating scandal. *The Verge.* 10월 8일. 접속 주소: *https://www.theverge.com/2015/10/8/9481651/volkswagen-congressional-hearing-diesel-scandal-fault.*

당연한 기대

지금부터는 관리자, 사용자, 고객이 우리에게 매우 당연하게 기대하는 것들을 살펴보겠다. 읽다 보면 뇌의 반쪽은 사람들이 기대하는 것이 완벽하게 합리적이라고 동의할 것이다. 하지만 뇌의 다른 반쪽, 그러니까 프로그래머 쪽은 오싹해질 것이다. 프로그래머 쪽 뇌는 어떻게 해야 이 기대에 부응할지 엄두가 나지 않을 수도 있다.

이 기대에 부응하는 것도 애자일 개발의 주요 목표다. 애자일의 원칙과 실천 방법은 사람들이 기대하는 것 중 대부분을 꽤 직접적으로 다룬다. 좋은 최고 기술 책임자chief technology officer, CTO라면 직원들에게 지금부터 살펴볼 행동들을 요구해야 한다. 내용을 더 명확하게 전달하기 위해, 그냥 내가 여러분의 CTO라고 생각하면 좋겠다. 내가 여러분에게 기대하는 것은 다음과 같다.

우리는 쓰레기를 내보내지 않겠다!

이런 말을 굳이 입에 담아야 한다는 것이 우리 산업의 불행한 측면을 보여준다. 하지만 이것이 우리의 현실이다. 독자 여러분, 나는 확신한다. 여러분들 중 다수가 한 번 아니 여러 번 이 기대를 어겼을 것이다. 나도 당연히 그런 적이 있다.

상황이 얼마나 심각한지 이해하기 위해 이 문제를 한번 생각해 보자. 시간을 표현하는 숫자가 너무 커져서 32비트 숫자 표현 범위를 넘어버린 탓에 로스앤젤레스 지역의 항공교통 관제가 아예 멈춰 버렸다. 같은 문제로 보잉 787에 탑재된 발전기가 멈춰 버릴 수도 있었다. 보잉 737 맥스의 MCAS 소프트웨어 때문에 수백 명의 사람이 죽었다.

healthcare.gov 사이트 운영 초기에 내가 겪은 일도 있다. 처음 로그인을 한 다음, 요즘 많은 사이트에서 하듯이 보안 질문을 몇 개 대답해야 했다.

질문 중 하나는 '**나의 기념일**'이었고, 나는 내 결혼기념일인 '**73. 7. 21**'을 입력했다. 시스템은 '**잘못된 입력입니다**'라고 답했다.

나는 프로그래머. 프로그래머가 어떻게 생각하는지 꿰뚫고 있다. 그래서 나는 다양한 날짜 형식을 시도해 보았다. '**1973-07-21**', '**1973.07.21**', '**1973년 7월 21일**', '**19730721**' 등등. 모두가 같은 응답을 내놓았다. '**잘못된 입력입니다**.' 당황스러웠다. 이 빌어먹을 시스템은 대체 어떤 날짜 형식을 쓴 거지?

불현듯 깨달았다. '이 시스템을 만든 프로그래머는 보안 질문 내용을 몰랐을 거야. 아마 데이터베이스에서 질문을 가져와서는 대답을 그대로 저장하도록 만들었겠지. 그리고 아마 프로그래머가 대답에 숫자나 특수 문자를 입력하지 못하게 했을 거야.' 그래서 나는 이렇게 입력했다. '**결혼기념일**'. 그러자 다음으로 넘어갔다.

내 생각에 사용자가 데이터 형식을 프로그래머처럼 생각해서 입력해야 동작하는 시스템은 모두 쓰레기라고 해도 될 것 같다.

이런 쓰레기 같은 소프트웨어와 얽힌 경험만으로도 이 페이지를 가득 채울 수 있다. 하지만 다른 사람들이 훨씬 더 잘 정리해 두었다. 이 문제와 관련된 분야에 대해 더 잘 알고 싶다면, 고이코 아지치Gojko Adzic의 책 《Humans vs. Computers》[6]와 맷 파커Matt Parker의 책 《Humble Pi》[7]를 읽어 보기 바란다.

관리자, 고객, 사용자가 품질이 높고 결함이 적은 시스템을 받으리라고 기대하는 것은 완벽하게 타당하다. 누구도 쓰레기를 받을 것이라 생각하지 않는다. 특히나 상당한 돈을 지불했다면 말이다.

---

6   Adzic, G. 2017. *Humans vs. Computers*. London: Neuri Consulting LLP. 접속 주소: *http://humansvscomputers.com*.

7   Parker, M. 2019. *Humble Pi: A Comedy of Maths Errors*. London: Penguin Random House UK. 접속 주소: *https://mathsgear.co.uk/products/humble-pi-a-comedy-of-maths-errors*. (옮긴이) 번역서는 《험블 파이》(다산사이언스, 2020)이다.

애자일이 강조하는 테스트, 리팩터링, 단순한 설계, 고객의 피드백이 나쁜 코드가 출시되지 않게 막는 확실한 해결책임을 알아 두자.

기술적 준비 상태 유지하기

고객이나 관리자가 우리 프로그래머에게 절대로 기대하지 않을 일이 있다면 일부러 시스템을 늦게 출시하는 일일 것이다. 하지만 소프트웨어팀이 출시를 지연시키는 경우를 흔하게 볼 수 있다. 예를 들어, 가장 중요한 기능을 먼저 빌드에 넣는 대신 모든 기능을 한번에 넣으려고 하다가 이런 지연이 많이 생긴다. 절반만 완성했거나 절반만 테스트했거나, 절반만 문서를 쓴 기능이 있다면 시스템을 배포할 수가 없다.

안정화라는 핑계로 일부러 일정을 늦추기도 한다. 일정한 기간을 잡아 두고 계속 테스트하면서 시스템에 문제가 없는지 살펴보는 경우가 자주 있다. 만약 X일 동안 문제가 발생하지 않았으면, 개발자는 이제 시스템을 배포해도 된다고 안심하는 것이다.

애자일은 이 문제를 간단한 규칙으로 해결한다. 시스템은 각 반복 주기가 끝날 때마다 기술적으로는 배포 가능해야 한다. 기술적으로 배포 가능하다는 이야기는 개발자가 보기에 시스템이 배포해도 될 만큼 기술적으로 견고하다는 뜻이다. 코드는 깨끗하고 모든 테스트가 성공해야 한다.

즉, 반복 주기 동안 스토리를 구현한다는 것은 스토리의 모든 코딩과 모든 테스트와 모든 문서와 모든 안정화를 다 끝낸다는 것이다.

만약 반복 주기가 끝날 때마다 시스템이 기술적으로는 배포 준비가 되어 있다면, 배포 자체는 비즈니스 결정 사항이 된다. 기술적인 결정 사항이 아닌 것이다. 비즈니스 요건상 배포하기에 아직 기능이 충분하지 않다고 판단할 수도 있고, 시장 상황이나 교육과 관련된 이유로 배포를 미룰 수도 있다. 어쨌든 시스템 품질은 배포를 위한 기술적인 기준에 부합한다.

매주 혹은 2주마다 시스템을 기술적으로 배포 가능한 상태로 만들 수 있을까? 물론이다. 반복 주기가 끝나기 전에 모든 배포 준비 작업을 완료할 수 있을 만큼 스토리를 조금만 고르면 된다. 테스트도 대부분 자동화하는 편이 좋을 것이다.

사업 부서와 고객의 입장에서는 당연히 언제나 기술적으로 준비된 상태일 거라고 기대한다. 사업 부서가 어떤 기능이 동작하는지 확인할 때는 당연히 완성된 기능이리라 생각할 것이다. QA 안정화에 한 달이 더 필요하다는 대답을 기대하지는 않을 것이다. 기능이 잘 동작한 이유가 사실은 데모를 시연한 프로그래머가 동작하지 않는 부분을 다 건너뛰었기 때문이라고 생각할 리도 없다.

안정적인 생산성

프로그래밍팀이 프로젝트를 백지에서부터 시작했을 때, 처음 몇 달간은 아주 빠르게 달리는 모습을 종종 본 적이 있을 것이다. 발목을 붙잡는 기존의 코드가 없을 때는 매우 짧은 시간 동안 많은 코드를 만들어 낼 수 있다.

하지만 불행하게도, 시간이 갈수록 엉망인 코드가 쌓이곤 한다. 코드가 깨끗하고 명확하게 유지되지 않으면, 역풍을 일으켜 진도가 느려진다. 엉망인 코드가 더 쌓일수록 역풍은 더욱 거세지고, 개발은 더 느려진다. 개발이 느려질수록, 일정 압박은 더 커지고, 한층 더 엉망인 코드를 만드는 계기가 된다. 이 양의 피드백positive feedback 고리 때문에 개발팀이 거의 움직이지 못할 수도 있다.

이렇게 느려진 모습에 당황한 관리자는 고심 끝에 생산성 증대를 위해 팀에 인력을 추가하기로 결정하기도 한다. 하지만 앞 장에서 보았듯이, 사람을 추가하면 실제로는 몇 주 동안 팀이 더 느려진다.

우리의 희망은 새로운 사람이 몇 주 후에는 따라잡아서 전체 속도를 올리는 데 도움을 주는 것이다. 하지만 새로운 사람을 누가 교육할까? 애초에 코드를 엉망으로 만든 사람이다. 새로운 사람은 틀림없이 이미 굳어진 행동을 따라 할 것이다.

더욱 암울한 것은 기존의 코드가 사람보다 더욱 강력한 선생이라는 것이다. 새로운 사람은 기존의 코드를 보고 이 팀에서 어떻게 일하는지 추측할 것이다. 그리고 함께 엉망인 코드를 만들어 낼 것이다. 따라서 사람을 추가해도 생산성은 계속해서 추락한다.

관리자가 똑같은 일을 몇 번 더 시도할 수도 있다. 똑같은 일을 하면서 다른 결과를 기대하는 것이 어떤 조직에서는 제대로 관리한다는 것의 정의이니까. 하지만 결국에는 진실이 드러날 것이다. 관리자가 어떻게 대처하더라도 완전 정지를 향한 생산성의 날개 없는 추락을 막을 수 없다.

절망한 관리자는 개발자에게 생산성을 높이기 위해 무엇을 해야 할지 묻는다. 개발자는 답을 갖고 있다. 무엇을 해야 하는지 이미 알고 있지만, 그저 질문을 기다려 왔을 뿐이다.

"밑바닥부터 시스템을 다시 설계해야 합니다." 개발자가 대답한다.

경악하는 관리자의 표정을 상상해 보라. 그동안 시스템에 쏟아부은 돈과 시간을 상상해 보라. 그런데 지금 개발자는 전부 다 내다 버리고 밑바닥부터 다시 설계하자고 제안하고 있다.

"이번에는 다를 겁니다"라는 개발자의 말을 정말로 관리자가 믿을까? 물론 믿지 않는다. 바보가 아닌 다음에야 믿을 리가 없다. 하지만 달리 선택할 수 있는 길이 없다. 생산성은 이미 바닥이다. 이런 속도로는 사업을 지속할 수 없다. 그러니 슬피 울며 이를 갈고 난 뒤, 다시 설계하기로 결정한다.

개발자들이 환호한다. "할렐루야! 코드가 깨끗하고 삶이 아름답던 초기로 돌아갈 수 있어!" 물론 실제로는 그럴 수 없다. 현실에서는 팀이 두 개로 쪼개진다. 열 명의 정예 개발자를 뽑아 타이거팀Tiger Team을 만든다. 애초에 이 엉망인 코드를 만든 사람들이지만, 어쨌든 새로운 방으로 이사도 한다. 타이거팀이 앞장서서 나머지 팀원 모두를 재설계한 시스템이라는 황금의 땅으로 인도할 것이다. 나머지 사람들은 오래된 쓰레기의 유지보수라는 늪에 갇혀 버렸기 때문에 타이거팀을 미워한다.

타이거팀은 어디에서 요구 사항을 얻을까? 최신 정보를 모두 반영한 요구 사항 문서가 있을까? 있다. 바로 기존 코드다. 기존 코드가 바로 재설계된 시스템이 구현해야 할 동작을 정확하게 기술한 유일한 문서다.

타이거팀은 이제 기존 코드를 열심히 분석한다. 이 코드는 어떤 일을 하며, 어떻게 새롭게 설계해야 할지. 그 와중에 나머지 인원은 기존 코드를 고치고 있다. 버그도 잡고 새로운 기능도 추가한다.

즉, 경주를 하는 셈이다. 타이거팀은 움직이는 목표를 맞혀야 한다. 제논이 아킬레우스와 거북이의 이야기에서 설명했듯이 움직이는 목표를 따라잡는 것은 어려운 일이다. 타이거팀이 기존 시스템이 있던 곳에 도착하면, 기존 시스템은 새로운 위치로 옮겨가 있다.

미적분을 알면 아킬레우스가 거북이를 결국 추월한다는 것을 증명할 수 있다. 하지만 소프트웨어에서 수학이 늘 들어맞지는 않는다. 내가 일했던 한 회사에서는 10년이 지나서도 신규 시스템을 적용하지 못했다. 고객은 8년 전에 신규 시스템 이야기를 들었다. 하지만 신규 시스템에는 고객이 요구하는 기능이 늘 빠져 있었고, 기존 시스템의 기능은 늘 신규 시스템보다 더 많았다. 그래서 고객은 신규 시스템 적용을 거부했다.

몇 년 후, 고객은 신규 시스템이라는 이야기를 아예 무시했다. 고객 입장에서 신규 시스템이란 존재하지 않았고, 앞으로도 존재하지 않을 것이었다.

그러는 동안 회사는 타이거팀과 유지보수팀 두 개의 개발팀을 운영하며 돈을 쓰고 있었다. 결국에는 경영진이 답답한 나머지, 고객에게 신규 시스템을 적용할 것이라고 통보해 버렸다. 고객이 반대하더라도 말이다. 고객은 깜짝 놀랐지만 타이거팀의 개발자들만큼은 아니었다. 아니, 타이거팀의 나머지라고 해야 할 것 같다. 기존 타이거팀의 개발자는 다 승진하거나 관리자로 위치를 바꾼 후였다. 현재 타이거팀의 개발자들은 일제히 일어나서 외쳤다. "이걸 적용하면 안 됩니다. 이건 쓰레기예요. 다시 설계해야 한다고요."

그래, 맞다. 엉클 밥이 또 부풀려서 이야기했다. 이 이야기는 사실에 기초했지만, 효과적으로 전달하기 위해 윤색을 좀 했다. 하지만 그 속뜻은 모두 사실이다. 전면 재설계는 지독하게 비용이 많이 들고, 서비스에 적용되는 일도 드물다.

고객이나 관리자는 소프트웨어팀이 점점 느려질 것이라 생각하지 않는다. 프로젝트 초기에 2주일이 걸렸던 기능과 비슷한 기능이라면, 1년 뒤에 추가하더라도 2주일이 걸릴 것이라고 예상할 것이다. 시간이 지나도 생산성이 일정할 것이라고 보는 것이다.

개발자도 똑같이 생각해야 한다. 아키텍처, 설계, 코드를 가능한 한 계속해서 깨끗하게 관리하여 생산성을 높게 유지해야 한다. 이로써 낮은 생산성과 재설계의 함정에 빠지지 않아야 한다.

앞으로 살펴보겠지만, 애자일 실천 방법 중 테스트, 짝 프로그래밍, 리팩터링, 단순한 설계는 함정을 피하는 기술적인 비결이다. 그리고 계획 게임은 팀을 함정으로 떠미는 일정 압박에 대한 해결책이다.

낮은 수정 비용

소프트웨어software는 합성어다. '웨어ware'는 '제품product'을 의미한다. '소프트soft'는 바꾸기 쉽다는 뜻이다. 따라서 소프트웨어는 바꾸기 쉬운 제품이다. 기계의 동작을 빠르고 쉽게 바꾸는 방법이 필요했기 때문에 소프트웨어를 발명한 것이다. 동작을 바꾸기 어렵게hard 만들고 싶었다면, 하드웨어hardware라고 불렀을 것이다.

개발자는 요구 사항이 바뀌면 자주 불평한다. 가끔 이런 이야기를 들을 때가 있다. "그렇게 바꾸면 아키텍처가 완전히 망가질 거라고요." 독자 여러분에게 하나 알려 줄 것이 있다. 바뀌는 요구 사항 때문에 당신 아키텍처가 망가진다면, 당신 아키텍처가 엉망인 거다.

개발자는 변경 사항을 축복으로 여겨야 한다. 변경 사항 때문에 우리가 여기 있는 것이다. 변화무쌍한 요구 사항이 우리 일의 핵심이다. 변경 사항이 있기에 우리 직업과 월급이 있는 것이다. 변화하는 요구 사항을 받아서 적용하는 능력, 그리고 가급적 싸게 변경하는 능력에 우리의 일자리가 달려 있다.

소프트웨어를 변경하기 어렵게 만들었다는 것은 소프트웨어의 진정한 존재 이유를 훼손한 것이다. 고객, 사용자, 관리자는 모두 소프트웨어 시스템이 바꾸기 쉬울 거라 기대한다. 변경하는 비용 역시 적게 들고, 변경 범위에 비례하리라 생각한다.

이후의 장에서 테스트 주도 개발, 리팩터링, 단순한 설계라는 애자일 실천 방법이 어떻게 함께 어우러지면서 소프트웨어 시스템을 최소한의 노력으로 안전하게 바꿀 수 있게 해 주는지 살펴볼 것이다.

지속적인 개선

사람은 무엇이든 시간이 지날수록 점점 더 좋게 만든다. 화가는 그림을 점점 더 아름답게 만들고, 작곡가는 곡을 더 좋게 고친다. 집을 가진 사람은 자기 집을 더 개선한다. 소프트웨어도 똑같아야 한다. 소프트웨어 시스템은 오래될수록 더 좋아져야 한다.

소프트웨어 시스템의 설계와 아키텍처는 시간이 갈수록 더 좋아져야 한다. 코드 구조도 좋아져야 하고, 따라서 시스템의 효율과 처리량도 좋아져야 한다. 당연하지 않은가? 무언가를 만드는 집단이 있다면 여러분도 그 집단에 대해 그렇게 생각하지 않겠는가?

시간이 흐를수록 점점 나빠진다는 것. 이것이 소프트웨어 산업의 가장 커다란 폐단이자, 우리가 직업인으로서 실패하고 있다는 가장 명백한 증거다. 개발자는 시스템이 오래될수록 엉망이 되고, 걷잡을 수 없이 복잡해지고, 망가지거나 깨지기 쉬워지리라 생각한다. 정말, 더 이상 무책임한 자세는 없을 것이다.

사용자나 고객, 관리자는 지속적이고 꾸준한 개선이 이루어질 거라 기대한다. 초기의 문제는 사라지고 시스템이 점점 더 좋아질 것이라고 기대한다. 애자일 실천 방법인 짝 프로그래밍, 테스트 주도 개발, 리팩터링, 단순한 설계는 이런 기대에 부합할 수 있도록 강력하게 도와준다.

두려움을 이기는 능력

왜 대부분의 소프트웨어 시스템은 점점 좋아지지 않을까? 두려움 때문이다. 더 구체적으로는 변경에 대한 두려움 때문이다.

자, 모니터에 오래된 코드를 띄워 놓고 있다고 상상해 보자. 언뜻 드는 생각은 아마 다음과 같을 것이다. "코드가 지저분하네. 정리를 좀 해야겠군." 하지만 곧바로 정신이 든다. "건드리면 안 돼!" 왜냐하면 건드리는 순간, 망가질 것이기 때문이다. 망가뜨리는 순간, 당신의 코드가 되기 때문이다. 결국 당신은 코드를 정리해서 개선할 수 있었던 기회로부터 뒷걸음질 친다.

이것은 두려움에서 오는 반응이다. 당신은 코드를 두려워하고, 두려움 때문에 무능력해진다. 결과가 두려워서 필요한 코드 정리를 하지 못한다. 자신이 만든 이 코드를 완전히 통제할 수 없을 정도로 놔두었기 때문에 코드를 개선하는 일을 두려워하게 된다. 정말 무책임하다.

고객과 사용자, 관리자는 두려움을 이기는 능력을 기대한다. 당신이 무언가 잘못되었거나 지저분한 것을 보면, 고치고 정리하리라 기대한다. 문제가 점점 자라고 곪아 터지도록 놔둘 거라 생각하지 않는다. 당신이 코드를 훤히 꿰뚫고 있으면서 최대한 깨끗하고 명확하게 유지할 거라 기대한다.

그렇다면 어떻게 두려움을 없앨 수 있을까? 두 개의 전구를 켜는 버튼이 있다고 해 보자. 전구 하나는 빨간색 불, 다른 하나는 파란색 불이 들어온다. 버튼을 눌렀을 때, 시스템이 잘 동작하면 파란색 불이, 시스템이 망가졌으면 빨간색 불이 들어온다고 상상해 보자. 버튼을 누르면 몇 초 안에 결과를 알 수 있다고 해 보자. 그 버튼을 얼마나 자주 누르게 될까? 아마 쉬지 않고 계속 누르게 될 것이다. 코드를 조금이라도 바꿀 때마다 버튼을 눌러서 망가진 것이 없는지 확인하게 될 것이다.

이제 모니터에 지저분한 코드를 띄워 놓고 있다고 상상해 보자. 언뜻 드는 생각은 아마 다음과 같을 것이다. "정리를 좀 해야겠군." 그리고 정리를 시작한다. 조금씩 바꿀 때마다 버튼을 누르면서 망가진 것이 없는지 확인하면서 말이다.

두려움은 사라졌다. 이제 코드를 정리할 수 있다. 시스템을 개선하기 위해 애자일 실천 방법인 리팩터링, 짝 프로그래밍, 단순한 설계를 사용할 수 있다.

어떻게 이 버튼을 얻을 수 있을까? 애자일 실천 방법 중 테스트 주도 개발이 이 버튼을 제공해 준다. 확고한 규율과 투지로 테스트 주도 개발을 실천한다면, 이 버튼을 갖게 될 것이다. 두려움을 이기는 능력을 갖추게 될 것이다.

QA는 아무것도 찾지 못해야 한다

QA는 시스템에서 아무 문제도 찾지 못해야 한다. 테스트를 돌릴 때마다 QA의 보고 내용은 모든 것이 요구 사항에 따라 동작한다는 것이어야 한다. QA가 문제를 찾는다면, 개발팀은 개발 프로세스에서 어디가 잘못되었는지 찾아내야 하며 다음번에는 QA가 아무것도 찾지 못하도록 고쳐야 한다.

QA는 왜 자신들이 프로세스의 맨 마지막에 갇혀서 언제나 동작하는 시스템만 체크해야 하는지 고민하기 시작할 것이다. 앞으로 살펴보겠지만, QA를 배치하기에 훨씬 더 좋은 위치가 있다.

애자일 실천 방법인 인수 테스트, 테스트 주도 개발, 지속적 통합이 이런 기대에 부합할 수 있도록 도와준다.

테스트 자동화

그림 2.1에 찍힌 손은 QA 관리자의 손이다. QA 관리자가 들고 있는 문서는 수동 테스트 계획의 목차 부분이다. 이 목록에는 인도의 테스트 부대가 6개월마다 실행해야 하는 8만 개의 수동 테스트가 열거되어 있다. 테스트를 수행하는 데는 십억 원이 넘게 든다.

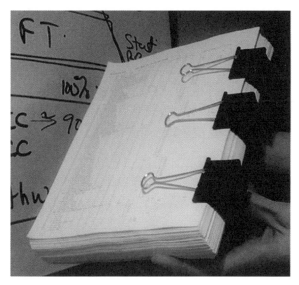

그림 2.1 수동 테스트 계획의 목차

QA 관리자가 이 문서를 나에게 내민 것은 그의 상사를 막 만나고 돌아오는 길이었다. 그의 상사는 막 CFO를 만나고 돌아온 상황이었다. 2008년, 대규모 불황이 막 시작된 상황이었다. CFO는 6개월마다 필요한 십억 원의 예산을 절반으로 삭감했다. QA 관리자는 이 문서에 들어 있는 테스트 중에서 어떻게 절반을 덜어 내야 할지 물었다.

나는 어떻게 절반을 줄이든지 시스템의 절반은 동작 여부를 알 수 없게 될 거라고 말했다.

이것이 수동 테스트의 피할 수 없는 운명이다. 수동 테스트는 언제나 결국 사라진다. 방금 한 이야기가 수동 테스트가 사라지는 첫 번째이자 가장 뻔한 수순이다. 수동 테스트는 비싸다. 그래서 언제나 비용 절감의 표적이 된다.

그런데 수동 테스트가 서서히 사라지는 수순도 있다. 개발자가 QA에 제때 코드를 넘기는 일은 드물다. 이 말은 QA가 필요한 테스트를 수행하려고 세운 계획보다 쓸 수 있는 시간이 모자란다는 것이다. 따라서 QA는 출시 목표일을 맞추기 위해 어떤 테스트를 하는 것이 가장 적절할지 골라야 한다. 즉, 일부 테스트는 수행할 수 없다. 이 테스트는 사라진다.

게다가, 사람은 기계가 아니다. 기계가 할 수 있는 일을 사람에게 시키는 것은 비싸고, 비효율적이고, 비도덕적이다. QA가 참여해야 하는 훨씬 나은 일이 있다. 사람이 창의력과 상상력을 발휘하는 활동 말이다. 나중에 더 살펴보겠다.

고객과 사용자는 우리가 모든 릴리스를 철저하게 테스트할 거라 기대한다. 아무도 개발팀이 시간이나 돈이 부족해서 테스트를 빼먹으리라 생각하지 않는다. 그러니 현실적으로 자동화할 수 있는 모든 테스트는 자동화해야 한다. 자동으로 검증이 불가능한 것이나, 탐험적 테스팅Exploratory Testing[8] 같이 창의력이 필요한 활동만 수동으로 해야 한다.

애자일 실천 방법인 테스트 주도 개발, 지속적 통합, 인수 테스트가 이런 기대에 부합할 수 있도록 도와준다.

우리는 서로를 대신한다

CTO로서 나는 개발팀이 팀처럼 행동하기를 기대한다. 팀은 어떻게 행동해야 할까? 운동장에서 공을 상대 팀 골대 쪽으로 몰고 가는 선수들을 생각해

---

8 Agile Alliance. Exploratory testing. 접속 주소: *https://www.agilealliance.org/glossary/exploratory-testing*. (옮긴이) 《탐험적 테스팅: 배우고 통찰하며 개선하는 소프트웨어 테스트》(인사이트, 2014)를 참고하기 바란다.

보자. 선수 한 명이 발이 걸려 넘어졌다. 다른 선수들은 어떻게 해야 할까? 넘어진 팀 동료가 있던 자리의 구멍을 메우고, 동료를 대신해서 공을 계속해서 몰고 갈 것이다.

배에 탄 선원은 모두 각자 맡은 일이 있다. 하지만 다른 선원이 담당하는 일을 어떻게 하는지도 모두 숙지하고 있다. 모든 일을 완수해야 배가 움직이기 때문이다.

소프트웨어팀에서는 어떨까? 영수가 아프면 희진이 뛰어들어 와서 영수의 일을 끝낸다. 이 말은 영수가 어떤 일을 하고 있었고, 소스 코드나 스크립트 등을 어떻게 관리하는지 희진이 알고 있어야 한다는 뜻이다.

소프트웨어팀의 구성원들은 필요할 때 서로를 대신해야 한다. 팀원 개개인이 명심해야 한다. 자신이 빠졌을 때 자신을 대신할 수 있는 사람을 반드시 만들어야 한다. 여러분을 대신할 동료를 한 명 이상 확보하는 것은 여러분의 책임이다.

데이터베이스 담당인 영수가 아프다고 해서 프로젝트 진행이 서서히 멈추어서는 안 된다. '데이터베이스 담당'이 아니더라도 누군가는 영수가 하던 일을 이어받아야 한다. 지식을 칸막이 안에 가두어서는 안 된다. 지식을 공유해야 한다. 팀 구성원 중 절반을 새로운 프로젝트에 할당한다고 해서, 팀 지식 중 절반이 사라져서는 안 된다.

애자일 실천 방법인 짝 프로그래밍, 전체 팀, 공동 소유가 이런 기대에 부합할 수 있도록 도와준다.

정직한 추정

추정을 해야 한다. 그것도 정직하게 추정을 해야 한다. 가장 정직한 추정은 "모르겠습니다"이다. 하지만 이걸로 끝내면 안 된다. 모든 것을 알지는 못할 것이다. 하지만 아는 것이 있을 것이다. 그러니 아는 것과 모르는 것에 기반하여 추정해야 한다.

예를 들어, 어떤 일이 얼마나 걸릴지는 모르더라도, 한 작업을 다른 작업과 상대적으로 비교할 수는 있을 것이다. '로그인' 페이지를 만드는 데 걸리는 시간은 모르더라도, '비밀번호 변경' 페이지를 만드는 데 걸리는 시간이 '로그인' 페이지를 만드는 데 걸리는 시간의 절반 정도라는 것은 알 수도 있을 것이다. 이후의 장에서 살펴보겠지만, 이런 상대적인 추정은 큰 값어치가 있다.

아니면 상대적으로 비교하는 대신, 가능한 값의 범위를 말할 수도 있을 것이다. 예를 들어, '로그인' 페이지는 완료하려면 5일~15일 사이의 시간이 걸릴 텐데, 평균적으로는 12일 정도 걸릴 것이라고 말할 수 있을 것이다. 이런 추정은 여러분이 모은 아는 것과 모르는 것을 관리자에게 필요한 정직한 확률로 바꾸어 준다.

애자일 실천 방법인 계획 게임, 전체 팀이 이런 기대에 부합할 수 있도록 도와준다.

"아니요"라고 말해야 한다

문제의 해결책을 찾기 위해 애쓰는 것도 중요하지만, 해결책이 없을 때는 "아니요"라고 말해야 한다. 회사가 당신을 채용한 것은 당신의 코딩 능력보다 당신이 "아니요"라고 말하는 능력 때문이라는 것을 알아야 한다. 프로그래머는 무엇이 가능한지를 아는 사람이다. 당신의 CTO로서 나는 우리가 절벽 끝으로 달려갈 때 당신이 경고해 줄 것이라 믿고 있다. 얼마나 일정 압박을 받고 있는지, 얼마나 많은 관리자가 결과를 요구하고 있는지에 상관없이 진짜 대답이 "아니요"일 때는 "아니요"라고 말해 줄 것으로 기대한다.

애자일 실천 방법인 전체 팀이 이런 기대에 부합할 수 있도록 도와준다.

지속적이고 적극적인 학습

CTO로서 나는 당신이 계속 공부하리라 기대한다. 우리 산업은 빠르게 변한다. 우리도 발맞추어 변해야 한다. 그러니 배우고, 배우고 또 배워라! 가끔은 회사가 강좌나 콘퍼런스에 보내 줄 수 있을 것이다. 책이나 학습용 동영상 비용을 내 주는 경우도 있다. 하지만 그렇지 않을 때도 회사의 도움 없이 계속 공부할 기회를 만들어야 한다.

애자일 실천 방법인 전체 팀이 이런 기대에 부합할 수 있도록 도와준다.

멘토링

CTO로서 나는 당신이 가르치는 것도 기대한다. 사실 가장 좋은 공부 방법은 가르치는 것이다. 그러니 팀에 새로운 사람이 들어오면, 그 사람을 가르쳐라. 서로 가르치는 방법을 배워라.

애자일 실천 방법인 전체 팀이 이런 기대에 부합할 수 있도록 도와준다.

권리 장전

스노버드 회의 당시, 켄트 벡은 애자일의 목표가 사업과 개발 사이의 분열을 치유하는 것이라고 말했다. 이를 위하여, 모인 사람 중 켄트 벡, 워드 커닝햄, 론 제프리즈가 다음 권리 장전[9]을 만들었다.

권리 장전을 읽을 때, 고객의 권리와 개발자의 권리가 상호 보완적이라는 데 주목하자. 고객의 권리와 개발자의 권리 사이의 아귀가 맞는다. 권리 장전은 고객이 기대하는 것과 개발자가 기대하는 것 사이의 균형을 맞춘다.

고객 권리 장전

고객은 다음 권리를 갖고 있다.

* 전체적인 계획을 알 권리가 있다. 무엇을, 언제, 얼마의 비용으로 완성할

---

9 (옮긴이) Bill of Rights. 권리 장전은 인간의 권리를 천명한 헌장 및 법률을 말한다. 대표적으로 미국과 영국의 권리 장전이 있다(출처: 위키백과).

수 있는지 알 권리가 있다.

- 반복 주기마다 가능한 한 많은 가치를 얻을 권리가 있다.
- 작동하는 시스템을 통해 진척도를 알 권리가 있다. 개발자는 고객이 제공한 테스트로 계속해서 시스템을 검사하여 동작을 증명해야 한다.
- 과도한 비용 추가 없이 기능이나 우선순위를 바꿀 권리가 있다.
- 일정이나 추정이 바뀐 경우 제때 알림을 받고, 목표 일자에 맞추기 위하여 업무 범위를 어떻게 줄일지 결정할 권리가 있다. 언제든지 프로젝트를 취소할 수 있다. 이 경우 해당 시점까지 지불한 비용이 반영된 유용한 시스템을 받을 수 있다.

개발자 권리 장전

개발자는 다음 권리를 갖고 있다.

- 명확하게 정의된 우선순위와 함께 무엇이 필요한지를 알 권리가 있다.
- 언제나 높은 품질의 결과물을 만들 권리가 있다.
- 동료나 관리자, 고객에게 도움을 요청하고 받을 권리가 있다.
- 자신만의 추정치를 만들고 갱신할 권리가 있다.
- 담당 업무를 할당받는 게 아니라 수락할 권리가 있다.

매우 강력한 선언이다. 하나씩 더 깊이 살펴보자.

고객

여기서 '고객'이라는 단어는 보통 사업 부서 사람을 가리킨다. 실제 고객, 관리자, 경영진, 프로젝트 팀장 등 일정과 예산에 대한 책임이 있는 사람이나, 시스템을 만들기 위해 돈을 내는 사람, 시스템 운영으로 혜택을 보는 사람을 모두 아우른다.

> 고객은 전체적인 계획을 알 권리가 있다. 무엇을, 언제, 얼마의 비용으로 완성할
> 수 있는지 알 권리가 있다.

애자일 개발에는 초기 계획이란 것이 없다고 주장하는 사람이 많다. 제일
첫 번째 고객의 권리에서 이 주장이 틀렸음을 알 수 있다. 당연히 사업 부서
는 계획이 필요하다. 당연히 계획에는 일정과 비용이 들어 있어야 한다. 그
리고 당연히 실제로 써먹을 수 있을 만큼 계획은 확실하고 정밀해야 한다.

뒤쪽 문장 때문에 골치 아픈 경우가 많을 것이다. 확실하고 정밀한 계획
을 세우는 방법은 실제로 프로젝트를 개발해 보는 것밖에 없기 때문이다.
꼼수로 확실하고 정밀한 계획을 세울 수 있는 방법은 없다. 따라서 이 권리
를 보장하기 위해 개발자는 불확실성을 관리해야 한다. 계획, 추정, 일정이
어느 정도 불확실한지 적절히 기술하고, 이런 불확실성에 대처하기 위한 수
단을 강구해야 한다.

요컨대, 확정된 날짜에 확정된 범위의 결과물을 제공하기로 약속하는 것
은 불가능하다. 날짜 아니면 범위에 여유가 있어야 한다. 이 여유를 확률 곡
선으로 표현할 수 있다. 예를 들어, 정해진 날짜까지 스토리 목록에서 처음
10개를 처리할 확률은 95%라고 추정할 수 있다. 그다음 스토리 5개까지 추
가로 처리할 확률은 50%이고, 5개의 스토리를 더 추가로 처리할 확률은 5%
라는 식이다.

고객은 이런 식의 확률에 기반한 계획을 알 권리가 있다. 계획 없이는 사
업을 영위할 수 없기 때문이다.

> 고객은 반복 주기마다 가능한 한 많은 가치를 얻을 권리가 있다.

애자일에서는 반복 주기라는 정해진 시간 단위로 나누어 개발을 진행한다.
사업 부서는 개발자가 어느 때나 가장 중요한 일을 할 거라고 기대할 권리
가 있다. 이로써 반복 주기마다 활용 가능한 사업 가치를 최대한 많이 만들

어 내야 한다. 가치의 우선순위는 반복 주기를 시작할 때 여는 계획 회의에서 고객이 지정한다. 개발자가 반복 주기 내에 끝낼 수 있다고 추산한 스토리 중에서 투자 수익률이 가장 높은 스토리를 골라야 한다.

고객은 작동하는 시스템을 통해 진척도를 알 권리가 있다. 개발자는 고객이 제공한 테스트로 계속해서 시스템을 검사하여 동작을 증명해야 한다.

이 권리는 고객의 관점에서 보면 당연하다. 당연히 고객은 얼마나 진행되었는지 알 권리가 있다. 진행 상황을 확인하기 위한 조건을 지정할 권리도 당연히 있다. 그리고 지정한 조건에 맞는지 언제든지 빠르게 확인할 권리도 당연히 있다.

고객은 과도한 비용 추가 없이 기능이나 우선순위를 바꿀 권리가 있다.

무엇보다도, 우리가 만드는 것은 소프트웨어다. 소프트웨어의 존재 이유는 기계의 동작을 쉽게 바꾸는 것이다. 애초에 이 유연함 때문에 소프트웨어를 발명했다. 그러니 당연히 고객은 요구 사항을 바꿀 권리가 있다.

고객은 일정이나 추정이 바뀐 경우 제때 알림을 받고, 목표 일자에 맞추기 위하여 업무 범위를 어떻게 줄일지 결정할 권리가 있다.

고객은 언제든지 프로젝트를 취소할 수 있다. 이 경우 해당 시점까지 지불한 비용이 반영된 유용한 시스템을 받을 수 있다.

고객에게는 일정에 맞출 것을 요구할 권리가 없음을 주지하기 바란다. 고객의 권리는 업무 범위를 바꾸어 일정을 관리하는 것으로 한정된다. 여기서 가장 중요한 권리는 일정이 어긋나려고 할 때 알 수 있는 권리다. 너무 늦지 않게 대처할 수 있도록 말이다.

개발자

여기서 개발자는 코드 개발에 참여하는 모든 사람을 의미한다. 프로그래머, QA, 테스터, 업무 분석가를 모두 포함한다.

개발자는 명확하게 정의된 우선순위와 함께 무엇이 필요한지를 알 권리가 있다.

여기서도 초점은 알 수 있다는 것이다. 개발자는 요구 사항과 요구 사항의 중요도를 정확히 따질 권리가 있는 사람이다. 일정 추정과 마찬가지로 요구 사항에도 당연히 현실적으로라는 제약이 붙는다. 완벽하게 정확한 요구 사항이 있을 수 없는 경우도 있다. 그리고 물론 고객은 언제든지 생각을 바꿀 권리가 있다.

따라서 이 권리는 오직 반복 주기 범위 내에서만 적용된다. 반복 주기 범위 밖에서는 요구 사항과 우선순위가 움직이거나 바뀐다. 하지만 개발자는 반복 주기 동안 요구 사항과 우선순위가 바뀌지 않는다고 생각할 권리가 있다. 그래도 잊지 말자. 개발자가 생각하기에 요청받은 변경 사항이 사소하면 이 권리를 제쳐둘 수도 있다.

개발자는 언제나 높은 품질의 결과물을 만들 권리가 있다.

이 권리가 모든 권리 중에서 가장 심오한 권리일 것이다. 개발자는 일을 잘 할 권리가 있다. 사업 부서는 개발자에게 절차를 건너뛰거나 저품질로 작업하라고 할 권리가 없다. 다른 말로 표현하면, 사업 부서는 개발자가 자신의 경력에 오점을 남기거나 직업 윤리를 어기도록 강요할 권리가 없다.

개발자는 동료나 관리자, 고객에게 도움을 요청하고 받을 권리가 있다.

다양한 형태로 도움을 받을 수 있다. 프로그래머끼리는 문제 해결이나 결과 확인, 새로운 프레임워크 배우기 등 여러 가지를 도와 달라고 할 수 있다. 개발자는 고객에게 요구 사항을 더 자세히 설명해 달라거나, 우선순위를 정리해 달라고 요청할 수 있다. 이 권리는 무엇보다 프로그래머에게 의사소통할 권리를 준다. 그리고 도움을 청할 권리는 필요할 때 도와주어야 하는 책임과 함께 온다.

개발자는 자신만의 추정치를 만들고 갱신할 권리가 있다.

누구도 당신을 위해 추정을 해 줄 수 없다. 업무에 대한 추정을 한 후에도, 새로운 요인이 나타나면 언제든지 추정을 바꿀 수 있다. 추정은 추측이다. 틀림없이 머리를 꽤 쓰는 추측이긴 하지만, 어쨌든 추측이다. 시간이 흐르면서 점점 정확해지는 추측이다. 추정은 절대 약속이 아니다.

개발자는 담당 업무를 할당받는 게 아니라 수락할 권리가 있다.

전문가는 일을 수락하지, 할당받지 않는다. 전문 개발자는 모든 일이나 과제에 대해 "아니요"라고 말할 권리가 있다. 거절하는 이유는 개발자가 과제를 완수할 수 있다는 확신이 없어서일 수도 있고, 그 업무를 처리하기에 더 적절한 사람이 떠올라서일 수도 있다. 아니면 개인적인 이유나 양심 때문에 과제를 거절할 수도 있다.[10]

어쨌든, 수락할 권리에는 비용이 따른다. 수락은 책임을 뜻한다. 일단 수락했다면, 업무의 품질과 실행에 책임을 져야 한다. 일정을 관리할 수 있도록 계속해서 추정치를 갱신하고, 전체 팀과 상황에 대하여 의사소통하며, 도움이 필요할 때는 도움을 요청해야 한다.

팀에서 프로그래밍을 하다 보면, 때로는 경험이 많은 사람과, 때로는 경험이 적은 사람과 밀접하게 일하게 된다. 누가 어떤 일을 할지 팀 전체가 함께 결정할 권리가 있다. 기술 수석이 특정 개발자에게 업무를 맡아 달라고

---

10 캘리포니아의 EPA 측정 장치를 속이는 작업을 '수락'한 폭스바겐 개발자를 떠올려 보라. *https://en.wikipedia.org/wiki/Volkswagen_emissions_scandal*. (옮긴이) 한국어 항목은 *https://ko.wikipedia.org/wiki/*폭스바겐_배기가스_조작_사건.

부탁할 수는 있지만, 누구에게도 강요할 권리는 없다.

결론

전문가다운 소프트웨어 개발을 뒷받침하는 여러 규율이 모여서 애자일이라는 체계를 이룬다. 이 규율을 따르는 사람은 관리자나 이해관계자, 고객이 기대하는 바를 받아들이고 맞출 수 있을 것이다. 또한 애자일이 개발자에게 부여하는 권리를 누리고, 고객에게 부여하는 권리를 제공할 것이다. 규율을 따르는 것, 그래서 이렇게 서로 권리를 부여하고 기대를 받아들이는 것이 소프트웨어 윤리 규범의 기반이다.

애자일은 프로세스가 아니다. 애자일은 지나가는 유행이 아니다. 애자일은 단순히 규칙을 모아 놓은 것이 아니다. 윤리적인 직업의 기반을 이루는 권리, 기대, 규율을 한데 모은 것이 애자일이다.

3장

비즈니스 실천 방법

* 삽화 설명: 미국 ABC 방송의 창업 오디션 프로그램 샤크 탱크(Shark Tank)의 다섯 투자자를 사중주
 (Quartet) 연주자와 지휘자로 묘사한 스케치

성공적인 개발을 위해 반드시 지켜야 하는 애자일 실천 방법 중 비즈니스와 연관된 것이 많이 있다. 계획 세우기, 작은 릴리스, 인수 테스트, 전체 팀이 여기에 속한다.

계획 세우기

프로젝트는 어떻게 추정해야 할까? 간단히 생각해 보면, 프로젝트를 작은 조각으로 쪼갠 다음, 각 조각을 추정하면 된다. 좋은 접근 방법이다. 하지만 만약 쪼갠 조각도 정확하게 추정하기에 너무 크다면 어떻게 해야 할까? 간단하다. 더 작은 조각으로 또 쪼갠 다음 추정하면 된다. 재귀적으로 계속 쪼개는 것을 눈치챘으리라 믿는다.

이렇게 몇 번이나 쪼갤 수 있을까? 코드 한 줄 한 줄까지 쪼갤 수 있다. 사실 바로 이것이 프로그래머가 하는 일이다. 프로그래머는 해야 할 일을 한 줄 한 줄의 코드로 쪼개는 기술을 가진 사람이다.

만약 프로젝트를 정밀하고 확실하게 추정하고 싶다면, 코드 한 줄 한 줄까지 쪼개면 된다. 이 작업에 걸리는 시간이 바로 프로젝트 완성에 걸리는 시간이다. 매우 정밀하고 확실하다. 프로젝트를 완성해 버렸으니 말이다.

물론 이래서는 추정의 의미가 없다. 추정은 추측이다. 프로젝트를 실제로 완성하지는 않고 프로젝트가 대략 얼마나 걸릴지 알고 싶은 것이다. 추정에는 비용이 적게 들어야 한다. 따라서 추정이란 본질적으로 엉성하다. 정밀도를 낮추어 엉성하게 추정해야 빨리 추정할 수 있다. 더 엉성하게 추정할수록, 추정에 걸리는 시간이 더 줄어든다.

하지만 추정이 불확실해야 한다는 말은 아니다. 추정은 가능한 한 확실해야 한다. 하지만 추정 비용을 낮게 유지하려면, 필요한 만큼만 정밀해야 한다. 예를 들어 보자. 나는 내가 앞으로 천 년 안에 죽을 것으로 추정한다. 정말 확실한 추정이지만, 매우 엉성하다. 추정 범위가 매우 커서 확실하게 추정하는 데 시간이 거의 들지 않았다. 확실하지만 정밀도가 낮은 추정을 하려면 사건이 거의 확실히 일어나는 시간 범위를 지정하면 된다.

소프트웨어 개발자를 위한 좋은 추정 요령은, 확실한 시간 범위를 고르되 이 시간 범위를 가능한 한 좁히기 위해 약간의 시간을 투자하는 것이다.

삼변량 분석

대형 과제 추정에는 **삼변량 추정**trivariate estimation이 매우 유용하다. 삼변량 추정은 최선의 경우, 일반적인 경우, 최악의 경우 이렇게 세 개의 숫자로 이루어져 있다. 이 숫자들은 확신 정도에 따른 추정값이다. 최악의 경우로 추정한 시간은 그 안에 끝날 것이 95% 확실한 시간이다. 일반적인 경우는 50% 확실한 시간이고, 최선의 경우는 5%밖에 안 된다.

예를 들면 이런 식이다. 이 작업은 3주 안에 끝날 것이 95% 확실하다. 2주 안에 끝날 가능성은 50% 정도밖에 되지 않고, 1주일 만에 끝날 가능성은 5%밖에 안 된다.

다른 방법으로 생각해 보자. 이 작업과 비슷한 일이 100개 있다고 했을 때, 다섯 개는 1주일 안에 끝날 것이다. 2주일 안에 끝나는 것은 모두 50개이고, 3주일 안에는 100개 중 95개가 끝날 것이다.

삼변량 추정을 관리하기 위한 수학적 방법론도 있다. 관심이 있다면, 프로그램 평가 검토 기법program evaluation and review technique, PERT[1]을 공부해 보기를 추천한다. PERT는 대형 프로젝트나 여러 프로젝트로 구성된 포트폴리오를 관리하는 데 탁월하다. 직접 공부해 보기 전에는 함부로 넘겨짚지 않는 것이 좋다. 당신이 자주 보았던 마이크로소프트 프로젝트[2] 차트보다 훨씬 많은 것을 다룬다.

---

1 *https://en.wikipedia.org/wiki/Program_evaluation_and_review_technique.* (옮긴이) 퍼트라고도 부르며, 소프트웨어 외에도 다양한 분야에서 프로젝트 진행 상황을 관리하기 위하여 사용된다. 더 자세한 내용은 위키백과 '퍼트(*https://ko.wikipedia.org/wiki/*퍼트)'를 참조.
2 (옮긴이) 마이크로소프트사에서 만든 프로젝트 관리 소프트웨어다.

삼변량 분석이 전체 프로젝트의 장기 추정에는 적당하지만, 하나의 프로젝트 내에서 일상적 관리 용도로 사용하기에는 너무 정밀도가 낮다. 그래서 일상적 관리 용도로는 다른 방법을 사용한다. 바로 스토리 포인트story point다.

스토리와 포인트

스토리 포인트 기법은 매우 엄격한 피드백 루프를 사용한다. 실제 결과를 가지고 추정치를 재조정하여 더 확실하고 정밀하게 추정을 다시 한다. 처음에는 결과가 너무 엉성하겠지만, 몇 번 반복하고 나면 감당할 수 있을 정도로 추정 범위가 줄어든다. 좀 더 들어가기 전에, 스토리에 대해 더 살펴보자.

사용자 스토리는 시스템의 기능을 사용자 관점에서 간략하게 설명한 것이다. 예를 들어 보자.

자동차 운전자가 속도를 높이기 위해 가속 페달을 발로 더 세게 누릅니다.

흔히 이런 식으로 사용자 스토리를 쓴다. 더 짧은 형태를 좋아하는 사람도 있다. 예를 들어 '가속하기' 같이 말이다. 어느 쪽이든 괜찮다. 둘 다 더 긴 대화를 위한 자리를 마련한 것일 뿐이다.

아직 많은 대화가 오가기 전이다. 대부분의 대화는 개발자가 기능을 개발하기 직전에 이루어질 것이다. 하지만 대화가 시작되는 것은 스토리를 작성하는 순간부터다. 스토리를 작성할 때는 개발자와 이해관계자가 스토리 구현에 관하여 몇 가지 세부 사항을 논의한 후 내용을 요약해서 적는다.

스토리 문구는 단순해야 한다. 세부 사항을 정하기에는 아직 이르기 때문에, 세부 사항은 생략해야 한다. 세부 사항을 정하는 일은 늦추면 늦출수록 좋다. 스토리를 개발하기 직전까지 미뤄 두어도 좋다. 스토리를 요약한 형태로 놔둠으로써 나중에 대화하기로 약속하는 것이다.[3]

---

3 이것이 론 제프리즈가 내린 스토리의 정의다.

일반적으로 스토리는 인덱스카드에 적는다. 물론 나도 안다. 컴퓨터도 있고 아이패드도 있는데 도대체 왜 그런 고대의 원시적인 도구를 사용해야 할까? 그런데 말이다. 카드를 직접 다루는 것이 엄청나게 도움이 된다. 카드를 손에 들고, 테이블에 앉은 사람끼리 주고받고, 그 위에 메모를 덧붙이고 하는 것들 말이다.

자동화 도구는 그 나름의 쓸모가 있다. 이것에 대해서는 다른 장에서 다시 이야기하겠다. 어쨌든 지금은 스토리를 인덱스카드라고 생각하자.

알고 있는가? 제2차 세계대전도 인덱스카드로 관리했다.[4] 큰 프로젝트도 인덱스카드로 관리할 수 있다.

ATM 스토리

지금이 반복 주기 0이라고 생각해 보자. 당신이 현금 자동 입출금기ATM 스토리를 작성하는 팀이라고 해 보자. 어떤 스토리가 있을까? 곧바로 몇 가지가 떠오른다. 출금, 입금, 이체. 물론 ATM에서 본인 확인도 해야 할 것이다. 이를 로그인이라고 부르자. 이 말인즉슨, 로그아웃하는 방법도 있어야 한다는 이야기다.

다섯 장의 스토리 카드가 생겼다. 실제 기계의 동작을 세세히 따져보기 시작하면 더 많은 스토리가 있을 것이다. 검증 작업도 있고, 대출 상환도 있고 온갖 기능이 있을 것이다. 하지만 일단 처음 다섯 가지만 생각해 보자.

카드에 무엇이 쓰여있을까? 방금 말한 다섯 단어뿐이다. 로그인, 로그아웃, 출금, 입금, 이체. 물론 스토리를 탐색하면서 이 다섯 개의 단어만 말하지는 않았을 것이다. 회의하는 동안 많은 세부 사항을 이야기했을 것이다. 사용자가 현금 카드를 넣고 비밀번호를 입력해서 로그인하는 과정에 관해서도 이야기했을 것이다. 입금용 봉투에 식별을 위한 마크를 인쇄하고, 봉

---

4 물론 관리하는 데 어느 정도의 한계는 있었을 것이다.

투를 기계에 넣어서 입금을 완료하는 절차도 논의했을 것이다.[5] 어떻게 현금을 지급할지, 만약 지폐가 엉키거나 현금이 떨어지면 어떻게 할지도 말했을 것이다. 다양한 세부 사항을 많이 다루었을 것이다.

하지만 아직 이런 세부 사항을 믿을 수는 없다. 따라서 쓰지 않는다. 우리가 쓴 것은 단어 하나씩밖에 없다. 꼭 챙겨야 하는 사항을 잊지 않도록 카드에 메모를 조금 남기는 것은 괜찮다. 하지만 이 메모는 아직 요구 사항이 아니다. 카드는 확정된 것이 아니다.

세부 사항을 남기지 않는 규율을 지켜야 한다. 힘들 것이다. 논의한 모든 세부 사항을 어딘가 남기고 싶은 마음은 모두가 갖고 있을 것이다. 이 유혹을 이겨내야 한다!

한번은 같이 일하는 프로젝트 관리자가 모든 스토리 카드에 세부 사항을 전부 다 적어야 한다고 강력하게 주장했다. 스토리 카드에 깨알 같은 글씨로 설명을 가득 적어 넣었다. 그리고 해독할 수도, 사용할 수도 없게 되었다. 세부 사항이 너무 많아서 추정할 수가 없었다. 일정을 잡기도 어려웠다. 다시 말해 쓸모가 없었다. 그런데 스토리 카드 한 장 한 장에 공을 너무 많이 들여서 그냥 버리자고 할 수도 없었다.

잠시 세부 사항을 없애야 스토리를 관리하거나 추정할 수 있고, 스토리의 일정을 잡을 수 있다. 스토리는 가볍게 시작해야 한다. 많은 스토리가 바뀌거나, 쪼개지거나, 합쳐지기도 하고, 아예 버려지기도 하기 때문이다. 스토리는 자리를 마련한 것뿐이지 요구 사항이 아님을 명심하자.

자, 이제 반복 주기 0에서 스토리 카드를 만들었다. 나중에 새로운 기능이나 아이디어가 나타나면, 더 많은 스토리 카드가 생겨날 것이다. 사실 스토리를 만드는 프로세스는 끊임없이 계속된다. 스토리는 프로젝트 전체에 걸쳐서 언제나 만들어지고, 바뀌고, 버려지고, (가장 중요하게는) 개발된다.

---

5 (옮긴이) 미국에는 입금할 때 봉투를 사용하는 ATM이 있다. 입금용 봉투를 기계에서 받은 다음, 현금이나 수표를 봉투에 담은 후 기계에 넣어서 입금을 완료한다.

스토리 추정하기

당신과 다른 개발자, 테스터, 이해관계자가 테이블에 둘러앉아 있다고 상상해 보자. 테이블 위에는 스토리 카드가 놓여있다. 스토리를 추정하기 위해 모두 모였다. 이런 회의가 자주 있을 것이다. 새로운 스토리가 나타나거나, 기존 스토리에 관한 새로운 소식이 있을 때 회의를 소집할 수 있다. 이런 미팅이 일상적으로 반복 주기마다 꾸준하게 열릴 것이다.

하지만 아직 반복 주기 0인 초기이고, 처음으로 하는 추정 회의다. 아직 추정한 스토리가 하나도 없다.

카드 더미에서 스토리 하나를 고르자. 중간 정도로 복잡해 보이는 것이 좋다. '로그인' 스토리라고 해 보자. 대부분의 참석자가 스토리를 작성하는 회의 자리에도 있었기 때문에, 이해관계자가 생각하는 '로그인' 스토리의 세부 사항을 들었다. 그래도 이해관계자에게 다시 한번 세부 사항을 설명해 달라고 요청하자. 그러면 참석자 모두가 카드의 맥락을 잘 이해하게 될 것이다.

그 다음에 스토리에 부여할 포인트를 정한다. '로그인' 스토리에는 3포인트의 개발 공수가 필요하다(그림 3.1). 왜 3이냐고? 3이면 안 되는 이유가 있나? 로그인은 중간 정도 스토리이므로 중간 정도의 공수가 필요할 것이라고 예상했다. 포인트를 1에서 6 사이로 부여하면, 3은 대략 중간이다.

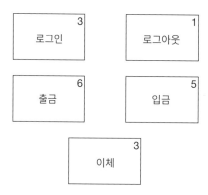

그림 3.1 로그인 스토리에 3포인트가 할당되었다.

로그인은 이제 우리의 기준 스토리Golden Story다. 다른 스토리를 비교하는 기준이 되는 것이다. 예를 들어, 로그아웃은 로그인보다 훨씬 간단할 것이다. 그러면 '로그아웃' 스토리에는 1포인트를 준다. 출금은 아마 로그인보다 두 배는 힘들 것이다. 따라서 6을 준다. 입금은 출금과 비슷한데, 아마 조금 쉬울 것이다. 그러니 5다. 마지막으로 이체는 로그인과 비슷할 것이다. 그러니 3을 준다.

추정한 스토리 카드 한쪽 귀퉁이에 이 숫자를 쓰자. 추정 프로세스에 대해서는 나중에 더 자세히 설명하겠다. 지금은 그냥 1에서 6 범위로 추정한 스토리 카드 더미가 있다고 해 보자. 왜 1에서 6이냐고? 안 될 이유가 있나? 공수를 정하는 데는 여러 가지 방법이 있지만, 보통은 단순할수록 더 좋다.

이쯤이면 아마 이 포인트가 실제로는 어떤 단위인지 궁금해지기 시작할 것이다. 시간 단위인가? 하루 단위인가? 일주일 단위인가? 아니면 다른 단위인 걸까? 아무것도 아니다. 포인트는 추정한 노력의 단위이지 실제 시간을 나타내지 않는다. 시간을 추정한 것이 아니라, 노력을 추정한 것이다.

스토리 포인트는 대체로 비례해야 한다. 2포인트인 스토리는 4포인트인 스토리에 필요한 노력의 절반 정도만 필요해야 한다. 하지만 완벽하게 비례해야 하는 것은 아니다. 이것은 추정이므로 일부러 정밀하지 않게 만들었다는 점을 기억하라. 3포인트인 스토리를 정훈이 구현한다고 하자. 다른 버그를 처리하는 데 시간을 빼앗기지 않는다면 이틀 동안 구현하여 완성할 수 있다. 하지만 지혜가 집에서 일한다면 하루 만에 구현할 수도 있다. 이 숫자는 실제 시간에 직접적으로 연관되지 않은 모호하고 애매하며 부정확한 숫자다.

하지만 모호하고 애매한 숫자에는 아름다운 점이 있다. 바로 큰 수의 법칙[6]이다. 숫자가 많이 모이면, 애매한 부분이 상쇄되어 사라진다! 이 법칙은 나중

---

6 *https://en.wikipedia.org/wiki/Law_of_large_numbers*. (옮긴이) 큰 수의 법칙이란 시행을 많이 반복할수록 평균값이 기댓값으로 수렴한다는 법칙이다. 더 자세한 내용은 위키백과 '큰 수의 법칙(*https://ko.wikipedia.org/wiki/큰_수의_법칙*)'을 참조.

에 더 활용해 보자.

반복 주기 1 계획하기

어느덧 첫 번째 반복 주기를 계획할 시간이 되었다. 반복 주기는 반복 주기 계획 회의Iteration Planning Meeting, IPM로 시작한다. 회의 길이는 전체 반복 주기 길이의 1/20 정도가 좋다. 2주 단위의 반복 주기라면, 하루 업무 시간의 절반 정도를 계획 회의에 할애하는 정도다.

반복 주기 계획 회의에는 팀 전원이 참석한다. 이해관계자, 프로그래머, 테스터, 프로젝트 관리자 등이 모두 참석해야 한다. 이해관계자는 회의에 앞서 추정한 스토리들을 읽고, 비즈니스 가치 순서로 정리해 와야 한다. 어떤 조직에서는 스토리 포인트 때 했던 것처럼 비즈니스 가치에 숫자를 일일이 매기기도 한다. 숫자 없이 어림짐작으로 비즈니스 가치 순서를 매기는 조직도 있다.

반복 주기 계획 회의에서 이해관계자는 반복 주기 동안 프로그래머와 테스터가 구현할 스토리를 골라야 한다. 그러려면 이해관계자는 프로그래머가 스토리 포인트를 몇 포인트나 처리할 수 있다고 생각하는지 알아야 한다. 이 숫자를 속도라고 부른다. 물론, 첫 번째 반복 주기이니 진짜 속도가 어느 정도일지 아무도 모른다. 그러니 적당히 짐작해야 한다. 여기서는 30이라고 해 보자.

속도는 약속이 아니라는 점을 꼭 기억해야 한다. 반복 주기 동안 30포인트를 처리하겠다고 약속하는 것이 아니다. 30포인트를 처리하도록 노력하겠다고 약속하는 것도 아니다. 그저 반복 주기 동안 포인트를 얼마나 처리할 수 있을지 짐작해 본 것일 뿐이다. 이 짐작은 아마 매우 부정확할 것이다.

투자 수익률

이제 이해관계자는 투자 수익률 사분면을 놓고 고민해야 한다(그림 3.2).

	고비용	저비용
가치 높음	나중에 하자	지금 하자
가치 낮음	하지 말자	한참 나중에 하자

그림 3.2 투자 수익률 사분면

가치는 높은데 저비용인 스토리는 바로 작업해야 한다. 가치는 높지만, 고비용이면 나중에 한다. 가치는 낮고 저비용이면 언젠가는 할 것이다. 가치가 낮은데 고비용이면 절대 하지 않을 것이다.

이것이 **투자 수익률**return on investment, ROI 계산이다. 엄밀하게 정의한 것도 아니고 수학도 필요 없다. 이해관계자는 그저 카드를 보고, 스토리의 가치와 추정된 비용에 따라 판단을 내리면 된다.

예를 들면 다음과 같다. "로그인은 꽤 중요하지만, 비용도 꽤 많이 드네요. 일단 기다립시다. 로그아웃도 중요한데, 이건 꽤 싸네요. 이걸 합시다! 출금은 정말 비싸네요. 하지만 이 기능을 먼저 보여 주는 것이 중요합니다. 이것도 합시다."

이런 식으로 전체 계획을 짠다. 이해관계자는 스토리 카드 더미를 훑어보면서 가성비가 가장 좋은, 그러니까 투자 수익률이 높은 스토리를 고른다. 고른 스토리의 포인트를 더해서 30포인트가 되면 멈춘다. 여기까지 고른 스토리가 이번 반복 주기에 할 일이다.

중간 확인

이제 일을 해 보자. 스토리를 개발하는 프로세스는 나중에 자세히 설명하겠다. 일단 스토리를 작동하는 코드로 바꾸는 특별한 절차가 있다고 치자. 스토리 카드를 계획 칸에서 완료 칸으로 옮기는 방법 말이다.

반복 주기가 반쯤 지났다. 이쯤이면 스토리가 많이 끝났어야 한다. 끝난 스토리의 포인트를 합하면 얼마일까? 맞다. 15가 되어야 한다. 나눗셈만 알면 계산할 수 있다.

그러면 중간 검토 회의로 가보자. 반복 주기 둘째 주의 첫날인 월요일 아침이다. 이해관계자와 팀 전체가 모여서 진행 상황을 확인한다.

아뿔싸! 완료한 스토리 포인트를 더하니 10포인트밖에 되지 않는다. 남은 1주일 만에 20포인트를 더 완료할 수 있을 것 같지는 않다. 그러자 이해관계자가 계획했던 스토리를 적당히 줄여서 남아있는 포인트를 10으로 낮추었다.

금요일 오후, 데모와 함께 반복 주기가 끝난다. 결국 18포인트만큼 완료할 수 있었다. 이번 반복 주기는 실패일까?

아니다! 반복 주기에 실패란 없다. 반복 주기의 목표는 관리자에게 데이터를 제공하는 것이다. 반복 주기 동안 작동하는 코드를 만든 것은 물론 좋은 일이다. 하지만 그렇게 하지 못했더라도 데이터는 만들어 냈을 것이다.

어제의 날씨

자, 이제 우리는 반복 주기 한 번 동안 포인트를 얼마나 처리할 수 있는지 안다. 약 18포인트다. 다음 반복 주기를 시작하는 월요일에 이해관계자가 스토리를 몇 포인트나 골라야 할까? 당연히 18포인트다. 이것을 어제의 날씨라고 한다. 오늘의 날씨를 추측하려면 어제의 날씨를 떠올려 보면 되듯이, 이번 반복 주기를 예측하려면 직전 반복 주기를 살펴보면 된다.

계획 회의에서 이해관계자는 당연히 18포인트만큼 스토리를 고른다. 하

지만 이번에는 중간 검토 회의에서 이상한 일이 벌어졌다. 벌써 12포인트
나 완료한 것이다. 이해관계자에게 어서 알려야 할까?

그럴 필요 없다. 알려 주지 않아도 이해관계자가 바로 알 수 있으니까.
이해관계자가 계획에 6포인트를 추가해서 반복 주기의 계획은 총 24포인트
가 되었다.

늘 그렇듯이, 실제로 끝나고 보니 계획과는 다르게 22포인트를 완료했
다. 다음 반복 주기에는 22포인트만큼 스토리를 고를 것이다.

프로젝트 종료

이렇게 흘러간다. 반복 주기가 끝날 때마다 속도 차트에 반복 주기의 속도
를 기록하므로, 누구나 이 팀이 일을 진행하는 속도를 알 수 있다.

같은 과정이 계속된다고 생각해 보자. 반복 주기가 끝나고, 또 반복 주기
가 끝나고, 한 달, 또 한 달이 지난다. 스토리 카드 더미는 어떻게 될까? 반
복 주기는 스토리 카드 더미에서 투자 수익률을 퍼내서 낮추는 펌프와 같
다. 하지만 요구 사항을 계속해서 탐색하면서 스토리 카드를 쏟아 부으면,
카드의 평균 투자 수익률은 다시 올라간다. 올라가는 투자 수익률이 퍼내는
투자 수익률보다 더 많다면, 프로젝트는 계속된다.

반대로 요구 사항 탐색에서 나오는 새로운 기능의 수가 0으로 수렴할 수
도 있다. 이 상태로 반복 주기가 몇 번 지나면 남은 투자 수익률이 바닥을 보
일 수도 있다. 그날이 오면, 반복 주기 계획 회의에서 이해관계자가 작업할
만한 가치가 있는 일을 하나도 찾지 못할 것이다. 프로젝트가 끝난 것이다.

프로젝트는 스토리를 모두 구현함으로써 끝나는 것이 아니다. 프로젝트
는 스토리 더미에 구현할 가치가 있는 스토리가 더 이상 없을 때 끝난다.

프로젝트가 끝난 후 더미에 남아 있는 스토리를 들춰 보면 신기할 때가
있다. 한번은, 가장 먼저 만든 스토리 카드이자 프로젝트 이름을 따온 스토
리를 1년여에 걸친 프로젝트 내내 선택하지 않았던 적도 있다. 그 당시 이

스토리가 중요하긴 했는데, 훨씬 급한 다른 스토리를 먼저 구현해야 했다. 급한 스토리를 모두 해결하고 나니, 원래 중요했던 스토리가 이제는 별 볼 일 없어져 버렸다.

스토리

사용자 스토리는 기능을 기억하기 위해 쓰는 짧은 설명이다. 스토리를 쓸 때 너무 많은 세부 사항을 적으면 안 된다. 세부 사항은 쉽게 바뀌기 때문이다. 세부 사항은 나중에 작성하는데, 나중에 이야기할 인수 테스트 형태로 작성 한다.

스토리를 쓸 때는 다음 여섯 가지를 지켜야 한다. 각 항목의 앞글자를 따면 외우기 쉬운 INVEST가 된다.

- I: 독립적인Independent. 사용자 스토리는 서로 독립적이다. 스토리를 어떤 순서로 구현해도 상관없다는 말이다. 로그아웃을 구현하기 전에 로그인 을 꼭 구현해야 하는 것은 아니다.

이 항목을 꼭 지키지는 않아도 된다. 보통은 다른 스토리를 먼저 구현해야 하는 경우가 있기 마련이다. 예를 들어, '로그인' 스토리에 비밀번호를 잊어 버린 경우 복구하는 기능을 넣지 않았다고 해 보자. '비밀번호 찾기' 스토리 를 쓸 때 로그인에 어느 정도는 의존하게 될 것이다. 그래도 가능한 한 의존 성을 줄이면서 스토리를 나누어야 한다. 그래야 비즈니스 가치 순서에 맞추 어 스토리를 구현할 수 있다.

- N: 협상할 수 있는Negotiable. 이것이 세부 사항을 전부 쓰지 않는 또 다른 이 유다. 개발자와 사업 부서가 세부 사항을 협상할 수 있어야 한다.

예를 들어, 사업 부서에서 어떤 기능에 멋진 드래그 앤 드롭 인터페이스를 요청했다고 하자. 개발자는 간단한 체크 박스 인터페이스를 사용하면 훨씬 금방 개발할 수 있다고 주장할 수 있다. 이런 협상은 사업 부서가 소프트웨어 개발 비용을 관리하는 방법을 터득할 수 있는 몇 안 되는 중요한 기회다.

- V: 가치 있는Valuable. 스토리는 명확하고 계량할 수 있는 비즈니스 가치가 있어야 한다.

리팩터링은 스토리가 될 수 없다. 아키텍처는 스토리가 될 수 없다. 코드 정리는 스토리가 될 수 없다. 스토리는 언제나 비즈니스 가치가 있는 일이어야 한다. 걱정하지 말라. 리팩터링, 아키텍처, 코드 정리도 할 것이다. 하지만 스토리로는 하지 않는다.

스토리가 가치 있으려면, 보통은 시스템의 전체 계층을 모두 다루게 된다. GUI도 조금, 미들웨어도 조금, 데이터베이스 작업도 조금 포함하는 식이다. 수평으로 층층이 쌓여 있는 시스템 계층을 세로로 얇게 자른 것이 스토리라고 생각하면 된다.

스토리의 비즈니스 가치는 단순하게 매겨도 된다. 상중하로 간단하게 표현하는 조직도 있고, 10점 만점 척도를 쓰는 경우도 있다. 비즈니스 가치가 많이 다른 스토리를 구분할 수만 있다면, 어떻게 표현하든 상관없다.

- E: 추정할 수 있는Estimable. 사용자 스토리는 개발자가 작업량을 추정할 수 있을 정도로 구체적이어야 한다.

'시스템 속도가 빨라야 함' 같은 스토리는 그 뜻이 분명하지 않아서 추정할 수가 없다. 사실 시스템 속도는 모든 스토리가 고려해야 하는 기본 요구 사항이다.

- S: 작은Small. 사용자 스토리는 개발자 한두 명이 반복 주기 한 번 이내에 구현하기 힘들 정도로 크면 안 된다.

스토리 하나에 팀 전체가 반복 주기 내내 몽땅 매달려서는 안 된다. 반복 주기 동안 처리하는 스토리 수가 대략 팀에 속한 개발자 수와 비슷해야 한다. 개발자가 8명인 팀이라면, 반복 주기마다 6~12개 정도의 스토리를 처리해야 한다. 다만, 이 숫자는 규칙이라기보다는 조언이니 여기에 너무 얽매일 필요는 없다.

- T: 테스트할 수 있는Testable. 사업 부서가 스토리 완료를 증명하는 테스트를 제시할 수 있어야 한다.

보통은 QA가 이 테스트를 작성한다. 테스트를 자동화시키면, 이걸로 스토리 완료 여부를 판단할 수 있다. 여기에 대해서는 나중에 더 자세히 설명하겠다. 지금은 스토리가 테스트로 표현할 수 있을 만큼 구체적이어야 한다는 점만 기억하자.

 T가 앞의 N과 모순인 것 같아 보인다. 하지만 그렇지 않다. 스토리를 작성하는 시점에 테스트를 만드는 것이 아니다. 스토리를 작성할 때 알아야 하는 것은 필요한 시점에 테스트를 만들 수 있을지 여부다. 예를 들어, 로그인 스토리의 세부 내용을 다 알지는 못하지만, 로그인은 구체적인 동작이므로 테스트할 수 있다는 것을 안다. 반면에, '쓸만함' 같은 스토리는 테스트할 수 없다. 추정할 수도 없다. 사실 E와 T는 함께 다니는 경향이 있다.

스토리 추정

스토리를 추정하는 데는 여러 가지 방식이 있다. 대부분은 오래된 광대역 델파이Wideband Delphi[7] 방식을 조금 바꾼 것이다.

 날아다니는 손가락Flying Fingers은 가장 간단한 축에 속한다. 개발자가 모두 탁자에 둘러앉는다. 스토리를 읽고, 필요하다면 이해관계자와 논의를 한

---

7 *https://en.wikipedia.org/wiki/Wideband_delphi*. (옮긴이) 델파이 기법이란 전문가들의 의견을 반복적인 피드백을 거쳐 종합하는 방법이다. 더 자세한 내용은 위키백과 '델파이 기법(*https://ko.wikipedia.org/wiki/*델파이_기법)'을 참조. 광대역 델파이는 델파이 기법에서 참가자들 사이의 상호 작용과 의사소통을 강화한 변형 기법이다.

다. 논의가 끝나면, 개발자는 모두 한 손을 등 뒤에 안 보이게 감추고, 자신이 생각하는 스토리 포인트를 손가락으로 표시한다. 그리고 한 명이 하나, 둘, 셋을 세면, 일제히 숨겼던 손을 내민다.

모두가 같은 수의 손가락을 들었거나, 편차가 그리 크지 않고 평균값이 명백하면, 숫자를 스토리 카드에 적는다. 그리고 다음 스토리로 넘어간다. 하지만, 손가락 수가 들쑥날쑥하다면, 왜 다르게 생각했는지 개발자끼리 토론한다. 그리고 합의가 될 때까지 이 과정을 반복한다.

스토리 크기를 표현할 때는 셔츠 사이즈가 적절하다. 스몰(S), 미디엄(M), 라지(L)면 된다. 손가락 다섯 개를 다 쓰고 싶다면, 그래도 된다. 하지만 한 손으로 표현할 수 없을 만큼 많은 단계를 두는 것은 좀 과하다. 추정은 정확해야 하지만, 필요 이상으로 정밀하지는 않아도 된다는 점을 잊지 말자.

계획 포커Planning Poker[8]도 비슷한 기법인데, 이건 카드가 필요하다. 유명한 계획 포커 카드 덱이 많다. 대부분 피보나치 수열 비슷한 숫자를 사용한다. 유명한 덱 하나는 0, 1/2, 1, 2, 3, 5, 8, 13, 20, 40, 100, ∞로 되어 있다. 이런 덱을 쓴다면, 숫자를 많이 덜어내고 쓸 것을 추천한다.

피보나치 수열을 쓸 때의 장점은 큰 스토리를 추정할 수 있다는 것이다. 예를 들어, 1, 2, 3, 5, 8을 쓴다면, 최대 8배 차이를 표현할 수 있다.

0이나 ∞, ?를 넣을 때도 있다. 날아다니는 손가락에서는 각각 엄지를 내리거나, 엄지를 올리거나, 손바닥을 쫙 펴서 이런 기호를 표시하면 된다. 0은 '추정하기에 너무 간단함'을 의미한다. 이런 스토리에 주의하자! 0인 스토리 몇 개를 묶어서 하나의 스토리로 만들 수도 있다. 무한(∞)은 너무 커서 추정할 수 없음을 의미한다. 따라서 스토리를 더 작게 쪼개야 한다. 물음표(?)는 모르겠다는 뜻이다. 이런 경우에는 스파이크가 필요하다.

---

8 Grenning, J. W. 2002. Planning Poker or how to avoid analysis paralysis while release planning. 접속 주소: *https://wingman-sw.com/articles/planning-poker.*

쪼개기, 합치기, 스파이크

스토리 합치기는 간단하다. 스토리 카드를 클립으로 묶어서 하나의 스토리인 척하면 된다. 포인트는 다 더하면 된다. 만약 0포인트인 스토리가 있다면, 적절히 판단해서 포인트를 정해야 한다. 0인 카드 다섯 장을 합친 스토리가 여전히 0포인트일 가능성은 높지 않을 테니까 말이다.

스토리 쪼개기는 조금 더 신경을 써야 한다. INVEST를 지키면서 쪼개야 하기 때문이다. 스토리를 쪼개는 간단한 예로 로그인을 살펴보자. 더 작은 스토리로 쪼개기 위해 '비밀번호 없이 로그인', '비밀번호를 한 번에 맞게 입력하고 로그인', '여러 번 시도 끝에 로그인', '비밀번호 찾기' 카드를 만들 수 있다.

쪼갤 수 없는 스토리는 거의 없다. 쪼개야 할 만큼 큰 스토리라면 특히 더 그렇다. 프로그래머가 하는 일은 스토리를 계속 쪼개서 코드 한 줄 한 줄에 해당할 때까지 쪼개는 것이라는 말을 기억할 것이다. 따라서 스토리는 거의 언제나 쪼갤 수 있다. 문제는 INVEST를 지키는 것이다.

스파이크는 메타스토리meta-story다. 스토리를 추정하는 스토리라고 하는 것이 더 맞겠다. 스파이크[9]라는 이름이 붙은 이유는 많은 경우 시스템 계층 전체를 모두 조금씩 건드려야 하기 때문이다. 수정하는 부분을 시스템 구조에 그려 보면 얇고 길쭉해서 날카로운 모양이 된다.

추정하기 힘든 스토리, 예를 들어 'PDF 출력' 스토리가 있다고 하자. 왜 추정할 수가 없을까? 개발자가 PDF 라이브러리를 써 본 적이 없고, 어떻게 쓰는지 모르기 때문이다. 그러니 'PDF 출력 추정하기' 스토리를 만든다. 이제 새로 만든 스토리를 추정하면 된다. PDF 라이브러리 사용법을 익히려면 어떤 일을 해야 하는지는 알 테니 더 추정하기 쉽다. 두 스토리 모두 스토리 더미에 넣는다.

---

9 (옮긴이) 'spike'는 운동용 신발 밑창이나 철책 등에 붙어 있는 뾰족한 못 같은 것을 의미한다.

나중에 반복 주기 계획 회의에서 이해관계자가 'PDF 출력' 스토리를 고르려고 한다고 하자. 하지만 스파이크 때문에 이 스토리는 고를 수 없다. 이때는 스파이크 카드를 대신 고른다. 개발자는 반복 주기 동안 'PDF 출력' 스토리를 추정하기 위해 필요한 일을 한다. 그 이후 반복 주기에서 실제 스토리를 구현할 수 있을 것이다.

반복 주기 관리하기

각 반복 주기의 목표는 스토리를 처리하여 데이터를 얻는 것이다. 팀은 스토리에 속한 세부 작업 하나하나의 처리보다 스토리 전체에 집중해야 한다. 모든 스토리를 각각 80%씩만 처리한 것보다는 완료한 스토리 수가 전체 스토리 수의 80%인 것이 훨씬 더 낫다. 스토리를 완료하는 데 집중하라.

계획 회의가 끝나면, 프로그래머들은 각자 어떤 스토리를 담당할지 골라야 한다. 조직에 따라 각자 스토리를 하나씩만 고르고, 나머지는 일단 놔두었다가 먼저 맡은 스토리가 끝나면 추가로 스토리를 고르는 방식을 사용하기도 한다. 어떤 방식을 사용하든지 모든 스토리를 각 프로그래머가 골라서 가져가야 한다.

관리자나 수석 프로그래머는 아마 스토리를 프로그래머에게 직접 할당하고 싶을 것이다. 하지만 그래서는 안 된다. 프로그래머들끼리 스스로 나눠 갖도록 하는 편이 훨씬 낫다.

예시 상황을 한번 보자.

> 정수 (중급 프로그래머): 괜찮으시면 제가 로그인과 로그아웃을 할게요. 두 스토리를 한 사람이 담당하는 게 좋을 것 같아요.
>
> 미경 (중급 프로그래머): 괜찮은 것 같네요. 그런데 데이터베이스 부분은 동현 씨와 짝 프로그래밍을 하면 어때요? 동현 씨가 우리 이벤트 소싱

event sourcing[10] 방식에 대해 궁금해하던데, 로그인 스토리를 해 보면 좋은 경험이 될 것 같아요. 동현 씨는 어때요?

동현 (초급 프로그래머): 저야 좋지요. 한번 해 보면 출금 스토리도 제가 할 수 있을 것 같아요.

영희 (수석 프로그래머): 출금 스토리는 제가 해도 괜찮을까요? 동현 씨가 원한다면 저랑 짝 프로그래밍을 해도 좋아요. 그리고 동현 씨는 이체를 담당해도 좋을 것 같고요.

동현: 아, 네. 그게 더 나은 것 같네요. 어렵지 않은 것부터 차근차근 하자는 말씀이시죠?

미경: 네, 맞아요. 그럼 입금이 남네요. 제가 할게요. 영희 씨, 출금이랑 입금은 사용자 인터페이스가 비슷할 것 같은데 같이 고민을 좀 해 보면 좋겠네요. 공유하는 코드도 있을 것 같아요.

위 예에서는 패기 넘치는 신입 프로그래머가 깜냥을 넘어서는 일에 덤빌 때 수석 프로그래머가 어떻게 이끌어 주는지 볼 수 있다. 어떻게 서로 의견을 나누며 스토리를 선택하는지도 볼 수 있다.

QA와 인수 테스트

아직 QA가 자동화된 인수 테스트 작성을 시작하지 않았다면, 계획 회의가 끝나자마자 시작해야 한다. 먼저 끝날 예정인 스토리의 테스트부터 만들어야 한다. 구현은 이미 끝났는데 인수 테스트가 없어서 기다려야 하면 안 되니까 말이다.

인수 테스트는 빨리 만들어야 한다. 반복 주기의 전반부에 완성하는 것이 좋다. 만약 반복 주기 절반이 지났는데도 아직 인수 테스트를 다 만들지 못

---

10 (옮긴이) 데이터베이스에 도메인 객체를 저장하는 것이 아니라, 도메인 객체가 변경되는 이 벤트를 저장하는 데이터 저장 기법.

했다면, 개발자도 다른 작업을 멈추고 인수 테스트 작성을 도와야 한다.

그러다 보면 반복 주기에 계획했던 스토리를 다 끝내지 못할 수도 있다. 하지만 인수 테스트가 없으면 어차피 스토리를 완료할 수 없다. 다만 주의해야 할 점은, 특정 스토리를 구현하는 프로그래머가 그 스토리의 인수 테스트까지 작성하면 안 된다는 것이다. QA가 반복 주기 중간 시점까지 인수 테스트를 다 만들지 못하는 일이 반복 주기마다 일어난다면, QA 엔지니어와 개발자의 비율이 부적절할 가능성이 크다.

반복 주기 후반이 되고, 인수 테스트 작성이 끝났다면, QA는 다음 반복 주기에 쓸 테스트를 만든다. 아직 계획 회의가 열리지 않았기 때문에 다소 불확실한 면은 있지만, 이해관계자가 구현할 가능성이 큰 스토리를 대략적으로라도 알려 줄 수 있을 것이다.

개발자와 QA는 인수 테스트 이야기를 많이 해야 한다. QA가 개발자에게 테스트만 달랑 '칸막이 너머로 던져 버려서는' 안 된다. 어떻게 테스트를 구성할지, 어떻게 나누어 작성할지 상의해야 한다. 아예 짝 프로그래밍으로 함께 작성하는 것도 좋다.

반복 주기 중간 검토 회의가 다가오면, 회의 전까지 최대한 스토리를 끝내기 위해 노력해야 한다. 반복 주기가 끝나 가면, 개발자는 남은 스토리가 인수 테스트를 통과하도록 노력해야 한다.

'완료'의 정의는 '인수 테스트 통과'다.

반복 주기의 마지막 날이 되면, 어떤 스토리를 완료하고 어떤 스토리는 포기할지 힘든 결정을 해야 할 수도 있다. 중요한 것은 가능한 한 많은 스토리를 완료하는 것이므로 선택이 필요하다. 다시 말하지만, 스토리 하나를 희생하여 다른 스토리를 하나라도 완료하는 것이 반쯤 만든 스토리 두 개보다 낫다.

스토리를 최대한 완료시키려는 것이지 작업 속도를 높이려는 것은 아니다. 이것은 진행 상황을 보다 구체적이고 측정하기 좋게 만들려는 것이며,

신뢰할 수 있는 데이터를 얻기 위한 것이다. 인수 테스트를 통과하면, 스토리는 완료된 것이다. 반면에 프로그래머가 이 스토리는 90%쯤 되었다고 말하더라도, 완료까지 진짜로 얼마나 남은 것인지는 알 수 없다. 따라서 속도 차트에는 오직 인수 테스트를 통과한 스토리만 기록한다.

데모

이해관계자에게 완료한 스토리의 데모를 간단히 시연하는 것으로 반복 주기가 끝난다. 반복 주기의 길이에 따라 다르지만 한두 시간을 넘지 않는 것이 좋다. 데모할 때는 모든 인수 테스트와 단위 테스트를 통과하는 것도 보여 주어야 한다. 과거 반복 주기 동안 완료한 스토리의 인수 테스트도 모두 포함해야 한다. 새로 추가한 기능도 뽐내야 한다. 개발자가 시연하면 동작하지 않는 부분을 자신도 모르게 숨길 수 있으니, 이해관계자가 직접 시스템을 사용해 볼 수 있다면 제일 좋다.

속도

반복 주기를 마치면서 속도 그래프와 번다운 차트를 기록한다. 인수 테스트를 통과한 스토리의 포인트만 기록해야 한다. 반복 주기가 몇 번 지나면, 그래프의 기울기가 보이기 시작할 것이다. 번다운 차트의 기울기를 보면 다음 주요 마일스톤을 언제 달성할지 알 수 있다. 속도 그래프의 기울기를 보면 팀 관리가 얼마나 잘 되고 있는지 알 수 있다.

속도 그래프는 좀 들쭉날쭉할 것이다. 처음 반복 주기 몇 번이 특히 그렇다. 아직 프로젝트에 대해 조금씩 알아가는 중이라 그렇다. 하지만 반복 주기가 몇 번 지나고 나면, 들쭉날쭉한 것이 줄어들면서 평균 속도가 분명해질 정도가 된다.

반복 주기가 몇 번 지나고 난 뒤, 속도 그래프의 기울기는 0이어야 한다.

속도가 일정하다는 말이다. 장기적으로 속도가 오르거나 떨어질 특별한 이유는 없다.

속도가 오를 때

표시된 속도가 오르고 있더라도, 아마 진짜로 속도가 오르지는 않았을 것이다. 실제로는 프로젝트 관리자가 일을 더 빨리 하라고 압박하고 있다는 의미일 수 있다. 압박이 심해지면 팀원들은 스토리 포인트를 무의식적으로 조금씩 올려서 추정하기 마련이다. 더 빠르게 일하는 것처럼 보이도록 말이다.

포인트를 화폐라고 생각해 보면, 인플레이션이 일어나는 것이다. 외부의 압력이 커지면, 포인트의 가치는 절하된다. 내년쯤 되면 아마 반복 주기당 백만 포인트씩 처리할 것이다. 속도는 측정하는 것이지 목표하는 것이 아니라는 점을 마음에 새겨두자. 제어 이론control theory에서도 제일 처음 배우는 것이 이것이다. 측정하려는 대상에 압력을 가하지 말라.

반복 주기 계획 회의에서 속도에 맞추어 스토리를 고르는 이유는 이해관계자에게 스토리를 얼마나 처리할 것 같은지 알려 주기 위해서다. 이해관계자가 스토리를 고르고 사업 계획을 세우도록 돕는 것이다. 하지만 추정은 약속이 아니다. 실제 속도가 더 느렸다고 해서 실패한 것도 아니다.

다시 한번 말하지만, 반복 주기가 실패하는 경우는 오직 데이터를 만들지 못했을 때뿐이다.

속도가 떨어질 때

속도 그래프가 꾸준히 계속 떨어진다면, 코드 품질에 문제가 있을 가능성이 제일 크다. 리팩터링을 충분히 하지 않아서 아마 코드가 썩고 있을 것이다. 리팩터링을 충분히 하지 않는 이유 중 하나는 단위 테스트를 충분히 쓰지 않아서다. 리팩터링으로 무언가 망가질까 봐 두려운 것이다. 변경을 두려워하지 않게 만드는 것도 팀 관리의 주요 목표가 되어야 하는데, 결국은 모두 테스트 규율의 문제다. 여기에 대해서는 나중에 더 자세히 살펴보겠다.

속도가 떨어질수록 팀에 압박이 가해질 것이다. 그러면 포인트 인플레이션이 발생하고, 떨어지던 속도가 다시 일정해질 수도 있다.

기준 스토리

포인트 인플레이션을 막는 한 가지 방법은, 스토리 추정 결과를 계속해서 예전에 정한 기준 스토리와 비교해 보는 것이다. 기준 스토리는 다른 스토리를 비교하는 기준이 된다. 우리는 로그인을 기준 스토리로 정했으며, 이것은 3포인트짜리였다. 만약 '메뉴의 맞춤법 오류 수정'이라는 새 스토리를 10포인트로 추정했다면, 인플레이션을 알아차릴 수 있을 것이다.

작은 릴리스

작은 릴리스Small Release 실천 방법은 개발팀이 소프트웨어를 최대한 자주 릴리스할 것을 권장한다. 90년대 말, 애자일 초기에는 이것이 '한두 달'에 한 번 릴리스하는 것이라고 생각했다. 하지만 요즘은 훨씬 더 짧은 주기를 목표로 해야 한다. 사실, 대단히 짧아야 한다. 그래서 새로운 목표는 지속적 배포Continuous Delivery다. 변경 사항이 생길 때마다 코드를 서비스에 배포하는 것이다.

지속적 배포라고 하면, 오직 배포 주기만 줄이면 된다고 오해할 수 있는데, 그렇지 않다. 우리는 모든 주기를 줄여야 한다.

불행하게도, 옛날부터 이어져 온 관성 때문에 주기를 줄이기는 쉽지 않다. 이 관성은 아주 옛날부터 우리가 소스 코드를 관리해 오던 방식 때문에 생겨났다.

소스 코드 관리의 간단한 역사

소스 코드 관리 이야기는 프로그램을 수정하는 주기와 그 주기의 길이에 대한 이야기다. 이 이야기는 종이에 천공기punch로 구멍을 뚫어 소스 코드를 기록하던 1950~60년대에 시작된다.

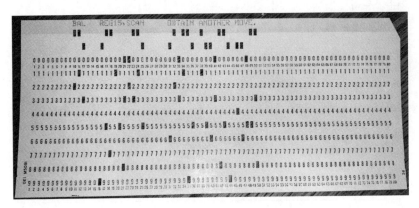

그림 3.3 천공 카드

그 당시에는 대부분 천공 카드를 사용했다. 카드에는 80자를 기록할 수 있었고, 한 장이 프로그램 한 줄을 의미했다. 전체 프로그램은 이런 카드들을 모은 묶음이고, 고무줄로 묶어서 상자에 넣어 보관했다(그림 3.4).

　　프로그램의 담당자는 카드 묶음을 서랍이나 캐비닛에 보관했다. 어떤 사람이 소스 코드를 체크아웃하고 싶다면, 말 그대로 담당자의 허락을 받고 소스 코드를 서랍이나 캐비닛에서 꺼내서 빌려 가야check out 했다.

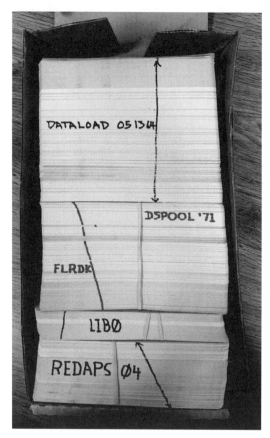

그림 3.4 상자에 담긴 천공 카드 묶음

소스 코드를 체크아웃하면 소스 코드를 고칠 수 있는 유일한 사람이 된다. 소스 코드를 물리적으로 점유하고 있기 때문이다. 다른 사람은 건드릴 수 없다. 작업이 끝나면 카드 묶음을 다시 담당자에게 돌려 준다. 카드 묶음은 다시 서랍이나 캐비닛으로 들어간다.

프로그램을 수정하는 주기는 프로그래머가 카드 묶음을 소유하고 있는 시간과 동일하다. 며칠일 수도 있고, 몇 주나 몇 달일 수도 있다.

테이프

70년대에는 소스 코드 저장 매체를 마그네틱 테이프로 조금씩 바꾸기 시작했다. 마그네틱 테이프에는 많은 양의 소스 코드 모듈을 저장할 수 있었고, 복제가 간편했다. 소스 코드 모듈을 고치는 과정은 다음과 같았다.

1. 마스터 선반에서 마스터 테이프를 가져온다.
2. 작업할 모듈을 마스터 테이프에서 작업 테이프로 복사한다.
3. 다른 사람이 다른 모듈을 작업할 수 있도록 마스터 테이프를 제자리에 갖다 놓는다.
4. 체크아웃 현황판에서 작업하려는 모듈을 찾아 색상 핀으로 표시한다. (나는 파란색, 내 상사는 빨간색, 우리 팀의 다른 프로그래머는 노란색이었다. 이러다 보면 언젠가는 색깔이 모자라게 되었을 것이다.)
5. 작업 테이프에서 편집, 컴파일, 테스트를 한다.
6. 다시 마스터 테이프를 가져온다.
7. 변경한 모듈을 작업 테이프에서 마스터 테이프로 복사한다.
8. 마스터 테이프를 선반에 다시 갖다 놓는다.
9. 현황판에서 핀을 치운다.

프로그램을 수정하는 주기는 현황판에 핀을 표시해 놓은 시간만큼이다. 몇 시간일 수도, 며칠이나 몇 주일 수도 있다. 체크아웃 현황판에 내 핀이 있는 동안, 다른 사람은 아무도 핀으로 표시한 모듈을 건드리면 안 된다.

물론 내가 작업 중인 모듈이 마스터 테이프에 여전히 있고, 비상시에는 누군가가 규칙을 어기고 모듈을 수정할 수도 있다. 따라서 핀으로 표시하는 것은 물리적인 제약이라기보다는 우리의 관습이었다.

디스크와 SCCS

80년대에는 소스 코드를 디스크로 옮겼다. 초기에는 계속해서 체크아웃 현황판을 썼지만, 곧 진정한 소스 코드 관리 도구가 나타나기 시작했다. 내 기억에 처음으로 나온 것은 SCCSSource Code Control System였다. SCCS는 체크아웃 현황판과 똑같이 동작했다. 디스크에서 모듈에 잠금을 걸어서 다른 사람이 수정하지 못하게 막는다. 이런 방식의 잠금을 비관적 잠금pessimistic lock이라고 한다. 여기서도 프로그램을 수정하는 주기는 잠가 놓은 시간만큼이다. 몇 시간이나 며칠일 수도 있고, 몇 달일 수도 있다.

SCCS는 RCSRevision Control System(리비전 관리 시스템)로 대체되었고, RCS는 CVSConcurrent Versions System(병행 버전 시스템)로 대체되었다. SCCS와 RCS는 비관적 잠금 방식을 사용했다. 그래서 프로그램 수정 주기는 여전히 길었다. 하지만 디스크는 테이프보다 훨씬 편리한 저장매체였다. 마그네틱 테이프를 사용할 때는 마스터 테이프에서 작업 테이프로 모듈을 복사하는 과정이 너무 귀찮았다. 그래서 복사하는 횟수를 줄이기 위해 모듈을 더 크게 만들곤 했다. 반면에, 디스크를 쓸 때는 작은 모듈을 많이 만들어도 커다란 모듈을 하나 만드는 것보다 특별히 더 귀찮지 않았다. 그래서 모듈 크기를 현저하게 줄일 수 있었다. 덕분에 실질적으로는 프로그램 수정 주기가 줄어들었다. 모듈 크기가 작아지면서 체크아웃한 상태로 보내는 시간도 상대적으로 줄어들었기 때문이었다.

문제는 시스템을 변경하려면 보통 여러 개의 모듈을 건드려야 한다는 것이었다. 시스템의 여러 모듈이 서로 깊이 연결되어 있으면, 실질적인 체크아웃 시간은 여전히 길었다. 몇몇 사람은 모듈 간의 연결을 없애서 체크아웃 시간을 줄이는 방법을 익혀 나갔지만, 대부분의 사람은 그러지 않았다.

서브버전

그리고 서브버전Subversion, SVN이 탄생했다. 서브버전은 낙관적 잠금optimistic lock을 사용했다. 사실 낙관적 잠금은 아무것도 잠그지 않는다. 한 개발자가 모듈을 체크아웃했더라도, 다른 사람이 또 체크아웃할 수 있다. 서브버전은 체크아웃한 내용을 기록해 두었다가 모듈의 변경 내용을 자동으로 합쳐 준다. 만약 두 개발자가 코드의 같은 줄을 수정하거나 해서 충돌이 발생하면, 프로그래머가 충돌한 부분을 해결한 후에 체크인할 수 있다.

덕분에 조금씩 고치면서 편집, 컴파일, 테스트를 반복하는 데 드는 시간이 급격하게 줄었다. 모듈 사이의 연결은 여전히 문제였다. 밀접하게 연결된 시스템은 여러 모듈을 한번에 고쳐야 했기 때문에 수정 주기가 길었다. 하지만 느슨하게 연결된 시스템을 개발할 때는 훨씬 더 빠르게 수정을 반복할 수 있었다. 체크아웃 시간에 더 이상 구애를 받지 않을 수 있게 되었다.

깃과 테스트

이제 우리는 깃git을 쓴다. 깃을 쓰면 체크아웃 시간은 0이 된다. 체크아웃이라는 개념이 아예 없다. 언제든지 모듈 수정 사항을 커밋할 수 있다. 커밋 간의 충돌은 프로그래머가 원하는 시점에 해결할 수 있다. 작고 독립적인 모듈과 빠른 커밋 속도 덕분에 소스 코드 수정 주기는 몇 분 정도로 줄어든다. 여기에 포괄적이고 빠르게 수행되는 테스트만 더해서 거의 모든 것을 테스트할 수 있게 된다면 지속적 배포를 할 수 있다.

오래된 관성

불행하게도 조직에서는 과거로부터 이어져 온 행동을 바꾸기 어렵다. 많은 팀의 문화 속에 며칠, 몇 주, 몇 달의 수정 주기는 뿌리 깊게 배어 있고, QA, 경영진에게까지 침투해 있다. 이해관계자 역시 당연히 그렇게 생각한다. 이런 문화가 팽배한 상황이니 지속적 배포란 터무니없게 느껴질 것이다.

작은 릴리스

애자일은 릴리스 주기를 더 짧게 만들어서 이 오래된 관성을 깨부수려 한다. 원래 6개월마다 릴리스를 했었다면, 3개월로 줄여보자. 그리고 매달로,

매주로 더 줄여보자. 0을 향하여 릴리스 주기를 계속해서 줄여 나가자.

릴리스 주기를 줄이려면, 조직에서 릴리스와 배포 사이의 관계를 끊어야만 한다. '릴리스'라는 단어는 소프트웨어가 기술적으로는 배포 가능하다는 것을 의미한다. 실제로 배포를 할지는 오직 사업 부서의 결정에 달렸다.

반복 주기를 설명할 때 했던 말이랑 똑같은 것을 눈치챘는가? 반복 주기가 끝나면 기술적으로 배포 가능해야 한다. 반복 주기가 2주인데 이보다 더 자주 릴리스하고 싶다면, 반복 주기의 길이를 줄여야 한다.

반복 주기도 0을 향하여 계속 줄일 수 있을까? 그렇다. 하지만 이 이야기는 다른 장에서 하겠다.

인수 테스트

인수 테스트Acceptance Test는 애자일 실천 방법 중 아는 사람이 가장 적고, 드물게 사용되며, 많이들 오해하는 실천 방법이다. 참 이상한 일이다. 기반이 되는 발상은 엄청나게 단순하기 때문이다. 바로 '사업 부서가 요구 사항을 명시해야 한다'는 것이다.

물론 문제는 '명시specify'라는 단어가 무엇을 뜻하느냐에 있다. 사업 부서 사람은 공중에 손을 휘저으면서 애매하고 불분명한 용어로 동작을 설명하고는 명시했다고 말하는 경우가 많다. 세세한 사항은 개발자가 알아서 생각해 내기를 바라는 것이다. 반대로 대부분의 프로그래머는 사업 부서에서 시스템 동작을 정확하게 정의해 주기를 바란다. 픽셀 하나하나의 위치와 색깔까지 말이다. 양극단 사이의 어딘가를 정해야 한다.

그렇다면, 명세specification란 뭘까? 명세란 그 본질상 테스트다. 예를 들어 보자.

사용자가 올바른 사용자 아이디와 비밀번호를 입력하고 '로그인'을 클릭하면, 시스템은 '환영합니다' 페이지를 표시해야 한다.

확실한 명세다. 그리고 확실한 테스트다.

이 테스트를 자동화할 수 있다는 것도 분명하다. 명세와 일치하는지 컴퓨터가 검증하지 못할 이유가 없다.

이것이 애자일 실천 방법 중 인수 테스트다. 인수 테스트는 가능한 한, 시스템의 요구 사항을 자동화된 테스트 형태로 작성해야 한다는 것이다.

하지만 잠깐! 누가 자동화된 테스트를 작성하는가? 이번 항목의 첫 단락에 답이 있다. 사업 부서가 요구 사항을 명시해야 한다. 그러니 사업 부서가 자동화된 테스트를 작성해야 한다. 그렇지 않은가?

하지만 잠깐! 자동화된 테스트는 규칙이 있는 실행 가능한 언어 같은 것으로 써야 할 것이다. 그리고 보니 왠지 프로그래머가 하는 일을 설명하는 것 같다. 그렇다면 프로그래머가 자동화된 테스트를 작성해야 한다. 그렇지 않은가?

하지만 잠깐! 프로그래머가 테스트를 작성한다면, 사업 부서의 관점에서 작성하는 것이 아니게 된다. 세부 사항으로 가득 차서 프로그래머만 이해할 수 있는 기술적인 테스트가 되고 말 것이다. 사업 가치도 제대로 반영되지 않을 것이다. 그러니 사업 부서가 자동화된 테스트를 작성해야 한다. 그렇지 않은가?

하지만 잠깐! 만약 사업 부서에서 자동화된 테스트를 작성한다면, 우리가 사용하는 기술과는 다른 방법으로 작성할 것이다. 그러니 결국 프로그래머가 모두 다시 써야 할 것이다. 그렇지 않은가?

자, 이제 왜 그렇게 많은 사람이 이 실천 방법을 헷갈려 하는지 이해가 될 것이다.

도구와 방법론

수많은 도구와 방법론 때문에 이 실천 방법은 더 엉망이 되었다.

사업 부서가 자동화된 테스트를 더 쉽게 쓸 수 있도록, 프로그래머들은 테스트 작성을 '돕는' 도구를 수도 없이 만들었다. 예를 들어 FitNesse[11], JBehave, SpecFlow, Cucumber 같은 것이 있다. 이런 도구들은 자동화된 테스트의 기술적인 부분과 사업과 관련된 부분을 분리하기 위해 제각기 체계를 만들었다. 자동화된 테스트의 사업과 관련된 부분을 사업 부서가 작성하면, 이걸 테스트하려는 시스템에 가져다 붙이는 코드는 프로그래머가 작성하면 될 것이라는 생각이었다.

좋은 생각 같아 보였고, 도구들도 깔끔하게 역할을 분리해 냈다. 하지만 사업 부서 사람들은 여전히 잘 참여하지 않았다. 사업 부서에서 명세를 담당한 사람은 언어의 규칙을 낯설어했다. 그리고 그냥 영어 같이 사람이 쓰는 언어로 명세를 작성하고 싶어 했다.

사업 부서 사람들이 내키지 않아 하자, 프로그래머가 끼어들어 인수 테스트를 작성했다. "최소한 작성해 놓으면 사업 부서에서 읽기라도 하겠지" 하는 희망을 가지고 말이다. 하지만 이 역시 뜻대로 되지 않았다. 사업 부서 사람들은 명세를 작성하는 언어 자체를 좋아하지 않았다. 사업 부서에서는 시스템이 실제로 돌아가는 모습을 보길 원했다. 아니면 검증 작업을 QA에 위임하고 싶어 했다.

동작 주도 개발

새천년이 시작되었을 즈음, 댄 노스Dan North가 동작 주도 개발Behavior-Driven Development, BDD이라는 이름으로 TDD를 새롭게 정의하기 시작했다. 댄의 목표는 테스트에서 개발자 용어를 빼내고 명세처럼 보이게 만들어서, 사업 부서 사람들이 좋아하게 만드는 것이었다.

처음에는 단지 테스트용 언어를 만드는 또 하나의 시도일 뿐이었다. BDD에서는 Given(상황), When(행동), Then(결과)이라는 단어 세 가지를

---

11 (옮긴이) 《Fit, 통합 테스트 프레임워크: Fit 테스트는 소통이다》(인사이트, 2010)를 참고하기 바란다.

특별하게 사용한다. 이 언어를 지원하는 도구도 몇 가지 생겼다. 새로 만들 어지기도 했고, 기존 도구가 지원을 추가하기도 했다. 예를 들어 JBehave, Cucumber, FitNesse 같은 것이 있다. 하지만 갈수록 초점이 도구와 테스트 에서 요구 사항과 명세로 옮겨갔다.

BDD 신봉자들은 사업 부서에서 Given-When-Then 같이 정해진 시나리 오 기반의 언어를 사용하여 시스템 요구 사항을 명시하면 대단한 가치가 있 을 것이라고 선전했다. 그것이 실제로 자동화된 테스트가 아닌데도 불구하 고 말이다.

덕분에 사업 부서 사람들은 문법에 맞게 진짜 동작하는 테스트를 작성하 는 부담에서 벗어날 수 있었다. 그러면서도 이 언어를 사용하여 정교하고 엄밀한 명세를 작성할 수 있었다.

실천 방법

한참 여러 가지 논란과 혼동에 대하여 이야기했지만, 사실 인수 테스트 실 천 방법은 꽤 단순하다. 사업 부서에서 각 사용자 스토리의 동작을 설명하 는 테스트를 형식에 맞게 작성하고, 개발자는 이를 자동화한다.

인수 테스트는 업무 분석가business analyst와 QA가 작성한다. 테스트할 스 토리를 개발하는 반복 주기의 전반부가 끝나기 전까지 작성해야 한다. 개발 자는 이 테스트를 지속적 빌드continuous build에 통합한다. 인수 테스트로 반 복 주기에서 개발하는 스토리의 완료 여부를 판가름한다. 인수 테스트가 없 는 스토리는 명세가 없는 것이다. 인수 테스트를 통과하기 전까지는 스토리 가 끝난 것이 아니다.

업무 분석가와 QA

인수 테스트는 업무 분석가와 QA, 개발자가 함께 힘을 모아 작성한다. 업 무 분석가는 정상적으로 성공하는 경로만 기술한다. 업무 분석가는 프로그래머나 이해관계자와 의사소통하는 것만으로도 할 일이 많아 벅차기 때문이다.

QA는 정상에서 벗어난 경로를 담당한다. 이런 경로가 정상적으로 성공하는 경로보다 훨씬 더 많다. QA 담당자는 시스템을 망가트리는 방법을 궁리하라고 채용한 것이다. QA는 기술에 밝으면서도 사용자가 시스템을 어떻게 기괴하고 이상하게 사용할지 예측하는 능력이 있다. QA는 프로그래머의 습성도 꿰뚫고 있기 때문에, 프로그래머의 게으른 구석을 찾아내는 방법도 잘 안다.

그리고 물론 개발자도 QA, 업무 분석가와 함께 일한다. 개발자는 테스트가 기술적인 관점에서 타당한지 확인해야 한다.

QA

이렇게 되면 QA의 역할이 완전히 달라진다. 프로젝트가 끝날 즈음에야 테스트하는 역할에서 프로젝트 초기에 명세를 작성하는 역할로 바뀐다. 에러나 빠진 요소를 뒤늦게 검사해 알려 주는 것이 아니라, 문제를 예방할 수 있도록 초기부터 개발팀을 안내하게 된다.

QA에게는 부담이 훨씬 더 커지는 것이다. QA가 품질을 보장하기 위해 했던 작업은 주로 반복 주기가 끝날 때 어디 빠진 곳이 없는지 확인하는 것이었다. 하지만 이제는 작업을 반복 주기 초기에 주로 해야 한다. 그래도 QA의 책임은 전혀 줄어들지 않는다. QA가 시스템을 배포할 수 있는지 결정한다.

사라지는 막바지 테스트

QA를 앞쪽으로 옮기고 테스트를 자동화하면 심각한 문제가 하나 더 함께 해결된다. QA가 막바지에 수동으로 테스트를 하면, 전 단계의 모든 지연으로 인한 부담이 QA에게 쏠린다. 시스템을 배포하려면 QA의 테스트가 끝나야 한다. 성급한 관리자나 이해관계자는 QA에게 어서 테스트를 끝내고 시스템을 배포하라고 닦달한다.

QA가 프로세스의 마지막 단계가 되면, 앞 단계가 늦어져서 생긴 모든 부담이 QA에게 집중된다. 개발자가 QA에게 코드를 늦게 넘겼다고 최종 마감 날짜가 늦춰질까? 마감 날짜는 타당한 사업상의 이유로 정해진 것이고, 이를 늦추면 비용이 많이 들거나 파국을 불러일으킬 가능성이 있다. 결국 QA가 모든 짐을 짊어져야만 한다.

일정상 테스트할 시간이 부족하다면, QA가 어떻게 시스템을 테스트할 수 있을까? QA가 더 빨리 테스트할 수 있는 방법이 있을까? 답은 간단하다. 모든 것을 테스트하지 않으면 된다. 변경된 부분만 테스트하자. 새로운 기능이나 바뀐 부분을 기준으로 영향도 분석을 하고, 영향이 있는 부분만 테스트하자. 바뀌지 않은 부분을 테스트하느라 시간을 허비할 필요가 없다.

이렇게 테스트가 사라진다. 일정 압박을 받으면 QA는 그냥 모든 반복 테스트를 생략해 버린다. 다음에는 반복 테스트를 해야지 생각하겠지만 '다음'이라는 것은 영영 오지 않는 경우가 많다.

QA 병

그런데 테스트가 사라지는 것보다 더 나쁜 최악의 문제가 있다. 이것도 역시 QA가 프로세스의 맨 끝에 있어서 생기는 문제다. QA가 프로세스의 맨 끝이면, QA가 일을 잘하고 있는지 어떻게 알 수 있을까? 물론 QA가 발견하는 결함의 수로 알 수 있다. QA가 결함을 많이 찾을수록, 당연히 일을 잘하는 것이다. QA 관리자는 QA가 일을 잘한다는 증거로 발견한 결함 수를 여기저기 들이밀고 다닐 것이다. 따라서, 결함은 좋은 것이 된다.

결함이 많으면 또 누구에게 좋을까? 오래된 프로그래머들 사이에 이런 말이 있다. "나는 마감 날짜를 언제로 잡든지 무조건 맞출 수 있어 소프트웨어가 제대로 동작할 필요가 없다면 말이지." 자, 누가 결함으로 이득을 볼까? 마감 날짜를 맞춰야 하는 개발자가 이득을 본다.

미리 말을 맞추거나 협의를 할 필요도 없다. 개발자와 QA 모두 결함이 주는 이득을 잘 깨달을 것이다. 결함의 지하 경제가 탄생한다. 이 병은 많은 조직에 퍼질 것이고, 조직을 힘들게 만들거나 심지어는 끝장낼 수도 있다.

개발자가 테스트를 돌린다

이 모든 병을 고치는 만병통치약이 인수 테스트다. 반복 주기에서 처리할 스토리의 인수 테스트를 QA가 작성한다. 하지만 QA는 테스트를 돌리지 않는다. 시스템이 테스트를 통과하는지 확인하는 사람은 QA가 아니다. 그렇다면 누가 확인해야 할까? 물론 프로그래머.

프로그래머가 테스트를 돌린다. 모든 코드가 테스트를 통과하는지 확인하는 것은 프로그래머 담당이다. 그러니 당연히 프로그래머가 테스트를 돌려야 한다. 프로그래머가 테스트를 돌려보는 것이 스토리 완료 여부를 알 수 있는 유일한 방법이다.

지속적 빌드

사실, 프로그래머는 지속적 빌드Continuous Build 서버를 구축해서 이 과정을 자동화할 것이다.[12] 빌드 서버는 프로그래머가 모듈을 체크인할 때마다 시스템의 모든 테스트를 수행한다. 모든 단위 테스트와 인수 테스트를 죄다 수행한다는 말이다. 더 자세한 이야기는 지속적 통합을 다룰 때 하겠다.

전체 팀

전체 팀Whole Team 실천 방법은 원래 현장 고객On-Site Customer이라고 불렀었다. 기본적인 생각은 이런 것이었다. 사용자와 프로그래머가 물리적으로 가까이 있을수록 의사소통하기 더 좋을 것이다. 그러면 개발도 더 빠르고 정확

12 프로그래머가 늘 하는 일이 자동화이니 말이다!

하게 할 수 있을 것이다. 여기서 고객은 사용자가 필요로 하는 것을 잘 알면서 개발팀과 같은 곳에서 일하는 사람이나 그룹을 가리키는 메타포다. 같은 방에 고객과 팀원이 함께 앉아서 일하는 것이 가장 이상적이다.

스크럼에서는 이 고객을 제품 책임자Product Owner라고 부른다. 제품 책임자인 사람 혹은 그룹은 스토리를 고르고, 우선순위를 결정하고, 바로바로 피드백을 준다.

이 실천 방법의 이름을 전체 팀으로 바꾼 것은, 개발팀이 단순히 고객과 프로그래머 둘만으로 이루어진 것이 아니라는 점을 명확히 하기 위해서다. 개발팀에는 고객과 프로그래머 외에도 관리자, 테스터, 테크니컬 라이터 등 많은 역할이 있다. 전체 팀의 목표는 각 역할을 하는 사람들 사이의 물리적 거리를 최소화하는 것이다. 같은 방에 모든 구성원이 함께 앉아서 일하는 것이 가장 이상적이다.

팀 전체가 모두 하나의 방에 모여 일해야 팀이 가장 효율적이 된다는 데는 이견이 별로 없을 것이다. 각 구성원이 바로바로 빠르게 의사소통할 수 있다. 눈 깜짝할 사이에 궁금한 점을 물어보고 답을 얻을 수 있다. 답을 아는 전문가가 언제나 근처에 있으니까 말이다.

게다가 우연히 찾아오는 기회도 무척 많아진다. 현장 고객이 우연히 프로그래머나 테스터의 컴퓨터 화면을 보고는 틀린 부분을 발견할 수도 있다. 짝 프로그래밍을 하는 프로그래머들이 요구 사항을 논의하는 것을, 지나가던 테스터가 듣고 잘못된 결론을 지적해 줄 수도 있다. 우연히 발생하는 이런 시너지를 우습게 봐서는 안 된다. 전체 팀이 같은 공간에 함께 앉아 있으면, 마법이 일어날 수 있다.

이 실천 방법은 팀 실천 방법이 아니라 비즈니스 실천 방법에 속한다. 전체 팀을 실천해서 얻을 수 있는 이득이 주로 비즈니스 쪽에 있기 때문이다.

팀 전체가 같은 곳에서 일하면 비즈니스는 훨씬 순탄하게 돌아간다.

같은 곳에서 일하기

2000년대 초, 나는 몇몇 조직이 애자일을 도입하는 것을 도왔다. 실제 코칭을 시작하기에 앞서 사전 방문을 했을 때, 우리는 고객에게 팀 사무실을 마련해서 팀을 같은 곳에서 일하게 해달라고 요청했다. 그런데 단순히 팀을 같은 곳에서 일하게 한 것만으로도 훨씬 효율적으로 일하게 되었다는 이야기를 여러 번 들었다.

떨어져서 일할 때의 대안

1990년대, 인터넷 덕분에 노동 임금이 훨씬 낮은 나라에서 프로그래밍 인력을 대규모로 채용할 수 있게 되었다. 저임금 인력의 유혹은 너무나 강렬했다. 회계팀은 계산기를 두드려 보고는 숫자 차이에 눈이 휘둥그레졌다. 그만큼 비용을 절약할 수 있으리라 믿은 것이다.

하지만 그 꿈은 생각만큼 잘 실현되지 않았다. 메가비트 단위의 소스 코드를 세계 이곳저곳으로 보내는 능력만으로는 같은 곳에서 일하는 고객과 프로그래머 팀만큼 성과를 내기 힘들었다. 물리적인 거리와 시차, 언어 장벽, 문화의 차이는 여전히 큰 문제였다. 의사소통 오류가 만연했다. 품질은 형편없었고, 처음부터 다시 작업해야 하는 경우가 허다했다.[13]

그 이후로도 기술은 어느 정도 발전했다. 전송 속도가 빨라져서 화상 회의나 스크린 공유를 일상적으로 할 수 있게 되었다. 지구 반대편에 앉아 있는 개발자와 짝 프로그래밍으로 같은 코드를 고칠 수도 있다. 거의 바로 옆에 앉아있는 것처럼 말이다. 거의. 물론 이런 기술의 발전이 시차나 언어 문제, 문화의 차이를 해결해 주지는 못한다. 하지만 화상으로 얼굴을 보며 코딩을 하는 것이 이메일로 소스 코드를 주고받는 것보다는 훨씬 낫다.

이런 식으로 애자일팀이 잘 굴러갈까? 가능하다는 이야기를 듣기는 했지

---

13 이 부분은 동일한 문제를 직접 경험한 사람들과 이야기한 후 내 느낌을 적은 것이다. 실제로 근거가 되는 데이터는 없으니, 책임은 못 지겠다.

만, 성공적으로 운영되는 것을 본 적은 없다. 어딘가에는 있겠지만 말이다.

집에서 원격 근무하기

인터넷 속도가 빨라지면서, 집에서 일하기도 훨씬 쉬워졌다. 이런 경우에는 언어나 시간대, 문화로 인한 문제가 없다. 패킷이 바다를 건너는 동안 생기는 지연도 없으니 더 좋다. 팀 회의도 거의 같은 곳에서 하는 것 같이 느껴지고, 각자의 생활 리듬에 맞추어 회의를 잡을 수도 있다.

오해하지 말기를 바란다. 팀 동료가 집에서 일하면, 비언어적 의사소통에서 손해를 보는 부분이 분명 있다. 우연히 생기는 대화도 훨씬 줄어든다. 팀이 가상 세계에서 얼마나 연결되어 있든지 간에, 같은 공간에 함께 있는 것은 아니다. 그래서 집에서 일하는 사람은 분명히 불리한 점이 있다. 예를 들어, 집에서 일하는 사람이 놓치는 대화나 즉각적인 회의가 늘 생기기 마련이다. 인터넷 대역폭이 아무리 넓어도, 같은 곳에서 일하는 사람끼리 하는 의사소통에 비할 바는 아니다.

팀 대부분이 같은 곳에서 일하고, 구성원 중 한두 명만 일주일에 하루나 이틀 정도 집에서 일하는 것이라면, 특별히 거추장스러운 점을 느끼지 못할 수도 있다. 특히 빠르고 편리한 원격 통신 도구를 갖추고 있다면 말이다.

반면에 대부분의 시간 동안 집에서 일하는 사람으로만 구성된 팀이라면, 같은 곳에서 일하는 팀보다는 못할 수밖에 없다.

오해하지 말기를 바란다. 90년대 초반, 나는 내 동업자인 짐 뉴커크와 함께 뿔뿔이 흩어져 있는 팀을 성공적으로 관리한 적이 있다. 모든 사람이 집에서 일했다. 우리가 실제로 만나는 것은 1년에 최대 두 번 정도였고, 몇몇은 아예 시간대가 다른 곳에 살았다. 하지만 우리는 모두가 같은 언어를 사용했고, 같은 문화적 배경을 가졌으며, 시차는 모두 두 시간 이내였다. 그래서 해낼 수 있었다. 우리는 잘 해냈다. 하지만 우리가 모두 같은 방에서 일할 수 있었다면, 훨씬 더 잘 해낼 수 있었을 것이다.

결론

2001년 스노버드 회의 때였다. 켄트 벡은 사업 부서와 개발 부서 사이의 불화를 치유하는 것이 우리의 목표 중 하나라고 말했다. 이 목표를 달성하는데 비즈니스 실천 방법이 큰 역할을 할 것이다. 이 실천 방법들을 따르면 사업 부서와 개발 부서가 단순하고 명확하게 의사소통할 수 있다. 이런 의사소통이 신뢰를 낳는다.

4장

팀 실천 방법

* 삽화 설명: 럭비의 스크럼(Scrum) 장면. 스크럼이란 럭비에서 선수들이 어깨를 맞대고 힘 싸움을 펼쳐서 공을 얻어내기 위해 갖추는 형태를 말한다. 스크럼은 럭비 전술 운용 중 가장 기본이 되는 동작으로 팀 전력과도 직결되는 중요한 기술이다. 팀 협동의 중요성을 강조하기 위해서 스크럼이란 이름을 가져왔다.

론 제프리즈의 삶의 순환 그림에서 가운데 고리는 애자일의 팀 실천 방법을 담고 있다. 팀 실천 방법은 팀 구성원 사이의 관계, 그리고 팀원과 팀이 만드는 제품 사이의 관계를 다룬다. 그중에 이번 장에서 논의할 실천 방법은 메타포, 지속 가능한 속도, 공동 소유, 지속적 통합이다.

그다음 이른바 스탠드업 미팅에 대해서 잠깐 이야기하겠다.

메타포

애자일 선언 전후 수년간 메타포Metaphor 실천 방법은 좀 당혹스러운 주제였다. 대체 어떻게 설명해야 할지를 몰랐기 때문이었다. 중요하다는 것은 알았고, 몇 가지 성공 사례도 들 수 있었지만, 정확한 뜻을 효과적으로 표현할 수가 없었다. 강연이나 강의, 수업을 할 때마다 우리는 "경험해 보면 알 수 있을 거예요"라고 말하고 빠져나가기 바빴다.

기본적인 아이디어는 이렇다. 팀 내에서 효과적으로 의사소통을 하려면, 개념을 나타내는 어휘와 용어를 명확하게 정의하여 일관되게 사용해야 한다는 것이다. 프로젝트를 팀원 모두가 잘 아는 무언가에 비유하는 일이기 때문에 켄트 벡은 이 실천 방법에 메타포라는 이름을 붙였다.

켄트 벡이 늘 예로 들었던 것은 크라이슬러 급여 프로젝트[1]에 사용한 메타포였다. 벡은 급여 계산을 공장 조립 라인에 비유했다. 급여를 작업대에서 작업대로 움직이면서 '부품'을 더한다. 백지 상태의 급여 명세서가 신원 확인 작업대로 이동하면 직원의 신원 정보가 더해진다. 그리고 지급 작업대로 이동하면 총 지급액이 더해진다. 다음으로는 소득세 작업대로 가고, 그다음에는 건강보험 작업대를 거치고, 고용보험 작업대를 거치고…… 감 잡았나?

프로그래머와 고객 모두 급여 계산 과정에 이 메타포를 쉽게 적용할 수 있다. 시스템에 관해서 논의할 때 활용할 수 있는 어휘도 생겨난다.

---

1 *https://en.wikipedia.org/wiki/Chrysler_Comprehensive_Compensation_System.*

하지만 메타포를 잘못 쓰는 경우가 많다.

예를 들어 보자. 80년대 말, 나는 T1 통신 네트워크[2]의 품질을 측정하는 프로젝트에서 일했다. 우리는 각 T1 라인의 종단점에서 에러 수를 다운로드했는데, 이 에러 수는 30분 단위로 나누어 측정했다. 우리는 이 30분 단위 조각 데이터를 요리가 필요한 날것의 데이터라고 생각했다. 조각을 요리하려면 뭐가 필요할까? 토스터가 필요하다. 이렇게 빵 메타포가 탄생했다. 조각뿐 아니라 빵 덩어리, 빵 부스러기 등도 있었다.

프로그래머들은 이 어휘들을 잘 이해했다. 대화할 때 날것 조각, 구운 조각, 빵 덩어리 같은 표현을 잘 구사했다. 하지만 이 대화를 들은 관리자와 고객은 절레절레 고개를 저으며 방을 빠져나갔다. 그들은 이런 비유를 전혀 이해하지 못했기 때문이었다.

더 나쁜 사례도 있다. 70년대 초, 나는 응용 프로그램을 한정된 메모리 공간에 올렸다 내렸다 하는 시분할 시스템을 만들고 있었다. 응용 프로그램은 메모리에 올라가 작동하면서 문서를 느린 텔레타이프[3]로 보내기 위해 별도의 버퍼를 사용했다. 버퍼가 가득 차면 응용 프로그램은 유휴 상태가 되고 응용 프로그램이 사용하던 메모리는 디스크로 내려간다. 그리고 텔레타이프는 계속해서 버퍼의 문서를 처리한다. 우리는 이 버퍼를 쓰레기차라고 불렀다. 쓰레기차는 쓰레기 생산자와 하치장을 왕복했다.

기발한 아이디어라고 생각했다. 쓰레기라는 메타포 덕분에 킥킥대기도 했다. 사실 우리 고객을 쓰레기 가게라고 부르는 꼴이었다. 우리끼리의 의사소통에는 효과적인 메타포였지만, 우리에게 돈을 내는 사람에게는 무례한 일이었다. 우리는 메타포를 철저히 비밀에 부쳤다.

위 예시에서 메타포의 장단점을 모두 볼 수 있다. 메타포는 어휘를 만들

---

2 (옮긴이) T1은 통신 전용선 중 한 종류다. 최고 1.544Mbps의 속도로 데이터를 전송할 수 있다.
3 (옮긴이) 전신 타자기라고도 부른다. 원래는 모스 부호를 대체하기 위해 통신 용도로 개발되었으나, 모니터가 보급되기 이전에는 컴퓨터 출력장치로도 사용되었다.

어 주어 팀 내 의사소통을 효율적으로 만든다. 반면에 고객을 모욕하는 어리석은 메타포도 있을 수 있다.

도메인 주도 설계

에릭 에반스_{Eric Evans}는 그의 획기적인 책 《Domain-Driven Design: Tackling Complexity in the Heart of Software》[4]에서 메타포 문제를 해결했다. 마침내 우리도 그간의 당혹감을 씻을 수 있었다. 이 책에서 에릭은 유비쿼터스 언어_{Ubiquitous Language}라는 표현을 제안했는데, 사실 메타포보다 이 실천 방법에 더 어울리는 이름이다. 도메인 주도 설계에서는 해결하려는 문제 도메인의 모델을 모든 사람이 동의하는 어휘로 표현해야 한다. 여기서 모든 사람은 프로그래머, QA, 관리자, 고객, 사용자를 모두 포함한다.

1970년대에 톰 드마르코_{Tom DeMarco}는 이런 모델을 데이터 사전_{Data Dictionary}이라고 불렀다.[5] 데이터 사전에는 응용 프로그램이 다루는 데이터와 응용 프로그램이 데이터를 다루는 절차를 간단하게 기술한다. 에반스는 이 아이디어를 가져다 도메인 모델을 만드는 규칙으로 발전시켰다. 드마르코와 에반스 둘 다 이 도메인 모델을 이해관계자 모두가 의사소통하는 도구로 삼았다.

간단한 예를 들어 보자. 나는 최근에 '우주 전쟁'이라는 비디오 게임을 만들었다. 우주선, 클링온, 로뮬런,[6] 발사, 명중, 폭발, 기지, 수송 같은 데이터 요소가 있었다. 나는 개념들을 각각의 모듈로 잘 분리하고, 응용 프로그램 전체를 통틀어 이름이 겹치지 않도록 주의했다. 이런 이름들이 나의 유비쿼터스 언어였다.

유비쿼터스 언어는 프로젝트의 모든 곳에서 쓰인다. 사업 부서에서도 사

---

4 Evans, E. 2003. *Domain-Driven Design: Tackling Complexity in the Heart of Software*. Boston, MA: Addison-Wesley. (옮긴이) 번역서는 《도메인 주도 설계》(위키북스, 2011)이다.

5 DeMarco, T. 1979. *Structured Analysis and System Specification*. Upper Saddle River, NJ: Yourdon Press.

6 (옮긴이) 클링온과 로뮬런은 〈스타트렉〉에 등장하는 외계 종족이다.

용하고, 개발자도 사용한다. QA도, 운영팀이나 데브옵스DevOps도 사용한다. 심지어는 고객도 유비쿼터스 언어 중 적절한 것을 사용할 수 있다. 유비쿼터스 언어는 경영 사례에도 쓰일 수 있고, 요구 사항이나 설계, 아키텍처, 인수 테스트에도 쓰일 수 있다. 프로젝트의 모든 단계에 걸쳐서 사용되어, 전체 프로젝트를 일관성 있게 연결한다.[7]

지속 가능한 속도

"발이 빠르다고 경주에 우승하는 것도 아니고……"

- 전도서 9:11

"……그러나 끝까지 견디는 자는 구원을 얻으리라."

- 마태오의 복음서 24:13

일곱째 날, 하느님께서는 쉬셨다. 하느님께서는 나중에 일곱째 날 쉬라는 계명도 만드셨다. 하느님마저도 지속 가능한 속도로 일하셔야 했던 것이 분명하다.

70년대 초, 나는 파릇파릇한 18살이었다. 나는 고등학교 친구와 함께 엄청나게 중요한 프로젝트에 신입 프로그래머로 채용되었다. 우리 관리자는 마감 날짜를 잡았다. 마감 날짜는 절대적이었다. 우리가 하는 일은 중요했다! 우리는 조직을 움직이는 핵심 톱니바퀴였다. 우리는 중요했다!

18살이라 참 좋다. 그렇지 않은가?

이제 막 고등학교를 졸업한 우리는 전력을 다해 일했다. 우리는 일하고,

---

7 "그것은 생명체에서 발산되는 에너지장으로서, 인류를 둘러싸고는 은하계를 통합하지." 조지 루카스. 1979. 스타워즈: 에피소드 IV - 새로운 희망. 루카스필름. (옮긴이) 스타워즈의 포스와 같이 유비쿼터스 언어가 전체 프로젝트를 이어 준다는 뜻이다.

일하고 또 일하며 몇 달, 몇 달 또 몇 달을 보냈다. 평균 1주일에 60시간 넘게 일했다. 너무 몰두한 나머지 80시간을 넘기는 주도 있었다. 수십 번이나 밤을 새웠다.

우리는 야근하는 것이 자랑스러웠다. 우리는 진짜 프로그래머였다. 우리는 헌신했다. 우리의 가치는 높았다. 중요한 프로젝트를 우리 힘만으로 살려내고 있었으니까 말이다. 우리는 프로그래머였다.

그리고 나서 우리는 완전히 나가떨어졌다. 너무나 지친 나머지 한꺼번에 퇴사해 버렸다. 우리는 뛰쳐나왔고, 회사에는 간신히 작동하는 시분할 시스템만 덩그러니 남았다. 업무를 인계받을 만한 프로그래머도 없이 말이다. 잘들 해 보라지!

18살이고, 화도 내고, 참 좋다. 그렇지 않은가?

걱정하지 않아도 된다. 회사는 그럭저럭 헤쳐나갔다. 알고 보니 우리 말고도 능력 있는 프로그래머들이 있었다. 주당 40시간씩 신중하게 일하는 사람들이었다. 우리끼리 미친 듯이 코딩을 하던 늦은 밤에 헌신적이지 않고 게으르다고 우리가 욕했던 사람들이었다. 그들은 우리가 던져버린 고삐를 조용히 다시 주워 들고 시스템을 괜찮게 운영했다. 아마 시끄럽고 화를 내는 애들이 사라져 버려서 기뻤을 것이다.

초과 근무

과연 내가 이 경험에서 교훈을 얻었을까? 물론 그러지 못했다. 그 이후로도 20년 넘게 고용주를 위해 긴 시간 동안 일했다. 나는 계속해서 중요한 프로젝트라는 미끼를 물었다. 아, 물론 18살 시절처럼 미친 듯이 일하지는 않았다. 평균 근무 시간은 주당 50시간 정도로 떨어졌고, 밤샘은 거의 하지 않게 되었다. 앞으로 나오겠지만 밤샘을 전혀 안 할 수는 없었다.

철이 들면서 가장 말도 안 되는 실수를 하는 때는 늦은 밤 정신없이 일하는 도중이라는 것을 깨달았다. 밤에 저지른 실수를 만회하느라 진짜 제정신인 시간을 계속해서 써야만 했다.

그러다가 이런 내 모습을 되돌아보게 되는 사건이 벌어졌다. 나는 장래 내 동업자가 될 짐 뉴커크와 함께 밤을 새우고 있었다. 새벽 2시 즈음, 우리는 조그만 데이터를 시스템의 실행 계층 중 낮은 부분에서 훨씬 높은 부분으로 어떻게 보낼지 고민하고 있었다. 스택을 따라 함수의 반환값으로 전달할 수는 없었다.

우리가 만든 제품 내부에는 '메일' 전달 시스템이 있었는데, 다른 프로세스와 정보를 주고받을 때 사용하는 것이었다. 핏줄을 타고 카페인이 흐르고 몸의 모든 신경이 최고조에 달하던 새벽 2시, 우리는 깨달았다. 프로세스의 낮은 부분에서 메일로 자신에게 데이터를 보내면, 높은 부분에서 메일을 읽을 수 있을 것이었다.

30년이 넘게 흐른 요즘에도 짐과 나는 누군가가 잘못된 결정을 했을 때 이렇게 이야기하곤 한다. "아이고, 이 사람들 자기 자신한테 메일을 보냈네."

왜 이 결정이 잘못되었는지 끔찍하고 구체적인 세부 사항을 지루하게 설명하지는 않겠다. 결과적으로 우리가 절약한다고 생각했던 시간보다 훨씬 더 많은 시간을 추가로 써야 했다는 점만 밝혀 두겠다. 물론 자기 자신에게 메일을 보내는 기능은 너무 깊게 뿌리를 내려서 되돌릴 수 없게 되어 버렸다. 그래서 계속해서 사용할 수밖에 없었다.[8]

마라톤

이 사건을 계기로 나는 소프트웨어 프로젝트가 단거리 경주가 아니라 마라톤이라는 것을 배웠다. 좋은 성적을 내려면 자신에게 맞는 속도를 찾아야 한다. 무리에서 뛰쳐나와 전력 질주를 한다면, 결승선을 통과하기 전에 에너지가 바닥나 버릴 것이다.

---

8 이 일은 내가 TDD를 배우기 10년쯤 전에 일어났다. 짐과 내가 TDD를 사용하고 있었다면, 훨씬 쉽게 이 부분을 들어낼 수 있었을 것이다.

그러니 장기간 유지할 수 있는 속도로 달려야 한다. 지속 가능한 속도로 달려야 한다. 지속 가능한 속도보다 더 빠르게 달려 버린다면, 결승선을 통과하기 전에 속도를 늦추고 쉬어야 하는 때가 올 것이다. 결과적으로는 평균 속도가 지속 가능한 속도보다 더 느려진다. 결승선이 눈앞에 있을 때 만약 에너지에 약간의 여유가 있다면, 더 힘을 내서 달릴 수도 있다. 하지만 그 전에 전력 질주를 해서는 안 된다.

관리자가 당신에게 무리하게 더 빨리 달리라고 할 수도 있다. 그 말을 따르면 안 된다. 끝까지 일할 수 있도록 당신 자신을 관리하는 일은 당신의 몫이다.

헌신

고용주에게 당신이 얼마나 헌신적인지 보여 주고 싶을 때, 야근은 좋은 방법이 아니다. 야근이 증명하는 것은 당신이 계획을 잘못 세운다는 것, 동의하지 않았어야 하는 일정에 동의했다는 것, 하지 말았어야 하는 약속을 해 버렸다는 것, 전문가가 아니라 다루기 쉬운 초보자라는 것뿐이다.

모든 야근이 나쁘다는 것은 아니다. 절대 야근을 하면 안 된다는 것도 아니다. 어쩔 수 없이 야근을 해야만 하는 이유가 있을 때도 있다. 하지만 아주 드문 일이어야 한다. 그리고 야근을 함으로써 전체 일정은 오히려 더 늦어질 가능성이 크다는 것을 잘 알고 있어야 한다.

수십 년 전 짐과 새운 밤이 나의 마지막 밤샘은 아니었다. 그 후로 딱 한 번 더 밤을 새운 적이 있다. 이때는 어쩔 수 없이 밤을 새워야 하는 이유가 있었다.

1995년이었다. 내 첫 번째 책을 인쇄소에 보내기 하루 전날이었고, 나는 최종본 만들기에 매진하고 있었다. 오후 6시쯤 모든 작업을 끝냈다. 이제 파일을 출판사 FTP 서버[9]에 올리기만 하면 되었다.

---

9 (옮긴이) FTP는 File Transfer Protocol의 약자로, 주로 대용량 파일 전송을 위해 사용한다.

바로 그때, 정말 우연한 실수로 책에 실린 수백 개의 그림 해상도를 두 배로 만들어 버리고 말았다. 그 당시 짐과 제니퍼가 함께 최종본을 만들고 있었는데, 막 FTP 프로그램을 실행시키려던 참에 내가 해상도가 확 높아진 그림을 보여 주었다.

우리는 서로를 멍하니 쳐다보다가, 깊은 한숨을 내쉬었다. 그러고는 짐이 말했다. "전부 다시 해야겠네." 질문이 아니었다. 그냥 현실을 이야기한 것이었다. 우리 셋은 서로를 쳐다보고는, 시계를 본 다음, 다시 서로를 쳐다보았다. 그러고는 다시 소매를 걷어붙이고 일을 시작했다.

하지만 밤샘 끝에 일을 마쳤을 때 일은 정말로 끝났다. 파일을 보냈고, 우리는 잠을 청했다.

잠

프로그래머의 삶을 구성하는 성분 중 가장 소중한 것은 바로 충분한 수면이다. 나는 보통 7시간은 자야 한다. 하루나 이틀 정도는 6시간만 자도 괜찮다. 하지만 이보다 적게 자면 나의 생산성은 뚝 떨어진다. 자신의 몸이 몇 시간을 자야 하는지 잘 파악하고, 이 시간을 확보해야 한다. 잠에 투자한 시간은 그 이상을 보답할 것이다. 내 경험상 잠이 한 시간 부족하면 낮에 대략 두 시간은 날리게 된다. 잠이 두 시간 부족하면 낮에 여섯 시간은 날리게 된다. 잠이 세 시간 부족하면 당연히 생산적인 일을 아예 못하게 된다.

공동 소유

애자일 프로젝트에서는 아무도 코드를 소유하지 않는다. 코드는 전체 팀이 소유한다. 팀 구성원 누구나, 언제든지, 프로젝트의 어느 모듈이든 체크아웃해서 개선할 수 있다. 팀 전체가 코드를 공동으로 소유한다.

나는 공동 소유Collective Ownership를 경력 초기에 테라다인에서 일할 때 배웠다. 우리가 개발하는 시스템을 구현하는 코드 5만여 줄은 수백 개의 모듈로 나뉘어 있었다. 팀의 누구도 특정 모듈을 소유하지 않았다. 구성원 전부가 모든 모듈을 공부하고 개선하기 위해 노력했다. 물론 누군가는 다른 사람보다 특정 모듈에 더 익숙하긴 했다. 하지만 우리는 경험을 집중시키지 않고 퍼트리기 위해 애썼다.

우리가 개발하는 시스템은 원시적인 분산 네트워크였다. 중앙 컴퓨터는 미국 전역에 분산되어 있는 수십 개의 위성 컴퓨터와 통신했다. 통신은 300 보$_\text{baud}$[10] 모뎀 선을 통해 이루어졌다. 하지만 중앙 컴퓨터 담당 개발자와 위성 컴퓨터 담당 개발자로 조직이 나뉘어 있지 않았다. 모든 사람이 두 컴퓨터의 소프트웨어를 함께 개발했다.

두 컴퓨터는 시스템 구조가 많이 달랐다. 한 컴퓨터는 워드가 18비트라는 점만 빼고는 PDP-8과 비슷했다. 256K 램이 장착되어 있었고, 마그네틱 테이프 카트리지로 프로그램을 로드했다. 다른 컴퓨터는 8085 8비트 마이크로프로세서와 32K 램, 32K 롬을 장착하고 있었다.

우리는 어셈블리어로 프로그램을 만들었는데, 두 컴퓨터는 어셈블리어 문법이 많이 달랐고, 개발 환경도 매우 달랐다. 하지만 우리 모두는 두 환경에 똑같이 익숙했다.

공동 소유가 당신이 전문성을 더 키울 수 없다는 뜻은 아니다. 시스템이 복잡해질수록 반드시 전문성이 필요해진다. 시스템 전체에 걸쳐서 온갖 세부 사항을 모두 파악하기 힘든 시스템도 있다. 하지만 전문성을 키우면서도 넓게 알아야 한다. 전문성을 발휘할 수 있는 업무와 그 외 분야의 코드에 대한 업무를 두루 맡아야 한다. 언제나 잘하는 영역을 벗어나서 일할 수 있어야 한다.

공동 소유를 실천하면, 지식이 팀 전체에 퍼진다. 팀 구성원 모두가 모듈

---

10 (옮긴이) 정보 전달 속도의 단위로, 디지털 시스템에서 1보는 1초에 1비트를 보내는 속도다.

사이의 경계나 전반적인 시스템 동작을 더 잘 이해하게 된다. 그 결과, 팀 내 의사소통이 훨씬 원활하게 이루어지고, 더 좋은 결정을 내릴 수 있게 된다.

짧지 않은 내 경력 동안 공동 소유의 정반대를 실천하는 회사를 몇몇 보았다. 프로그래머가 제각각 모듈을 소유하고, 다른 사람은 건드릴 수 없는 조직이었다. 이런 조직은 완전히 망가져서 서로를 오해하고 비난하느라 바빴다. 담당자가 자리를 비우면 해당 모듈의 작업은 모두 멈췄다. 다른 사람이 소유한 모듈은 감히 작업할 엄두도 내지 못했다.

엑스 파일

그중에서도 고급 프린터를 만드는 X 회사는 아주 엉망이었다. 1990년대, X는 압도적 지위를 유지하고 있는 하드웨어 시장으로부터 하드웨어와 소프트웨어를 통합한 시장으로 눈을 돌리고 있었다. 기계 내부 동작을 소프트웨어로 제어할 수 있다면, 제작 단가를 많이 낮출 수 있기 때문이었다.

하지만 하드웨어를 중시하는 성향이 워낙 깊이 뿌리를 내리고 있었다. 급기야는 소프트웨어 그룹을 하드웨어와 동일한 방식으로 모두 쪼개 버렸다. 하드웨어팀은 부품별로 나뉘어 있었는데, 급지팀, 인쇄팀, 적재팀, 스테이플러팀 등으로 나뉘었다. 소프트웨어팀도 똑같이 부품별로 나뉘었다. 한 팀은 급지 제어 소프트웨어를 만들고, 다른 팀은 스테이플러용 소프트웨어를 만드는 식이었다.

X 사는 담당하는 부품에 따라 계급이 결정되는 계급사회였다. X는 프린터 회사였으니, 인쇄 부품 담당의 계급이 제일 높았다. 인쇄 부품을 담당하는 하드웨어 엔지니어가 되려면 여러 차례 승진해야 했다. 스테이플러 담당은 아무도 거들떠보지 않았다.

황당하게도 동일한 계급이 소프트웨어팀에도 있었다. 적재 제어 코드를 작성하는 개발자는 영향력이 거의 없었다. 반면에, 인쇄 담당 개발자가 회의에서 말을 하면 모두가 귀를 쫑긋하고 들었다. 이런 정치적 구분 때문에 아무도 코드를 공유하지 않았다. 인쇄팀이 갖는 권위의 핵심은 인쇄 코드에 있었다. 그래서 인쇄 코드를 꼭꼭 숨겨 놓았다. 인쇄팀이 아니면 아무도 코드를 볼 수 없었다.

이로 인해 생기는 문제는 수없이 많았다. 사용해야 하는 코드를 열어볼 수 없으니 당연히 의사소통이 불편했다. 당연히 서로에 대한 비난과 험담이 뒤따랐다.

더 나쁜 것은 완전히 똑같은 코드의 중복이 말도 안 될 정도로 많았다. 소프트웨어를 만들다 보니, 급지나 인쇄, 적재, 스테이플러의 제어 소프트웨어는 서로 그렇게 다르지 않았다. 외부 입력과 내부 센서 측정값을 기반으로 모터나 릴레이, 솔레노이드, 클러치를 제어해야 하는 건 모두가 똑같았다. 각 모듈의 기본적인 내부 구조도 모두 동일했다. 하지만 정치적인 안전장치 때문에 모든 팀이 제각각 바퀴를 재발명해야 했다.

더 중요한 것은 하드웨어 부품에 따라 소프트웨어팀을 나눈다는 발상 자체가 황당했다는 것이다. 급지 소프트웨어가 인쇄 소프트웨어와 서로 독립적일 이유가 없었다.

사람들의 불안감과 적대적이고 가식적인 태도 말고도 인적 자원의 낭비 때문에 매우 불편한 분위기가 만들어졌다. 나는 이런 분위기가 X가 몰락하는 데에 많은 영향을 주었다고 생각한다. 최소한 어느 정도 역할은 했을 것이다.

지속적 통합

애자일 초기에는 지속적 통합Continuous Integration이 한두 시간에 한 번 정도 소스 코드를 체크인하고, 주 브랜치에 머지merge한다는 뜻이었다.[11] 모든 단위

---

11 Beck, K. 2000. *Extreme Programming Explained: Embrace Change*. Boston, MA: Addison-Wesley, p. 97. (옮긴이) 《익스트림 프로그래밍: 변화를 포용하라》(인사이트, 2006)의 90쪽을 참고하기 바란다.

테스트와 인수 테스트는 계속 통과해야 한다. 기능 브랜치가 통합되지 않은 채 남아 있어서는 안 된다. 배포할 때 동작하면 안 되는 기능은 토글[12]로 비활성화시켜야 한다.

2000년에 열린 XP 이머전 수업 도중 한 학생이 전형적인 함정에 빠졌다. XP 이머전 수업은 매우 강도 높게 진행되었는데, 애자일의 전체 과정을 압축해서 반복 주기 길이를 하루로 바꾸어 진행했다. 지속적 통합 주기는 15~30분 정도로 줄어들었다.

문제의 학생은 여섯 명의 개발자로 이루어진 팀에 있었는데, 다른 다섯 명이 그 학생보다 코드를 더 자주 체크인하고 있었다. (문제 학생은 왜인지 짝 프로그래밍도 하지 않고 있었다. 거참!) 안타깝게도 이 학생은 한 시간이 넘도록 코드를 통합하지 않았다.

마침내 코드를 체크인하고 변경 사항을 통합하려고 하자, 그동안 바뀐 부분이 너무 많아서 머지하는 데 시간을 한참 쏟아야 했다. 물론 힘든 머지를 하는 도중에도 다른 학생들은 15분 단위로 계속 체크인을 해 나갔다. 문제 학생이 드디어 머지를 마치고 다시 체크인을 시도했을 때는, 머지해야 하는 새로운 변경 사항이 이미 쌓여있었다.

그는 좌절한 나머지 수업 중간에 벌떡 일어서더니, "XP는 안 돼"라고 크게 외쳤다. 그러고는 화를 씩씩 내며 교실을 떠나 호텔 바 쪽으로 가 버렸다.

이때 기적이 일어났다. 그가 거부했던 짝 프로그래밍 파트너가 그를 설득하기 위해 쫓아갔다. 남은 두 쌍의 학생은 남은 일의 우선순위를 재조정하여 머지를 끝내고, 다시 프로젝트를 본궤도로 되돌렸다. 30분 후, 문제 학생이 한결 차분해진 모습으로 돌아왔다. 그러고는 사과를 하고 다시 일을 시작했다. 이번에는 짝 프로그래밍에도 참여했다. 결국, 이 문제 학생은 열렬한 애자일 개발 전도사가 되었다.

---

12 (옮긴이) '기능(feature) 토글', '기능 플래그'라고도 하는데, 여러 가지 기능을 쉽게 켜거나 끌 수 있도록 구현하는 기법을 말한다.

이 이야기의 핵심은 지속적 통합은 통합을 지속적으로 할 때만 제대로 동작한다는 것이다.

지속적 빌드의 등장

2001년 소트웍스는 상황을 혁신적으로 바꾸었다. 최초의 지속적 빌드 도구인 크루즈컨트롤Cruise Control[13]을 만든 것이다. 2001년 XP 이머전에서 마이크 투Mike Two[14]가 밤 늦게 했던 크루즈컨트롤 강연이 기억난다. 녹화해 놓지는 않았지만, 다음과 같은 이야기였다.

> 크루즈컨트롤을 쓰면 체크인 시간을 몇 분으로 줄일 수 있습니다. 변경 사항이 아무리 사소하더라도 빠르게 주 브랜치에 통합시킵니다. 크루즈컨트롤은 소스 코드 관리 시스템을 지켜보다가 변경 사항이 체크인될 때마다 빌드를 시작합니다. 크루즈컨트롤은 빌드 과정에서 시스템의 자동화된 테스트 대부분을 실행시키고, 테스트 결과를 팀원 모두에게 이메일로 알려 줍니다.
>
> "밥이 빌드를 깨 먹음."
>
> 빌드를 깨 먹는 사람이 지켜야 하는 간단한 규칙을 하나 만들었습니다. 빌드를 깨 먹은 날에는 "빌드를 깨 먹었어요"라고 적혀 있는 티셔츠를 입어야 합니다. 참고로 이 티셔츠는 절대 빨지 않습니다.

그 이후로 많은 지속적 빌드 도구가 나왔다. 젠킨스Jenkins(아니 허드슨 Hudson[15]인가?), 뱀부Bamboo, 팀시티TeamCity 등이 있다. 이런 빌드 도구를 사용하면 통합 사이의 시간 간격을 최소로 줄일 수 있다. 켄트가 처음 주장한 '한두 시간'은 '몇 분'으로 바뀌었다. '지속적 통합'은 '지속적 체크인'이 되었다.

---

13 *https://en.wikipedia.org/wiki/CruiseControl*
14 *http://wiki.c2.com/?MikeTwo*
15 (옮긴이) 허드슨의 상업화 움직임에 대한 반발로 2011년 젠킨스가 갈라져 나왔다. 이후 젠킨스가 더 널리 쓰이게 되었고, 허드슨은 2017년 개발이 중단되었다.

지속적 빌드 원칙

지속적 빌드는 절대 깨지지 않아야 한다. 프로그래머는 마이크 투의 더러운 셔츠를 입지 않기 위해서라도, 체크인 전에 모든 인수 테스트와 단위 테스트를 수행해 봐야 한다. 당연하다! 만약 빌드가 깨졌다면, 굉장히 놀라운 일이 일어난 것이다.

마이크 투도 자신의 강의에서 이 문제에 대한 이야기를 들려 주었다. 마이크는 회사에서 눈에 띄는 곳에 달력을 하나 붙여놓았는데, 하루당 네모 칸이 하나씩 있는 큰 1년짜리 달력이었다.

한 번이라도 빌드가 실패한 날에는 네모 칸에 빨간색 점을 칠하고, 반대로 빌드가 한 번도 실패하지 않은 날은 초록색 점을 칠했다. 이 단순한 시각적 요소만으로, 한두 달 만에 빨간색이 대부분이던 달력이 초록색이 대부분인 달력으로 바뀌었다.

윤전기를 멈춰

다시 한번 말하지만, 지속적 빌드는 절대 깨지지 않아야 한다. 깨진 빌드는 윤전기를 멈춰야 하는 사건이다.[16] 사이렌이 울리면 좋겠다. CEO 사무실에 커다란 경광등이 켜져도 좋겠다. 깨진 빌드는 대박 큰 사건이다. 모든 프로그래머가 하던 일을 멈추고 빌드를 살펴보아야 한다. 그래서 다시 통과하게 만들어야 한다. 팀의 슬로건을 '빌드는 절대 깨지지 않는다'로 만들어야 한다.

속임수를 쓴 대가

마감 일정의 압박이 심해지면 지속적 빌드를 깨진 채로 방치하는 팀이 더러 있다. 이건 자살 행위다. 지속적 빌드 서버에서 쏟아지는 실패 메일에 지친

---

16 (옮긴이) 신문을 인쇄하는 도중 새로운 소식이 전해지는 경우, 신문을 인쇄하는 윤전기를 빨리 멈추고 신문의 내용을 수정해야 한다는 데서 유래한 표현이다.

나머지 실패하는 테스트를 아예 **빼버린다**. '나중에' 다시 추가하고 고칠 거라고 다짐했을 것이다.

덕분에 빌드 서버가 다시 성공 메일을 보내기 시작하고, 모두 안도의 한숨을 내쉴 것이다. 빌드가 통과했다. 그리고 '나중에' 고치기로 하고 치워둔 실패하던 테스트 무더기는 모두가 잊어버린다. 결국 망가져 있는 시스템이 배포된다.

스탠드업 미팅

'일일 스크럼'이나 '스탠드업 미팅'에 대한 많은 오해가 수년간 이어져 왔다. 자, 내가 모든 오해를 풀어 주겠다.

진짜 스탠드업 미팅이란 이런 것이다.

- 미팅 참석은 필수가 아니다. 대부분의 팀에서는 한 명쯤 빠져도 된다.
- 꼭 매일 할 필요는 없다. 각 팀에 맞는 일정을 잡으면 된다.
- 10분이 넘게 걸리면 안 된다. 팀이 크더라도 말이다.
- 회의는 다음과 같이 단순한 방식으로 진행한다.

기본적으로 팀 구성원이 둥글게 둘러서서,[17] 세 가지 질문에 대한 답을 하는 것이다.

1. 지난 스탠드업 미팅 이후 무엇을 했는가?
2. 다음 스탠드업 미팅까지 무엇을 할 것인가?
3. 어떤 장애물이 있는가?

이게 전부다. 토론은 없다. 꾸미는 것도 없다. 자세한 설명도 없다. 추운 집이나 어두운 생각도 없다. 진과 조앤, 누가 누구를 아는지에 대한 불평도 없

---

17 그래서 일어서 있다는 뜻의 '스탠드업' 미팅이라고 부른다.

다.[18] 모든 사람이 30초 정도 안에 세 가지 질문에 대한 답을 해야 한다. 그리고 스탠드업 미팅이 끝나면 다시 일을 시작한다. 끝. 완료. 이해했나요?

스탠드업 미팅에 대해 더 알고 싶다면 위키백과를 참고하기 바란다 (*https://en.wikipedia.org/wiki/Stand-up_meeting*).

돼지인가? 닭인가?

여기에서 돼지와 닭의 햄과 달걀 이야기를 구구절절 읊지는 않겠다. 궁금하면 아래[19]의 주소에서 읽어보기 바란다. 핵심은 스탠드업 미팅에서는 개발자만 말해야 한다는 것이다. 관리자나 다른 사람은 들을 수는 있지만 끼어들어서는 안 된다.

하지만 내 생각에는 모든 사람이 똑같이 세 가지 질문에 대답하는 형식을 따르고 10분 이내로만 끝난다면, 누가 말을 하는지는 크게 상관없는 것 같다.

감사 인사

내가 시도해 본 것 중 괜찮았던 것이 있는데, 다음 질문을 네 번째 질문으로 추가하는 것이었다.

• 누구에게 감사하고 싶은가?

당신을 도와준 사람이나 칭찬받아 마땅하다고 생각하는 사람에게 가볍게 감사를 표하는 것이다.

---

18 (옮긴이) 록 밴드 산타나(Santana)의 노래 'Evil Ways' 중 'With Jean and Joan and a who knows who'에서 따온 문장이다.

19 *https://en.wikipedia.org/wiki/The_Chicken_and_the_Pig*. (옮긴이) 돼지는 (자신의 살을 베어내는) 희생을 하는 사람들로, 닭은 (달걀을 제공하는 것으로) 단순히 참여만 하는 사람들로 비유한 우화다. 켄 슈와버의 책 《스크럼》(인사이트, 2008) 참고.

결론

애자일은 작은 소프트웨어를 만드는 작은 팀을 돕는 원칙과 실천 방법, 규율을 모은 것이다. 이 장에서는 작은 팀이 진짜 팀으로 일하는 데 도움이 되는 실천 방법을 알아보았다. 이 실천 방법은 팀 내에서 의사소통할 때 사용하는 언어를 정하도록 도와준다. 그리고 팀원들이 서로를 어떻게 대하고, 프로젝트를 어떻게 대해야 할지 가늠할 수 있도록 해 준다.

5장

기술 실천 방법

이번 장에서 소개할 실천 방법은 지난 70년간 프로그래머가 일해온 방식과 완전히 다르다. 이 실천 방법은 매분 매초 강박적인 행동을 엄청나게 시키는데, 처음 접하는 프로그래머라면 대부분 정신 나간 짓이라고 생각할 만하다. 사실 그래서 많은 프로그래머가 애자일을 시도할 때 기술 실천 방법은 빼놓는다. 하지만 이런 시도는 실패하기 마련이다. 기술 실천 방법이야말로 애자일의 진짜 핵심이기 때문이다. TDD와 리팩터링, 단순한 설계, 심지어 짝 프로그래밍도 없다면, 애자일은 원래 의도와는 달리 쓸모없는 빈 껍데기가 되고 만다.

테스트 주도 개발

테스트 주도 개발Test-Driven Development, TDD은 제대로 설명하려면 별도로 책이 한 권 필요할 만큼 이야기할 것이 많고 복잡한 주제다. 이번 장에서는 테스트 주도 개발의 기술적 요소를 깊이 설명하기보다는 동기와 도입 이유에 더 집중해서 간단히 살펴보겠다. 참, 여기서는 코드를 다루지 않을 것이다.

프로그래머는 무척 독특한 직업이다. 프로그래머는 신비로운 기호를 이용해서 거대하고 굉장히 기술적인 문서를 만들어 낸다. 이 문서에 쓰는 기호는 모두 정확해야 한다. 아니면 끔찍한 일이 벌어질 수 있다. 기호를 하나만 틀려도 재산과 생명을 잃을 수 있다. 이런 직업이 또 있을까?

있다. 바로 회계사다. 회계사는 신비로운 기호를 이용해서 거대하고 굉장히 기술적인 문서를 만들어 낸다. 재산과 생명을 잃지 않으려면, 회계사가 쓰는 문서도 모든 기호가 정확해야 한다. 그렇다면 회계사는 모든 기호가 올바른지 어떻게 확인할까?

복식 부기

회계사가 사용하는 기법은 천 년 전에 발명되었다. 바로 복식 부기double-entry

bookkeeping[1]라는 기법이다. 복식 부기에서는 모든 거래를 장부에 두 번씩 기록한다. 회계 장부의 대변credit에 한 번 쓰고, 다른 회계 장부의 대응되는 차변debit에 또 한 번 쓴다. 궁극적으로는 장부를 모두 취합하여 재무 상태표 balance sheet라고 부르는 문서 하나로 만드는데, 대변에 기록한 부채와 자본을 모두 더한 값과 차변에 기록한 자산을 모두 더한 값을 서로 비교하여 제대로 썼는지 검증한다. 두 값의 차이는 무조건 0이어야 한다. 0이 아니면 어디선가 오류가 발생한 것이다.[2]

회계를 공부해 보면, 처음 배우기 시작할 때는 거래를 한 번에 하나씩만 입력하고, 입력할 때마다 대변과 차변의 잔액을 맞춰보라고 한다. 이렇게 하면 실수했을 때 빠르게 알 수 있다. 또 잔액 확인 없이 거래 여러 건을 한번에 입력하지 말라고 배운다. 어디에서 실수했는지 찾기 어렵기 때문이다. 이 복식 부기 방식은 정확한 회계 처리에 너무나 중요하기 때문에, 사실상 전 세계 모든 곳에서 법으로 규정하고 있다.

테스트 주도 개발은 프로그래머의 복식 부기라고 할 수 있다. 구현해야 하는 동작을 두 번씩 입력한다. 한 번은 테스트로, 그리고 한 번은 이 테스트를 통과하게 만드는 제품 코드로 말이다. 두 번의 입력은 서로 딱 맞아야 한다. 부채와 자본의 합이 자산과 똑같아야 하는 것처럼 말이다. 제품 코드와 함께 테스트를 실행시키면, 실패하는 테스트는 0개여야 한다. 대변과 차변의 차이가 0이듯이 말이다.

프로그래머는 TDD를 공부할 때, 기능을 한 번에 하나씩만 추가하라고 배운다. 실패하는 테스트 형태로 먼저 하나 추가하고, 이 테스트를 통과하게 만드는 제품 코드 형태로 다시 추가한다. 이렇게 하면 오류를 빠르게 찾

---

1 https://en.wikipedia.org/wiki/Double-entry_bookkeeping_system. (옮긴이) 한국어 항목은 https://ko.wikipedia.org/wiki/복식부기.

2 만약 회계를 공부했다면 아마 머리에서 열불이 날 것이다. 맞다. 너무 과하게 축약한 설명이긴 하다. 하지만 마찬가지로 TDD를 한 문단으로 설명해 놓았다면 모든 프로그래머의 머리에서 열불이 날 것이다.

을 수 있다. 제품 코드를 왕창 쓰고 나서, 테스트를 뭉텅이로 쓰면 안 된다고 배운다. 오류를 찾기가 힘들어지기 때문이다.

TDD는 복식 부기와 마찬가지다. 두 기법은 동일한 역할을 한다. 모든 기호가 정확해야만 하는 지극히 중요한 문서의 오류를 방지하는 역할이다. 프로그래밍이 우리 사회에 필수로 여겨질 만큼 중요해졌는데도 TDD는 아직 법으로 강제되지 않았다. 하지만 엉망으로 만들어진 소프트웨어의 동작 때문에 잃어버린 생명과 재산을 고려한다면, 이런 법이 만들어지는 일이 그저 상상만은 아닐 것이다.

TDD의 세 가지 규칙

TDD는 세 가지 단순한 규칙으로 설명할 수 있다.

- 해당 코드가 없어서 실패하는 테스트 코드를 쓰기 전에 제품 코드를 먼저 쓰면 안 된다.
- 테스트 코드를 쓸 때는 실패하도록 만들기 위해 필요한 것보다 더 많이 쓰면 안 된다. 컴파일 실패도 실패로 간주한다.
- 실패하는 테스트를 통과시키기 위해 필요한 코드보다 더 많은 제품 코드를 쓰면 안 된다.

프로그래머 경력이 몇 달 이상인 사람이라면 아마 이 규칙이 이상하거나 심지어는 바보 같다고 생각할 것이다. 세 가지 규칙을 따르면 프로그래밍을 하는 주기가 끽해야 5초 정도밖에 안 된다. 프로그래머는 아직 존재하지 않는 제품 코드의 테스트 코드를 쓰는 것으로 일을 시작한다. 당연히 이 테스트 코드는 컴파일도 되지 않는다. 아직 작성하지 않은 제품 코드를 사용하려고 했기 때문이다. 프로그래머는 테스트 코드 작성에서 제품 코드 작성으로 넘어간다. 키보드를 몇 번 치고 나면, 컴파일되지 않던 테스트가 이제 컴파일된다. 그러면 프로그래머는 다시 테스트로 돌아가서 테스트를 추가한다.

이렇게 테스트 코드와 제품 코드를 쓰는 시간은 각각 수초 정도밖에 되지 않고, 프로그래머는 끝없이 왔다갔다 하게 된다. 제품 코드를 쓰다가 멈춰서 테스트 코드를 쓰고, 또 제품 코드를 쓰다가 멈춰서 테스트 코드를 쓰고, 함수를 하나 만들려면, 아니 간단한 if 문이나 while 루프를 쓰는 데도 몇 번씩이나 왔다갔다 하게 될 것이다.

대부분의 프로그래머가 처음에는 이런 방식이 생각의 흐름을 끊는다고 여긴다. 세 가지 규칙 때문에 계속해서 작업이 중단되면, 작성하는 코드의 흐름을 제대로 파악하기 어려워진다고 말이다. 세 가지 규칙을 지키느라 좀처럼 집중할 수가 없다고 느끼는 경우도 많다.

하지만 어떤 프로그래머 집단이 세 가지 규칙을 잘 지킨다고 상상해 보자. 그리고 특정한 순간에 이들 중 한 명을 고른다고 해 보자. 이 프로그래머가 작업하던 코드는 아무리 길어도 1분 전까지는 실행 가능했고, 테스트를 모두 통과했다. 누구를 고르더라도, 어느 시점에 고르더라도 상관없다. 아무리 길어도 1분 전까지는 모든 것이 작동했다.

디버깅

언제나 1분만 거슬러 올라가면 모든 것이 작동한다는 것은 어떤 의미일까? 문제가 생겼을 때 디버깅을 얼마나 해야 할까? 1분 전에는 모든 것이 작동했다면, 맞닥뜨리는 거의 모든 오류가 1분 전에는 없었다는 소리다. 1분도 채 안 되는 시간 전에 추가한 것 때문에 오류가 생겼다면, 대부분 쉽게 원인을 알아낼 수 있다. 사실, 원인을 찾기 위해 디버거를 사용할 필요조차 없을 것이다.

디버거를 능숙하게 활용할 수 있는가? 디버거의 단축키를 외우고 있는가? 중단점breakpoint을 설정하고, 한 단계씩 코드를 실행하거나, 한 줄씩 실행하는 단축키를 손이 기억하고 있는가? 디버깅할 때면 물 만난 물고기 같이 느껴지는가? 디버깅은 선망할 만한 기술이 아니다.

디버거에 능숙해지는 방법은 실제로 디버깅에 많은 시간을 쓰는 것밖에 없다. 디버깅에 많은 시간을 쓴다는 것은 언제나 그만큼 버그가 많다는 것이다. 테스트 주도 개발을 하면, 디버거를 쓸 일이 별로 없기 때문에 디버거에 익숙해질 수가 없다. 디버거를 쓰더라도 보통은 아주 잠깐씩일 뿐이다.

오해하지는 않았으면 좋겠다. 제아무리 최고의 테스트 주도 개발자라도 어려운 버그에 맞닥뜨린다. 어쨌든 우리가 만드는 것은 소프트웨어다. 소프트웨어는 어렵다. 하지만 세 가지 규칙을 실천하면 버그의 횟수나 심각한 정도는 크게 줄일 수 있다.

문서화

다른 회사가 만든 패키지를 연동해 본 적이 있는가? 아마도 소스 코드와 DLL, JAR 파일 등이 묶인 zip 파일을 전달받았을 것이다. 압축 파일 안에는 아마도 연동 방법을 설명한 PDF 문서가 들어 있을 것이다. PDF 문서를 스크롤하다 보면 맨 끝쯤 난잡한 부록 어딘가에 코드 예제가 실려있을 것이다.

문서를 읽을 때 당신은 어디부터 읽는가? 프로그래머라면 보통 본문은 건너뛰고 바로 코드 예제부터 보기 시작할 것이다. 코드는 거짓말을 하지 않기 때문이다.

세 가지 규칙을 따르다 보면 만들어지는 테스트는 전체 시스템의 코드 예제가 된다. API 함수를 어떻게 부르는지 알고 싶다면 테스트를 보면 된다. 테스트는 이 함수를 호출하는 모든 방법을 보여 주고, 이 함수가 던지는 모든 예외를 처리하는 방법을 보여 줄 것이다. 객체를 어떻게 만드는지 알고 싶을 때는 마찬가지로 테스트를 보면 객체를 만들 수 있는 모든 방법을 살펴볼 수 있을 것이다.

테스트는 테스트하는 시스템을 설명하는 문서의 한 형태다. 이 문서는 프로그래머가 능숙하게 구사하는 언어로 쓰여 있다. 전혀 모호하지 않고, 규칙이 정해져 있어서 실행할 수 있을 정도다. 응용 프로그램 코드와 늘 함께 갱신된다. 프로그래머에게 완벽한 형식의 문서가 있다면, 코드 형태일 것이다. 테스트가 바로 그렇다.

더 좋은 것은 테스트 자체만으로는 시스템을 만들지 못한다는 것이다. 테스트끼리는 서로 묶여 있지 않다. 테스트 간에는 의존성도 없다. 각 테스트는 시스템 중 작은 부분의 동작을 설명하는 작고 독립적인 코드 조각일 뿐이다.

재미

제품을 다 만든 이후에 테스트를 작성해 본 적이 있다면, 재미없는 일이라는 것을 알 것이다. 잘 작동하는 것을 알고 있으니 재미가 없다. 이미 손으로 다 테스트해 보았으니 말이다. 아마 누군가가 테스트를 만들라고 했기 때문에 테스트를 작성하고 있을 것이다. 시간 때우기 같고 지루할 것이다.

세 가지 규칙을 따라서 테스트를 먼저 작성하면 재미있다. 테스트 하나하나가 모두 도전이다. 테스트를 통과하게 만들 때마다 작은 성공을 거두는 것이다. 세 가지 규칙을 따른다면 작업 과정은 작은 도전과 성공의 연속이 된다. 시간 때우기가 아니라 무언가 작동하게 만드는 일 같이 느껴질 것이다.

완벽함

다시 사후 테스트 추가로 돌아가 보자. 이미 손으로 테스트해 봐서 잘 작동한다는 것을 알고 있지만, 의무감에 테스트를 쓰고 있을 것이다. 테스트를 추가할 때마다 테스트가 통과하는 것은 당연한 일이다.

그러다 보면 테스트를 만들기 힘든 경우를 만나게 될 것이다. 테스트를 만들기 힘든 이유는 테스트 가능 여부를 생각하지 않으면서 코드를 작성하고, 설계할 때도 테스트를 고려하지 않았기 때문이다. 이 코드의 테스트를 만들려면 결합된 곳을 몇 군데 깨고, 추상화를 몇 군데 하고, 함수 호출과 인자 몇 개를 이리저리 옮겨야 할 것 같다. 결국 코드의 구조를 뜯어고쳐야 한다. 이미 코드가 잘 작동하는데 굳이 고치려니 왠지 일이 더 커 보인다.

일정은 빡빡하고, 더 급한 일이 많이 기다리고 있다. 일단 테스트는 저리 치워놓자. 테스트는 굳이 필요하지 않다거나, 나중에 돌아와서 다시 작성하면 된다고 자기 합리화를 한다. 이렇게 테스트에 구멍을 남겨놓게 되는 것이다.

당신이 테스트에 구멍을 남겨놓았으므로, 아마 다른 사람들도 모두 그러지 않았을까 하는 의심이 든다. 전체 테스트를 돌려보고 통과하더라도 그저 헛웃음을 지으며 머쓱하게 머리를 긁적일 뿐이다. 테스트가 통과한다고 해서 시스템이 늘 제대로 작동한다는 것은 아님을 알기 때문이다.

테스트가 통과한다고 해서, 이것을 근거로 내릴 수 있는 결정은 없다. 테스트 통과로 얻은 정보는 테스트가 깨지지 않았다는 것뿐이다. 불완전한 테스트 묶음으로는 아무런 결정을 할 수 없다. 하지만 세 가지 규칙을 잘 따랐다면, 모든 제품 코드는 테스트를 통과하게 만들려고 쓴 것이다. 따라서 테스트 묶음이 아주 완벽할 것이다. 테스트가 통과했다면 결정을 내릴 수 있다. 그 결정은 바로 '배포'다.

이것이 우리의 목표다. 우리는 시스템을 배포해도 되는지 알려 주는 자동화된 테스트 묶음을 만들고 싶다.

다시 한번, 오해하지 않았으면 좋겠다. 세 가지 규칙을 따르면 아주 완벽한 테스트 묶음이 생길 것이다. 하지만 아마 100% 완벽하지는 않을 것이다. 사실 세 가지 규칙을 따르는 것이 현실적이지 않은 상황이 있기 때문이다. 이런 상황은 이 책에서 다룰 범위는 아니지만, 그 수가 많지 않고 다 해결 방법이 있다는 것 정도만 밝혀 두겠다. 어쨌든 아무리 성실하게 세 가지 규칙을 따르더라도 100% 완벽한 테스트 묶음이 만들어지지는 않는다.

하지만 배포를 위해 꼭 100%의 완벽함이 필요한 것은 아니다. 커버리지coverage가 90%대 후반 정도면 충분할 것이다. 그리고 이 정도는 당연히 달성할 수 있다.

나는 배포 결정을 내릴 수 있을 만큼 완벽한 테스트 묶음을 만들어 왔고, 다른 사람들이 하는 것도 봐 왔다. 이런 사례에서도 커버리지는 100%가 되지 않았다. 하지만 배포 결정을 내리기에 충분했다.

> **경고** 테스트 커버리지는 팀 내부용 지표이지 관리 지표가 아니다. 관리자는 아마 이 숫자가 어떤 의미인지 제대로 알지도 못할 것이다. 관리자는 테스트 커버리지를 목표나 목적으로 삼아서는 안 된다. 테스트 커버리지는 팀의 테스트 전략을 확인하기 위해서만 사용해야 한다.

> **경고+** 커버리지가 낮다고 빌드에 실패한 것으로 보아서는 안 된다. 이렇게 하면, 프로그래머는 커버리지를 높이기 위해 단언문도 없이 테스트를 넣어 버릴 것이다.[3] 코드 커버리지는 코드와 테스트에 대한 깊은 지식이 있어야 이해할 수 있는 복잡한 주제. 절대 관리용 지표로 삼아서는 안 된다.

설계

앞에서 언급한 이미 만들어져 있는 코드에 테스트를 추가하려니 힘들었던 사례를 기억하는가? 테스트 시에는 실행하고 싶지 않은 동작이 기존 코드에 얽혀 있어서일 수 있다. 예를 들어, 테스트를 돌릴 때 엑스레이 기계를 켠다든가, 데이터베이스에서 레코드를 지운다든가 하고 싶지는 않을 것이다. 테스트 추가가 힘든 이유는 테스트하기 쉽게 설계하지 않았기 때문이다. 제품 코드를 먼저 쓰고, 테스트를 나중에 덧붙이기 때문이다. 제품 코드를 짤 때 테스트하기 쉽게 설계하는 것은 애초에 안중에도 없었다.

이제 테스트를 위해서 코드를 재설계해야만 하는 상황이다. 시계를 보니 이미 테스트 추가에 너무 많은 시간을 써버린 것 같다. 손으로는 테스트해

---

3 (옮긴이) 마틴 파울러가 'AssertionFreeTesting(*https://martinfowler.com/bliki/AssertionFree-Testing.html*)'이라는 글에서 언급했듯이, 단언문 없이 의미 없는 테스트를 계속 추가하면 쉽게 100% 커버리지를 만들 수 있다.

보았으니 잘 작동한다는 것은 진작 알고 있다. 그래서 그냥 놔둬 버린다. 테스트 묶음에 또 구멍이 남았다.

하지만 테스트를 먼저 쓴다면 전혀 다른 상황이 펼쳐진다. 테스트하기 힘든 함수는 쓸 수가 없다. 테스트를 먼저 쓰기 때문에 테스트하기 쉬운 설계가 나오는 것은 당연하다. 어떻게 함수를 테스트하기 쉽게 유지할 수 있을까? 결합을 끊고 분리하면 된다. 사실 테스트할 수 있다는 것은 분리했다는 것과 같은 뜻이다.

테스트를 먼저 쓰면 예전에는 생각조차 못해 본 방식으로 시스템을 쪼갤 수 있게 될 것이다. 전체 시스템에 모두 테스트가 있을 것이므로, 전체 시스템이 잘 분리되어 있을 것이다.

그래서 TDD를 설계 기술로 보기도 한다. TDD의 세 가지 규칙이 훨씬 더 잘 분리된 설계를 하도록 만든다.

용기

지금까지 살펴보았듯이 세 가지 규칙은 여러 가지 큰 혜택을 가져다준다. 디버깅을 줄일 수 있고, 프로그래머에게 알맞은 좋은 품질의 문서가 생기고, 재미있는 데다가 완벽함도 얻을 수 있고, 시스템도 잘 분리된다. 하지만 이런 혜택은 어디까지나 부차적인 것이다. TDD를 하는 진정한 이유는 이런 것이 아니다. 진짜 이유는 바로 용기다.

책의 앞부분에서 했던 이야기이긴 하지만, 다시 한번 해야겠다.

자, 모니터에 오래된 코드를 띄워 놓고 있다고 상상해 보자. 코드가 엉망이다. 생각이 떠오른다. "정리를 좀 해야겠군." 하지만 곧바로 정신이 든다. "건드리면 안 돼!" 왜냐하면 건드리는 순간 망가질 것이기 때문이다. 망가뜨리는 순간 당신의 코드가 되기 때문이다. 결국 당신은 코드로부터 뒷걸음질치고, 엉망인 코드가 곪아 터지도록 놔둔다.

이것은 두려움에서 오는 반응이다. 당신은 코드를 두려워한다. 코드를 건드리는 것을 두려워하고, 코드를 망가뜨릴 때 당신에게 벌어질 일을 두려워한다. 그래서 코드를 정리하는 데 실패한다. 코드를 개선하는 데 실패한다.

모든 구성원이 이렇게 행동하면 코드는 반드시 썩는다. 아무도 정리하지 않고, 아무도 개선하지 않을 것이다. 모든 기능은 프로그래머에게 생기는 당장의 위험을 줄이는 방향으로 추가될 것이다. 이리저리 결합이 생기고, 중복인 코드가 계속 추가될 것이다. 이것이 당장의 위험을 줄이는 길이기 때문이다. 전체 설계와 코드의 무결성을 망치더라도 말이다.

결국에는 통제할 수 없는 끔찍한 스파게티 덩어리가 되어 버릴 것이다. 여기서 무언가 생산적인 작업을 하는 것은 불가능에 가깝다. 작업에 걸리는 시간은 기하급수적으로 증가할 것이다. 관리자는 좌절할 것이고, 생산성을 올리고자 더 많은 프로그래머를 채용하겠지만, 결코 생산성은 증가하지 않을 것이다.

관리자는 좌절한 나머지 전체 시스템을 밑바닥에서부터 다시 만들자는 프로그래머들의 요구를 수용하고 만다. 그리고 역사는 반복될 것이다.

다른 시나리오를 상상해 보자. 엉망인 코드가 떠 있는 모니터로 돌아가 보자. 처음으로 든 생각은 코드를 정리하자는 것이었다. 완벽한 테스트 묶음이 있어서 테스트가 통과하는 경우에는 문제가 없을 거라고 안심할 수 있는 상황이라면 어떨까? 테스트 묶음이 빠르게 실행된다면? 다음으로 어떤 생각을 했을까? 아마 이렇게 흘러갔을 것이다.

어이쿠, 일단 이 변수의 이름을 좀 바꿔야겠군. 아, 테스트는 계속 통과하는군. 그래. 이제 이 큰 함수를 두 개로 쪼개야겠다……. 좋아, 아직 테스트는 계속 통과하는군……. 그래, 쪼갠 함수 하나를 다른 클래스로 옮겨보자. 앗, 테스트가 깨졌네. 돌려놓자. 아, 맞다. 이 변수도 같이 옮겨야 하는구나. 오, 테스트는 계속 통과하는군…….

완벽한 테스트 묶음이 있으면 코드를 고치는 두려움이 사라진다. 코드를 정리하는 두려움이 사라진다. 따라서 코드를 정리할 것이다. 시스템을 깨끗하고 정돈된 상태로 관리할 것이다. 시스템 설계를 건강하게 유지할 것이다. 썩은 스파게티 덩어리를 만들지 않을 것이고, 팀이 낮은 생산성과 프로젝트 실패라는 함정에 빠지지 않도록 지킬 것이다.

이것이 우리가 TDD를 하는 이유다. TDD는 용기를 준다. 용기가 있어야 코드를 깨끗하고 정돈된 상태로 관리할 수 있다. 용기가 있어야 전문가답게 행동할 수 있다.

리팩터링

리팩터링Refactoring 또한 제대로 설명하려면 책 한 권 분량일 것이다. 다행히 마틴 파울러가 이미 아주 멋진 책을 써 두었다.[4] 여기서는 지켜야 하는 원칙에 대해서만 간단하게 이야기하고 자세한 기법은 생략하겠다. 이번에도 코드가 나오지 않는다.

리팩터링은 코드의 구조를 개선하면서 동작은 바꾸지 않는 실천 방법이다. 프로그램의 동작은 테스트로 정의해야 한다. 다시 말해서, 테스트를 깨먹지 않으면서 이름이나 클래스, 함수, 표현식을 변경하는 것이다. 동작에 영향을 주지 않으면서 시스템 구조를 개선한다.

당연히 리팩터링은 TDD와 밀접한 관련이 있다. 두려움 없이 코드를 리팩터링하려면, 무언가 깨먹지 않았다는 확신을 얻을 수 있는 테스트 묶음이 필요하다.

리팩터링 과정에서 하는 일은 사소하게는 코드를 조금 더 보기 좋게 만드는 것부터 근본적인 구조 변경까지 다양하다. 간단히 변수 이름을 바꿀 수도 있고, switch 문을 다형성polymorphism을 활용한 호출로 바꾸는 복잡한

---

4 Fowler, M. 2019. *Refactoring: Improving the Design of Existing Code*, 2nd ed. Boston, MA: Addison-Wesley. (옮긴이) 번역서는 《리팩터링 2판》(한빛미디어, 2020)이다.

작업을 할 수도 있다. 긴 함수는 작은 함수로 쪼개고 더 명확한 이름을 붙인다. 함수의 긴 인수 목록을 객체로 바꾼다. 메서드가 많이 들어 있는 클래스는 작은 클래스 여러 개로 나눈다. 함수를 이 클래스에서 저 클래스로 옮긴다. 클래스에서 자식 클래스나 내부 클래스를 뽑아낸다. 의존성을 역전시키고, 모듈을 아키텍처상에서 이리저리 옮긴다.

이 모든 일이 일어나는 동안, 테스트는 계속해서 통과해야 한다.

빨강/초록/리팩터링

본질적으로 리팩터링은 TDD의 세 가지 규칙을 반복함으로써 이루어진다. 리팩터링에서는 빨강/초록/리팩터링 주기(그림 5.1)라고 부른다.

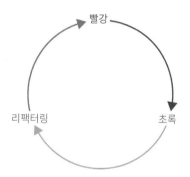

그림 5.1 빨강/초록/리팩터링 주기

1. 먼저, 실패하는 테스트를 만든다.
2. 그리고 이 테스트를 통과하게 만든다.
3. 그리고 코드를 정리한다.
4. 1단계로 돌아간다.

여기서 핵심은 프로그래밍이라는 과업을 작동하는 코드를 쓰는 것과 코드 정리하기라는 두 가지 다른 측면으로 분리한 것이다. 두 가지 측면을 동시에 다루는 것은 어려울 수밖에 없다. 그러므로 두 가지 측면을 두 가지 다른 활동으로 분리한다.

쉽게 말하면, 깨끗한 코드를 만드는 것은 고사하고, 그저 테스트를 통과하게 만드는 것만으로도 충분히 어렵다. 그러니 먼저 코드가 작동하게 만드는 데만 집중하자. 일단 머리에 떠오르는 어떤 지저분한 수단이든 동원해서 말이다. 그리고 일단 작동하면, 테스트는 통과했을 것이고, 이제 그동안 만든 지저분한 것들을 정리하자.

이렇게 보면 리팩터링이 연속적인 과정이라는 것이 명확해진다. 따로 일정을 잡고 하는 작업이 아니라는 말이다. 며칠 동안 거대한 난장판을 만들다가 한참 후에야 치우는 것이 아니다. 1분 혹은 2분 동안 조금 헝클어뜨리고는, 바로 치우는 것이다.

리팩터링이라는 단어가 일정에 나타나서는 안 된다. 리팩터링은 계획을 잡고 하는 활동이 아니다. 리팩터링할 시간을 따로 할당해서도 안 된다. 리팩터링은 소프트웨어를 작성할 때 몇 분마다, 혹은 몇 시간마다 하는 일상적인 작업의 일부일 뿐이다.

더 큰 리팩터링

가끔은 요구 사항이 바뀌어서 현재의 설계나 구성이 더는 최적이 아니게 될 수 있다. 그래서 시스템 구조를 꽤 많이 바꿔야 할 수도 있다. 이런 변경도 빨강/초록/리팩터링 주기 안에서 일어나야 한다. 설계 변경이 목적인 프로젝트를 만들어서는 안 된다. 일정을 세울 때 큰 리팩터링을 하기 위한 시간을 잡아서도 안 된다. 그보다는 조금씩 조금씩 코드를 바꿔 나가야 한다. 일반적인 애자일 주기에 따라 계속해서 새로운 기능을 추가하면서 말이다.

이런 설계 변경은 며칠, 몇 주, 아니면 몇 달이 걸릴 수도 있다. 이 과정 내내 시스템의 테스트는 계속해서 통과해야 한다. 서비스 배포도 계속해서 가능해야 한다. 설계 변경으로 인한 이관 작업이 완전히 끝나지 않은 상황이더라도 말이다.

단순한 설계

단순한 설계Simple Design 실천 방법은 리팩터링의 목표 중 하나다. 단순한 설계는 최대한 단순하고, 작고, 표현력이 뛰어난 구조를 바탕으로 최소한의 코드만 작성하는 실천 방법이다.

켄트 벡이 세운 단순한 설계의 규칙은 다음과 같다.

1. 모든 테스트를 통과할 것
2. 의도를 드러낼 것
3. 중복을 없앨 것
4. 구성 요소를 줄일 것

규칙의 순서는 실행하는 순서이면서 동시에 중요한 순서이기도 하다.

1번은 자명하다. 코드는 테스트를 통과해야 한다. 코드는 작동해야 한다.

2번은 코드가 일단 작동하면 다음으로 표현력 있게 만들어야 한다는 것이다. 프로그래머의 의도를 드러내야 한다. 읽기 쉽고, 따로 설명이 필요 없어야 한다. 보통은 이 규칙 때문에 간단하고 보기 좋게 만들기 위한 리팩터링을 많이 하게 된다. 긴 함수를 작고 적절한 이름을 가진 함수들로 쪼개기도 한다.

3번은 코드가 가능한 한 이해하기 쉽고, 표현력 있게 만들어진 후, 코드 내의 중복을 찾아서 제거해야 한다는 뜻이다. 똑같은 일을 하는 코드는 딱 한 벌만 있는 것이 좋다. 이 과정 동안 이루어지는 리팩터링은 조금 더 복잡하다. 중복을 제거하는 것이 단순한 경우도 있다. 중복인 부분을 함수로 빼 낸 다음, 이 함수를 호출하도록 바꾸기만 하면 될 때도 있다. 하지만 디자인 패턴Design Patterns[5] 즉, 템플릿 메서드Template Method나 전략Strategy, 장식자Decorator, 방문자Visitor 등의 패턴 같이 더 흥미진진한 해결책을 사용해야 하는 경우도 있다.

4번은 중복을 제거한 후에는, 클래스나 함수, 변수 같은 구성 요소의 수를 줄이기 위해 노력해야 한다는 것이다.

단순한 설계의 목표는 코드의 '설계 무게'를 가능한 한 가볍게 만드는 것이다.

설계 무게

소프트웨어 시스템의 설계는 비교적 단순한 것부터 유별나게 복잡한 것까지 다양하다. 설계가 복잡해질수록 프로그래머가 느끼는 인지 부하cognitive load는 늘어난다. 이 인지 부하가 설계 무게다. 설계가 무거울수록 시스템을 이해하고 수정하기 위해 프로그래머가 들이는 시간과 노력은 늘어난다.

비슷하게 요구 사항도 아주 단순한 것부터 매우 복잡한 것까지 다양하다. 요구 사항이 복잡할수록 시스템을 이해하고 수정하기 위해 필요한 시간과 노력도 늘어난다.

하지만 이 두 가지가 모두 복잡하다고 해서 필요한 시간과 노력이 곱절로 늘어나는 것은 아니다. 복잡한 요구 사항은 복잡한 설계를 사용하여 단순하게 만들 수 있다. 적절히 타협하는 것이 좋은 경우도 많다. 이미 있는 기능을 바탕으로 적절한 설계를 고른다면, 시스템의 전반적인 복잡도를 줄일 수도 있다.

설계의 복잡도와 기능의 복잡도 사이에서 균형을 잡는 것이 단순한 설계

---

5 디자인 패턴은 이 책이 다루는 범위를 벗어난다. 다음 책을 보라. Gamma, E., R. Helm, R. Johnson, and J. Vlissides. 1995. *Design Patterns: Elements of Reusable Object-Oriented Software*. Reading, MA: Addison-Wesley. (옮긴이) 번역서는 《GoF의 디자인 패턴》(프로텍미디어, 2015)이다.

의 목표다. 프로그래머는 단순한 설계 실천 방법을 사용하여 끊임없이 시스템의 설계를 리팩터링한다. 그래서 요구 사항과 설계의 균형을 유지하고, 궁극적으로 높은 생산성을 유지한다.

짝 프로그래밍

짝 프로그래밍Pair Programming 실천 방법에 대하여 오랫동안 논란과 헛소문이 많았다. 하나의 문제를 놓고 둘 이상의 사람이 생산적으로 함께 일한다는 발상에 의심의 눈초리를 보내는 사람이 많다.

일단 먼저 짝 프로그래밍을 꼭 해야 하는 것은 아니다. 누구도 짝 프로그래밍을 강요해서는 안 된다. 둘째로, 짝 프로그래밍은 잠깐씩 하는 것이다. 가끔은 혼자서 코딩하는 것이 더 나은 경우도 있다. 짝 프로그래밍이 차지하는 업무 비중은 50% 정도가 좋다. 하지만 숫자가 꼭 중요한 것은 아니다. 30% 정도로 낮아도 되고, 80% 정도로 높아도 된다. 순전히 팀에서 혹은 각자가 선택하기 나름이다.

짝 프로그래밍이란 무엇인가?

짝 프로그래밍은 프로그래밍 문제 하나를 두 사람이 함께 해결하는 행위다. 짝 프로그래밍을 할 때는 컴퓨터 한 대를 놓고 모니터와 키보드, 마우스를 함께 쓰며 작업할 수도 있고, 아니면 각자의 컴퓨터 앞에 앉은 채 컴퓨터를 네트워크로 연결하여 같은 코드를 고치는 식으로 작업할 수도 있다. 각각 컴퓨터를 쓸 때는 널리 쓰이는 화면 공유 프로그램을 쓰면 된다. 화면 공유 프로그램을 쓰면 멀리 떨어져 있는 사람과 짝 프로그래밍을 할 수 있다. 물론 네트워크가 충분히 빨라서 데이터와 목소리를 주고받는 데 지장이 없어야 한다.

짝 프로그래밍을 할 때 각자 역할을 나누기도 한다. 예를 들어, 한 명이 운전자 역할을, 다른 한 명이 항해사 역할을 할 수 있다. 운전자가 키보드와 마우스를 조작하고, 항해사는 더 넓게 살피면서 여러 가지 제안을 한다. 다르게 역할을 나누는 방법도 있다. 핑퐁이라고도 부르는 방식인데, 먼저 한 명이 테스트를 만든다. 그러면 다른 사람은 짝이 쓴 테스트를 통과하도록 만든 뒤, 새로운 테스트를 추가하고 다시 짝에게 넘긴다. 이렇게 반복하는 방식이다.

하지만 특별한 역할 구분 없이 하는 경우가 제일 많다. 프로그래머들은 마우스와 키보드를 공유하며 서로 힘을 모아 동등한 관계에서 코드를 작성한다.

짝 프로그래밍 일정은 따로 잡지 않는다. 프로그래머가 원하는 대로 짝을 만들었다가 없앨 수도 있다. 관리자가 짝 프로그래밍 일정을 잡거나, 짝 배정을 하려고 해서는 안 된다.

짝을 지어 일하는 시간은 일반적으로 길지 않다. 짝 프로그래밍 한 번의 길이는 길어야 하루 정도고, 대부분은 한두 시간 안에 끝나야 한다. 15분이나 30분 정도의 짧은 짝 프로그래밍도 많은 도움이 된다.

짝이 스토리를 담당하지는 않는다. 짝이 아니라 프로그래머 한 명 한 명이 스토리를 완성할 책임을 져야 한다. 일반적으로 스토리를 완성하는 데 걸리는 시간이 짝 프로그래밍 길이보다 훨씬 길다.

한 주를 통틀어 보았을 때, 각 프로그래머는 짝 프로그래밍 시간의 절반은 다른 사람의 도움을 받아 자신이 담당한 작업을 진행하는 데 쓰고, 나머지 절반은 다른 사람의 작업을 도와주는 데 써야 한다.

고급 프로그래머는 다른 고급 프로그래머보다는 초급 프로그래머와 더 자주 짝을 지어야 한다. 초급 프로그래머는 다른 초급 프로그래머에게 도움을 청하기보다 고급 프로그래머에게 도움을 청해야 한다. 전문 분야가 따로 있는 프로그래머는 짝 프로그래밍 시간 중 상당 부분을 해당 분야 이외의 일을 하는 프로그래머와 보내야 한다. 짝 프로그래밍의 목표는 지식을 모으는 것이 아니라 퍼트리고 교환하는 것이다.

짝 프로그래밍을 하는 이유

우리는 팀이 되기 위하여 짝 프로그래밍을 한다. 팀의 구성원은 서로 단절된 채로 일하지 않는다. 매 순간 협력하며 일한다. 팀원 한 명이 빠지더라도, 다른 팀원들이 구멍을 메우며 목표를 향하여 전진한다.

짝 프로그래밍은 구성원끼리 지식을 공유하고, 지식의 칸막이가 생기지 않게 만드는 단연코 최고의 방법이다. 팀에 빠지면 안 되는 사람이 생기지 않게 만드는 최고의 방법이다.

짝 프로그래밍 덕분에 에러를 줄이고, 더 나은 설계를 할 수 있었다는 보고가 많이 있다. 대부분의 경우에 그럴 것이다. 어떤 문제든 눈이 둘 넘게 있는 편이 확실히 더 낫다. 그래서 많은 팀에서 코드 리뷰를 짝 프로그래밍으로 대체했다.

짝 프로그래밍을 통한 코드 리뷰

짝 프로그래밍을 코드 리뷰의 한 형태로 볼 수도 있지만, 짝 프로그래밍에는 더 큰 장점이 있다. 짝 프로그래밍을 하는 동안 두 프로그래머는 코드를 함께 작성하게 된다. 이 과정에서 새로운 코드를 쓰기 위해 자연스럽게 기존의 코드를 보고 리뷰하게 된다. 따라서 짝 프로그래밍에서 이루어지는 리뷰는 팀의 코드 규칙을 지켰는지 확인하는 기계적인 검사가 아니다. 앞으로 코드를 어떻게 바꾸어 가야 할지를 생각하며 현재 코드의 상태를 검토하게 된다.

비용은?

짝 프로그래밍의 비용을 측정하기는 어렵다. 가장 눈에 띄는 비용은 하나의 문제를 풀기 위해 두 사람이 일한다는 것이다. 그렇다고 해서 문제를 해결하는 비용이 바로 두 배가 되지는 않을 것이 명백하다. 하지만, 뭔가 비용이 더 들 것 같아 보인다. 여러 연구에 따르면 직접적인 비용 증가는 15% 정도라고 한다. 다시 말하면, 별도의 코드 리뷰가 없다고 할 때 100명이 할 수 있는 일을, 짝을 지어서 하면 115명의 프로그래머가 필요하다는 것이다.

업무 시간의 50%를 짝을 지어 일한다고 가정하면, 대충 계산했을 때 생산성이 8% 정도 떨어진다. 하지만 짝 프로그래밍으로 코드 리뷰를 대체할 수 있다면, 결과적으로 생산성 감소는 전혀 없을 가능성이 크다.

그리고 서로 가르쳐 주며 이루어지는 지식 교환이나, 강도 높은 협업에서 오는 이득도 고려해야 한다. 이런 이득은 정량화하기 힘들지만, 많은 경우 큰 의미가 있다.

나의 경험과 다른 사람들의 경험을 종합해 보면, 형식에 구애받지 않고 프로그래머 재량으로 이루어지는 짝 프로그래밍은 팀 전체에 꽤 도움이 된다.

둘이서만?

'짝'이라는 단어는 짝 프로그래밍을 단 둘이서 해야만 할 것 같은 느낌을 준다. 보통은 둘이서 하지만, 꼭 그래야 하는 것은 아니다. 가끔은 셋이나 넷, 혹은 더 많은 사람이 하나의 문제를 함께 해결할 수도 있다. 다시 한번 말하지만, 짝 프로그래밍은 프로그래머의 재량으로 이루어진다. 셋 이상이 하는 짝 프로그래밍을 '몹 프로그래밍mob programming'이라고도 부른다.[6, 7]

관리자

짝 프로그래밍을 하는 것을 관리자가 알게 되면 눈살을 찌푸리거나, 심지어 짝으로 일하느라 시간을 낭비하지 말라고 잔소리를 할까 봐 걱정하는 프로그래머가 종종 있다. 하지만 그런 관리자는 본 적이 없다. 내가 코드를 만들어 온 반세기 동안, 그렇게 사소한 것까지 참견하는 관리자는 만나보지 못

---

6 *https://en.wikipedia.org/wiki/Mob_programming*
7 *https://mobprogramming.org/mob-programming-basics/*

했다. 내 경험상 관리자는 보통 프로그래머끼리 협력하고 함께 일하는 것을 흐뭇하게 바라본다. 무언가 일이 되어가는 느낌을 주기 때문이다.

하지만 만약 당신이 짝 프로그래밍의 비효율성에 화가 나서 짝 프로그래밍을 못 하게 막고 싶은 관리자라면, 잠시 화를 접어두고 프로그래머들이 알아서 해결하게 놔둬라. 어쨌든 이 분야의 전문가는 프로그래머다. 만약 당신이 관리자에게 짝 프로그래밍을 그만하라고 잔소리를 들은 프로그래머라면, 관리자에게 전하라. 당신이 전문가고, 관리자가 아닌 당신이 당신의 일하는 방식을 정한다고 말이다.

마지막으로, 절대, 절대, 절대, 짝 프로그래밍을 해도 되는지 허락받지 말라. 아니면 테스트를 해도 되는지, 아니면 리팩터링을 해도 되는지 등등……. 당신은 전문가다. 당신이 결정하라.

결론

애자일의 기술 실천 방법은 모든 애자일 활동 중 가장 핵심적인 요소다. 기술 실천 방법 없이 애자일을 도입하려는 시도는 실패할 수밖에 없다. 애자일의 효율성 덕분에 아주 빠르게 거대한 난장판을 만들 수 있기 때문이다. 기술적인 품질을 높게 유지하는 기술 실천 방법이 없다면, 생산성이 빠르게 추락하여 헤어나올 수 없는 죽음의 소용돌이 속으로 빠지고 말 것이다.

6장

애자일해지기

XP를 처음 공부할 때 나는 "너무 쉬운데? 몇 가지 단순한 규칙과 실천 방법만 지키면 되잖아. 아무것도 아니네"라고 생각했다.

하지만 애자일해지려고 시도했다가 실패하는 조직의 수를 보면 애자일해지기란 매우 매우 어려운 것 같다. 실패의 원인은 아마 많은 조직이 생각하는 애자일이 사실은 애자일이 아니어서일 것이다.

애자일의 가치

켄트 벡은 오래전 애자일의 네 가지 가치를 선언했다. 바로 용기, 소통, 피드백, 단순함이다.

용기

첫 번째 가치는 용기, 다시 말하면 합리적인 정도로 위험을 감수하는 것이다. 애자일팀의 구성원은 정치적으로 안전해지려고 품질을 타협하거나 기회를 흘려보내지 않는다. 길게 보면, 어느 정도 공격성을 띠는 것이 소프트웨어 프로젝트를 관리하는 최고의 방법이라는 것을 알고 있다.

용기와 무모함은 다르다. 최소한의 기능만 배포하려면 용기가 필요하다. 높은 코드 품질과 수준 높은 규칙을 지켜나가는 데에도 용기가 필요하다. 하지만 확신할 수 없는 코드나 지속 불가능하게 설계된 코드를 배포하는 것은 무모한 짓이다. 품질을 희생하여 일정을 맞추는 것도 무모한 짓이다.

높은 품질과 수준 높은 규칙을 지켜야 속도가 빨라질 것이라는 믿음은 용기 있는 믿음이다. 권력을 쥔 조금 모자란 사람들이 급한 상황이 생길 때마다 끊임없이 어깃장을 놓을 것이기 때문이다.

소통

우리는 여러 경로를 통한 직접적이고 빈번한 소통에 가치를 둔다. 애자일팀의 구성원은 서로 이야기하고 싶어 한다. 프로그래머, 고객, 테스터, 관리자 모두 서로 가까운 곳에 앉아서 자주 교류하기를 원한다. 회의를 하지 않을 때도 말이다. 이메일이나 채팅, 메모만으로는 부족하다. 직접 얼굴을 보고, 편안하게 사람과 사람으로서 대화하는 것을 중요하게 여긴다.

이렇게 손발을 맞출 수 있다. 빠르고, 혼란스럽고, 형식에 얽매이지 않는 잦은 상호작용의 폭풍 속에서 생각이 번뜩이고, 통찰을 얻을 수 있다. 같이 앉아서 자주 소통하는 팀이 기적을 일구어 낼 수 있다.

피드백

우리가 연구한 사실상 모든 애자일 규칙은 중요한 결정을 내리는 사람에게 빠른 피드백을 제공하는 데 초점이 맞춰져 있다. 계획 게임, 리팩터링, 테스트 주도 개발, 지속적 통합, 작은 릴리스, 공동 소유, 전체 팀 등은 피드백의 빈도와 양을 최대화한다. 그러면 무언가 잘못되었을 때 조기에 파악하여 고칠 수 있다. 또한 이전의 결정으로부터 도출된 결과를 보고 많은 것을 배울 수 있다. 애자일팀은 피드백을 즐긴다. 피드백은 팀이 효과적으로 일하도록 만들며, 프로젝트가 유용한 결과물을 내도록 만든다.

단순함

다음 애자일의 가치는 단순함이다. 다시 말하면 직접적인 것이다. 모든 소프트웨어 문제는 간접적으로 접근하는 계층을 하나 더 추가하는 방식으로 풀 수 있다는 유명한 말이 있다.[1] 하지만 앞에서 살펴본 세 가지 가치인 용기와 소통, 피드백은 문제의 수를 최소로 줄이고자 하는 것이다. 따라서 간접적인 방법으로 풀어야만 하는 문제도 최소로 줄일 수 있다. 해결책은 단순해진다.

---

1 (옮긴이) 데이비드 휠러(David Wheeler)가 한 말이다. *https://en.wikipedia.org/wiki/David_Wheeler_(computer_scientist)*

이 말은 소프트웨어에도 적용되지만, 팀에도 적용된다. 수동적인 공격성은 간접적인 것이다. 문제를 확인하고도 조용히 다른 사람에게 넘어가게 놔두었다면, 당신은 간접적인 행동에 참여한 것이다. 결과가 끔찍할 것을 알면서도 관리자나 고객의 요구에 응할 때, 당신은 간접적인 접근을 한 것이다.

단순함은 직접성이다. 코드의 직접성, 소통과 행동의 직접성. 코드에 어느 정도의 간접성은 필요하다. 코드의 상호 의존성으로 인한 복잡도를 줄이기 위해 간접적인 방식을 사용한다. 하지만 팀에서는 이런 간접성이 훨씬 적게 필요하다. 대부분은 최대한 직접적으로 행동하고 싶을 것이다.

코드를 단순하게 유지하라. 팀은 더 단순하게 유지하라.

신기한 동물쇼

세상에 나와 있는 수많은 애자일 방법론 때문에 혼란스러울 수 있다. 내 조언은 그런 신기한 동물쇼를 무시하라는 것이다. 어떤 방법론을 택하든 상관없이, 결국에는 프로세스를 당신의 필요에 맞게 고치고 다듬게 될 것이다. 따라서 XP로 시작하든, 스크럼으로 시작하든 아니면 다른 5,328가지 애자일 방법론 중 하나로 시작하든, 결국에는 같은 곳에 도착할 것이다.

하지만 내가 해 줄 수 있는 가장 중요한 조언은 전체 생애 주기에 걸쳐 애자일 방법론을 도입하라는 것이다. 특히 기술 실천 방법은 꼭 지켜야 한다. 너무나 많은 팀이 애자일에서 바깥쪽의 비즈니스 부분만 도입한다. 그러고는 마틴 파울러가 '시들시들한 스크럼Flaccid Scrum'[2]이라고 이름 붙인 함정에 빠진다. 이 병의 증상은 프로젝트 초기의 높은 생산성이 프로젝트가 진행됨에 따라 점점 내려가서 결국 매우 낮아지는 것이다. 이러한 생산성 감소의 원인은 코드 자체의 오염과 품질 저하에 있다.

2 *https://martinfowler.com/bliki/FlaccidScrum.html*

애자일의 비즈니스 실천 방법은 아주 효율적으로 거대한 난장판을 만드는 것으로 밝혀졌다. 더군다나 구조를 깔끔하게 만들기 위해 신경 쓰지 않는다면, 이 난장판 때문에 작업이 매우 느려질 것이다.

그러니 방법론 중 하나만 골라라. 아예 고르지 않아도 된다. 전체 생애 주기에 걸쳐 모든 규칙을 지키고 있는지 확인하라. 팀 전체의 동의를 구하라. 그리고 시작하라. 용기와 소통, 피드백, 단순함을 기억하고, 정기적으로 규칙과 행동을 조정하라. 허락을 구하지 말라. '올바르게 하는 것' 때문에 고민하지 말라. 문제가 생기는 대로 헤쳐나가면서, 그저 계속해서 최선의 결과를 향하여 프로젝트를 추진하라.

전환

비非애자일에서 애자일로의 전환은 가치를 바꾸는 것이다. 애자일 개발의 가치는 위험 감수, 빠른 피드백, 장벽과 상하 구조를 무시하는 강렬하고 높은 대역폭의 구성원 간 소통을 아우른다. 또한 앞에 펼쳐진 지형에 대해서 계획하고 협의하기보다는, 곧장 목표를 향해 나아가는 데 집중한다. 거대한 조직이 안전과 지속성, 지휘 및 통제, 계획의 실행에 높은 가치를 두기 때문에 중간 관리 구조에 많이 투자하는 것과는 180도로 반대다.

비애자일 조직을 애자일 조직으로 전환할 수 있을까? 솔직히, 이런 상황에서 성공해 본 경험도 많지 않고, 다른 사람이 성공한 사례도 별로 보지 못했다. 애자일 전환을 위해 돈과 노력을 들이는 것을 많이 보았지만, 진정으로 전환을 해낸 조직은 많지 않았다. 중간 관리층이 받아들이기에는 가치 구조가 현격히 다르다. 내가 목격한 것은 팀 단위 전환이나 개인의 전환이다. 팀이나 개인은 애자일에 맞는 가치를 좇아 움직이는 경우가 많기 때문이다.

역설적이지만 경영진도 자주 애자일의 위험 감수, 직접성, 소통 같은 가치를 따라 움직인다. 그래서 경영진이 조직을 애자일로 전환하려고 시도하곤 한다.

장벽은 중간에 있는 관리층이다. 이들은 위험을 감수하지 않고, 직접성을 피하며, 최소한의 소통으로 명령 체계를 따르고, 집행하기 위하여 채용된다. 이것이 조직의 딜레마다. 조직의 맨 위층과 맨 아래층은 애자일 사고방식을 높이 사지만, 중간층은 반대한다. 중간층이 변화를 만드는 것은 본적이 없는 것 같다. 사실 중간층이 그럴 리가 있나. 그들의 임무가 변화에 반대하는 것인데.

이해를 돕기 위하여 몇 가지 이야기를 들려 주겠다.

속임수

2000년에 참여했던 애자일 전환에서 우리는 경영진과 프로그래머들의 지지를 받았다. 희망과 열정이 가득했다. 문제는 기술 수석과 아키텍트였다. 이들은 자신의 역할이 줄어들고 있다고 오해했다.

애자일팀에서 아키텍트나 기술 수석, 프로젝트 관리자 등의 역할은 모두 다르다. 하지만 역할이 줄어들지는 않는다. 불행하게도 이 사람들은 이를 알지 못했다. 어쩌면 우리가 실수했을 수도 있다. 우리가 그들의 역할이 팀에 얼마나 중요한 것인지 이야기하지 않았거나, 아니면 그들이 그저 그들에게 필요한 새로운 기술을 배우기 불편했던 것일 수도 있다.

아무튼, 그들은 몰래 만나서 애자일 전환을 방해할 음모를 꾸몄다. 그 음모를 자세히 설명하지는 않겠다. 다만, 그들은 속임수가 발각되어 바로 해고되었다.

그 후로 애자일 전환은 빠르게 진행되었고 큰 성공을 거두었다고 말하고 싶지만, 그러지 못했다.

새끼 사자

우리는 훨씬 더 큰 회사의 한 부문을 매우 성공적으로 전환했다. XP를 도입했고, 수년간 매우 훌륭하게 적용하여 〈컴퓨터월드Computerworld〉지에 실리기까지 했다. 실제로 이 전환을 이끌었던 엔지니어링 부사장은 애자일 전환의 성공 덕분에 승진까지 했다.

그때 새로운 부사장이 부임했다. 새로운 수컷 사자가 무리를 차지할 때 이전 수컷의 새끼를 모두 죽이듯이, 그는 예전 부사장의 새끼를 차례대로 없애 나갔다. 그리고 그 안에 애자일도 있었다. 그는 애자일을 갑자기 중단시키고, 팀을 예전의 훨씬 나쁜 프로세스로 되돌렸다.

이 과정에서 많은 팀 구성원이 다른 곳으로 일자리를 알아보았다. 내 생각에는 그것이 새로운 부사장의 의도였던 것 같다.

흐느낌

마지막 이야기는 전해 들은 것이다. 나는 결정적 순간에 그 자리에 없었다. 그 당시 내 직원이 나에게 보고한 것이다.

2003년에 우리 회사는 유명한 증권사의 애자일 전환에 참여했다. 모든 게 순조로웠다. 우리는 경영진, 중간 관리자, 그리고 개발자를 가르쳤다. 그들은 잘해 나갔고, 모든 것이 착착 진행되었다.

최종 평가가 다가왔다. 애자일 전환의 진행 상황과 성공 여부를 평가하기 위하여 경영진과 중간 관리자, 개발자가 모두 큰 강당에 모였다. 경영진이 물었다. "어떻게 되고 있나요?"

다양한 참석자로부터 대답이 나왔다. "아주 잘 진행되고 있습니다."

그러고는 잠시 좌중에 정적이 흘렀다. 갑자기 저 뒤쪽에서 누군가의 소리가 들려왔다. 우는 소리였다. 그 순간 정신적인 지지는 허물어졌고, 평가 자리의 긍정적인 분위기는 사라지고 말았다. "그냥 너무 힘들어요." 누군가가 말했다. "정말로 계속 못하겠어요."

그리고 경영진은 전환을 중단시켰다.

교훈

이 이야기들의 교훈은 "무언가 이상한 일이 일어날 것이라고 생각하라"인 듯하다.

속이기

애자일에 반대하는 중간 관리층의 힘이 센 조직에서 애자일팀이 존재할 수 있을까? 나는 이런 사례를 종종 본 적이 있다. 어떤 소프트웨어 개발팀은 조용히 애자일 가치를 적용하며 개발을 진행했다. 그러면서도 중간 관리자가 부여하는 엄격한 요구 사항을 맞추어 냈다. 중간 관리자는 자신이 요구하는 절차와 기준만 잘 지켜진다면, 개발팀이 개발팀의 도구를 사용하도록 내버려 둘 수도 있다.

이것이 부치Booch와 파르나스Parnas가 '속이기faking it'[3]라고 부른 것이다. 개발팀은 몰래 애자일을 하면서도 중간 관리층이 요구하는 모든 것을 다 제공한다. 중간 관리자와 무의미한 싸움을 하기보다는 애자일 위에 층을 한 겹더 놓아서 애자일이 안전하고 중간 관리자의 생각에 부합하는 것처럼 보이게 만든다.

예를 들어 중간 관리자는 프로젝트 초기에 분석 문서가 산출되기를 원할 수 있다. 애자일팀은 일반적인 애자일 규칙을 모두 사용하여 시스템의 초기 코드를 많이 작성한 후, 문서화 스토리 여러 개를 차례대로 수행하여 분석 문서를 만들어 냄으로써 분석 문서를 제공할 수 있다.

원래 처음 몇 번의 코딩 반복 주기 동안에는 요구 사항 분석에 매우 집중하기 때문에 이런 방식이 가능하다. 분석이 실제로 코드를 작성함으로써 이루어진다는 것은 중간 관리자가 알 필요가 없다. 신경 쓸 필요도 없고.

불행하게도 나는 이 방식도 제대로 먹히지 않는 조직을 본 적이 있는데,

---

3   Booch, G. 1994. *Object-Oriented Analysis and Design with Applications*, 2nd ed. Reading, MA: Addison-Wesley, p. 233-34.

이 조직의 중간 관리자는 팀이 '속이기'를 한다는 것을 눈치채고서, 개발팀이 속임수를 쓴다고 생각하여 재빠르게 애자일 규칙을 금지했다. 사실 개발팀은 중간 관리자가 원하는 것을 주려고 했는데 참 안타까운 일이다.

더 작은 조직에서의 성공

중간 크기 조직이 애자일을 도입하는 것을 몇 번 본 적이 있다. 이런 조직은 중간 관리층이 얇았는데, 밑에서부터 승진한 덕에 아직 직접성과 위험을 감수하는 사고방식이 남아있는 사람들이 중간 관리층을 채우고 있었다.

그보다 더 작은 조직이 완전히 애자일로 전환하는 것은 자주 볼 수 있다. 작은 조직에는 중간 관리층이 없고, 경영진과 개발자가 일관된 가치 체계를 갖고 있기 때문이다.

개인적인 성공과 이동

마지막으로, 가끔은 조직의 특정한 개인이 혼자서 애자일 가치를 도입하기도 한다. 이런 전환을 하는 개인은 전환하지 않는 조직이나 팀 내에서 잘 헤쳐나가기가 힘들다. 가치의 차이는 보통 일종의 편 가르기로 이어진다. 운이 좋다면 애자일 전환을 한 개인들이 모여서 중간 관리층 모르게 새로운 애자일팀을 형성할 수도 있다. 팀을 이루지 못한다면 그들의 가치에 공감하는 회사를 찾아서 이직하려고 할 것이다. 그리고 아마 이직에 성공할 것이다.

사실 우리는 지난 20년 동안 업계에서 가치를 따라 이동이 일어나는 것을 보아왔다. 애자일 가치를 포용한 새로운 회사들이 생겨났고, 애자일 방식으로 일하기 원하는 프로그래머는 이런 회사로 모여들었다.

애자일 조직 만들기

애자일팀이 번창하도록 용인하는 큰 조직이 생겨날 수 있을까? 물론이다! 하지만 생겨날 수 있다고 했지 바뀔 수 있다고 하지는 않았다.

IBM이 PC를 만들기로 했을 때, IBM 경영진은 조직의 가치 체계가 PC를 만드는 데 필요한 빠른 혁신과 위험 감수에 적합하지 않다고 보았다. 하지만 그 필요성을 깨달았기에 IBM은 다른 가치 구조를 갖는 조직을 만들었다.[4]

소프트웨어 세계에서 이런 일을 본 적이 있나? 크고 오래된 조직이 애자일 도입을 위해 작은 소프트웨어 조직을 만드는 일을? 그런 징후는 본 적이 있지만 명확한 사례는 별로 떠오르지 않는다. 물론 애자일을 도입하는 스타트업은 많이 보았다. 애자일을 도입하지 않은 큰 회사가 특정한 소프트웨어 프로젝트를 더 빠르고 안정적으로 수행하기 위하여 애자일 컨설팅 회사를 활용하는 것도 많이 보았다.

나의 예측은 이렇다. 큰 회사는 언젠가는 애자일을 사용하여 소프트웨어 개발을 하는 새로운 부문을 만들 것이다. 또한, 기존의 개발 직군을 애자일로 전환하지 못한 큰 회사가 애자일 컨설팅 회사를 활용하는 것을 더 많이 보게 될 것이다.

코치하기

애자일팀에 코치가 필요할까? 짧은 답은 "아니요"고, 조금 더 긴 답은 "가끔은 그렇다"이다.

우선, 애자일 트레이너와 애자일 코치를 구분해야 한다. 애자일 트레이너는 애자일팀이 어떻게 행동해야 하는지 가르친다. 트레이너는 보통 회사 밖에서 고용하거나 회사 내 다른 팀에서 초빙한다. 트레이너의 목표는 애자일 가치를 심어 주고, 애자일 규칙을 가르치는 것이다. 트레이너의 활동 기간은 짧아야 한다. 열 명 남짓의 개발자로 구성된 팀이라면 교육 기간이 1~2주를 넘어서는 안 된다. 더 배울 필요가 있는 것은 애자일 트레이너가

---

4 IBM PC의 탄생. 접속 주소: *https://www.ibm.com/ibm/history/exhibits/pc25/pc25_birth.html*.

무엇을 말하고 보여 주었나에 관계없이 모두 스스로 배워나가야 한다.

팀 전환 초기에는 트레이너가 임시로 코치의 자리를 대신할 수도 있다. 하지만 이는 임시일 뿐이다. 팀 내의 누군가가 최대한 빨리 코치 역할을 맡아야 한다.

대개 애자일 코치는 트레이너가 아니다. 애자일 코치는 팀 구성원이면서, 팀 내에서 프로세스를 지키는 역할을 한다. 개발의 열기가 달아오르다 보면 개발자가 프로세스를 건너뛰고 싶은 유혹에 빠질 수 있다. 아마도 무심코 짝 프로그래밍을 빼먹거나, 리팩터링을 멈추거나, 빌드가 실패한 것을 무시할 것이다. 이것을 발견하고, 팀원들을 지적하는 것이 코치의 임무다. 코치는 언제나 팀원들이 스스로 한 약속과 지키기로 동의한 가치를 일깨우며, 팀의 양심 역할을 한다.

이 역할은 보통 필요에 따라 그때그때 상황에 맞게 팀원끼리 돌아가며 맡는다. 오랫동안 함께 일한 성숙한 팀은 코치가 필요 없다. 반대로 일정이든 비즈니스든 대인관계든 압박을 받는 팀은 이 역할을 임시로 다른 사람에게 부탁할 수도 있다.

코치는 관리자가 아니다. 코치는 예산이나 일정에 책임을 지지 않는다. 코치는 팀을 이끌지도, 관리층에 팀의 이해관계를 대변하지도 않는다. 코치는 고객과 개발자 간의 연락을 담당하지 않는다. 코치의 역할은 절대적으로 팀 내에 국한되어야 한다. 관리자도 고객도 누가 코치인지, 심지어 현재 코치가 있는지도 몰라야 한다.

스크럼 마스터

스크럼에서는 코치를 스크럼 마스터라고 부른다. 이 용어의 창안, 그리고 그로부터 이어진 일련의 사건은 애자일 커뮤니티에서 일어난 최고의 일이기도 하고, 최악의 일이기도 하다. 스크럼 마스터 인증을 받으려고 수많은 프로젝트 관리자가 모여들었다. 이 인파 덕분에 초기 애자일의 인기가 오르긴 했다. 하지만 결국에는 코치의 역할과 프로젝트 관리자의 역할이 합쳐지는 결과를 낳고 말았다.

안타깝게도 요즘에는 스크럼 마스터가 코치 역할을 하는 게 아니라 사실상 그냥 프로젝트 관리자인 경우를 너무 많이 본다. 프로젝트 관리자가 늘 해왔던 일을 하는데도 불구하고, 스크럼 마스터라는 이름과 인증이 그들에게 애자일팀에 대한 영향력을 과도하게 부여하는 것 같다.

인증

현존하는 애자일 인증certification은 완벽한 헛소리고 정말로 어리석은 짓이다. 인증을 유의미하다고 여기지 말라. 인증 프로그램에 들어 있는 교육은 대부분 받을 만하다. 하지만 이 교육이 특정한 역할에만 이루어져서는 안 되고 팀 전원을 대상으로 해야 한다.

예를 들어, 누군가가 스크럼 마스터로 인증받았다는 것은 아무런 가치가 없다. 그 사람은 인증에 필요한 수수료를 내고, 아마 이틀 정도에 걸친 수업에 참석했을 것이다. 하지만 인증 기관은 그 외에는 아무것도 보장하지 않는다. 특히 인증 기관은 새롭게 인증된 스크럼 마스터가 코치 역할을 잘할 것이라고 보장하지 않는다. 인증 제도는 '인증받은 스크럼 마스터'를 무언가 특별한 사람인 것처럼 보이게 만드는데, 이는 정말 터무니없고 코치라는 개념과도 완전히 상충하는 것이다. 애자일 코치는 애자일 코치가 되기 위해 특별히 교육받지 않는다.

다시 한번 말하지만, 인증과 함께 이루어지는 교육 프로그램에는 아무 잘못이 없다. 하지만 딱 한 명만 뽑아서 교육하는 것은 바보 같은 짓이다. 애자일팀의 모든 구성원은 애자일의 가치와 기법을 이해해야 한다. 따라서 구성원 한 명이 교육을 받는다면, 팀의 다른 구성원도 모두 함께 교육을 받아야 한다.

진짜 인증

진짜 애자일 인증 프로그램은 어때야 할까? 한 학기 과정 정도는 되어야 한다. 애자일 교육과 함께 강사의 지도하에 작은 애자일 프로젝트를 수행하는 것을 포함해야 할 것이다. 수업 중 평가가 이루어지고 학생은 높은 기준을 통과해야 할 것이다. 인증 기관은 학생이 애자일 가치를 이해했고, 애자일 규칙을 능숙하게 지켰음을 보장해야 할 것이다.

대규모 애자일

애자일 운동은 80년대 후반 시작되었다. 애자일은 4명에서 12명 사이의 소프트웨어 개발자로 구성된 작은 팀을 운영하는 수단으로 빠르게 알려졌다. 이 숫자는 딱 정해진 것은 아니고, 분명히 언급된 적도 많지 않다. 하지만 애자일(2001년 전에는 다른 이름으로 불렸겠지만)이 수천 명의 개발자가 소속된 거대한 팀에 적절하지 않다는 것은 모두가 이해하고 있었다. 큰 조직의 문제는 애자일이 풀고자 한 것이 아니었다.

그럼에도 불구하고, 이 의문이 거의 즉시 따라왔다. 큰 팀은 어떻게 하지? 대규모 애자일은 어때?

수년간 여러 사람이 이 질문에 답하려고 애썼다. 스크럼의 창시자들은 초기부터 '스크럼의 스크럼'이라는 기법을 제안했다. 이후에는 SAFe[5]나 LeSS[6] 같이 멋진 이름을 붙인 방식이 나타났다. 그사이 이 주제에 관한 책도 몇 권 나왔다.

이 접근 방법에 잘못된 것은 없다고 확신한다. 책도 분명히 좋을 것이다. 하지만 나는 이 접근 방법을 시도해 보지 않았고, 책도 읽어 보지 않았다. 내가 연구해 보지도 않은 주제에 대하여 이렇게 이야기하는 것이 무책임하다

---

5 _https://en.wikipedia.org/wiki/Scaled_agile_framework_
6 _https://less.works/_

고 생각할 수도 있다. 그럴 수 있다. 하지만 나는 확고한 생각을 갖고 있다.

애자일은 작은 팀부터 중간 크기의 팀을 위한 것이다. 끝. 이런 팀에 잘 어울린다. 애자일은 절대 큰 팀을 위해 만들어진 것이 아니다.

왜 우리가 큰 팀의 문제를 풀려고 하지 않았을까? 그 이유는 단순하다. 큰 팀의 문제는 이미 수많은 전문가가 5천 년이 훌쩍 넘는 기간 동안 연구해 온 문제이기 때문이다. 큰 팀의 문제는 사회와 문명의 문제다. 현대 문명을 놓고 생각해 보면, 우리는 이 문제를 꽤 잘 해결해 왔던 것으로 보인다.

어떻게 피라미드를 만들 수 있었을까? 큰 팀의 문제를 해결했어야 한다. 2차 세계대전을 어떻게 이길 수 있었을까? 큰 팀의 문제를 해결했어야 한다. 어떻게 사람을 달에 보냈다가 다시 지구로 안전하게 복귀시킬 수 있었을까? 큰 팀의 문제를 해결했어야 한다.

하지만 큰 팀이 이룬 것 중 우리가 아는 것이 이런 대형 프로젝트뿐일까? 전화망을 어떻게 만들 수 있을까? 고속도로망은? 인터넷, 아이폰, 자동차는? 이 모든 것에 큰 팀이 관여했다. 전 지구를 뒤덮은 어마어마한 문명의 기반 시설과 군사 시설이 우리가 큰 팀의 문제를 해결했다는 증거다.

큰 팀은 이미 해결된 문제다.

80년대 후반, 애자일 운동이 시작될 때 해결되지 않은 문제는 작은 소프트웨어팀의 문제였다. 우리는 상대적으로 작은 규모의 프로그래머들을 어떻게 조직해야 효과적으로 만들 수 있을지 몰랐다. 그리고 애자일이 해결한 것이 바로 이 문제다.

이 문제가 그냥 작은 팀의 문제가 아니라, 소프트웨어 문제였다는 점을 이해하는 것이 중요하다. 작은 팀의 문제는 수천 년 전에 세계 곳곳의 군대나 산업 조직에서 이미 해결되었다. 로마가 작은 분대를 운영하는 문제를 해결하지 못했다면 유럽을 정복하지 못했을 것이다.

애자일은 우리가 작은 소프트웨어팀을 운영할 때 적용하는 규칙 모음이다. 왜 여기에 특별한 기법이 필요한 걸까? 바로 소프트웨어의 독특함 때문이다. 소프트웨어 개발과 비슷한 일은 거의 없다. 소프트웨어의 비용/이득과 위험/보상 트레이드 오프는 그 어떤 종류의 일과도 다르다. 소프트웨어는 건축과 같다. 물리적으로는 아무것도 생기지 않는다는 점만 빼고. 소프트웨어는 수학과 같다. 아무것도 증명할 수 없다는 점만 빼고. 소프트웨어는 과학과 같이 실제적이지만, 발견할 물리학 법칙이 없다. 소프트웨어는 회계와 같다. 숫자로 이루어진 사실 대신 시간에 따른 동작을 서술한다는 점만 빼고.

소프트웨어와 정말로 비슷한 일은 없다. 따라서 소프트웨어 개발자로 이루어진 작은 팀을 운영하려면 소프트웨어의 독특한 측면에 맞춘 특별한 종류의 규칙이 필요하다.

이 책에서 우리가 이야기한 규칙과 실천 방법을 되짚어 보자. 거의 예외 없이 소프트웨어의 독특한 측면에 맞추어 하나하나 특별하게 수정하거나 조정했다는 점을 알 수 있을 것이다. 테스트 주도 개발이나 리팩터링 같이 명백하게 소프트웨어에 맞춘 기법도 있고, 계획 게임 같이 미묘하게 조정한 것도 있다.

여기서 핵심은 애자일은 소프트웨어에 대한 것이라는 점이다. 특히 작은 소프트웨어팀에 대한 것이다. 사람들이 나에게 어떻게 애자일을 하드웨어나 건설 아니면 또 다른 일에 적용하는지 물어볼 때마다 나는 늘 제대로 알려 줄 수가 없다. 내 대답은 언제나 애자일은 소프트웨어에 대한 것이라 잘 모르겠다는 것이다.

대규모 애자일은 어떤가? 나는 그런 것이 없을 것 같다. 큰 팀을 조직하는 것은 큰 팀을 작은 팀으로 나누어 조직하는 문제다. 애자일은 작은 소프트웨어팀의 문제를 푼다. 그리고 여러 작은 팀을 큰 팀으로 조직하는 문제는 이미 해결된 문제다. 따라서 대규모 애자일에 대한 나의 답은 단순히 개발자들을 작은 애자일팀으로 조직하라는 것이다. 그리고 일반적인 관리와 경영 연구에서 나온 기법을 사용하여 이 팀들을 관리하면 된다. 다른 특별한 규칙이 필요 없다.

이제 다음으로 나올 질문은 작은 팀이 만드는 소프트웨어가 그렇게 독특해서 애자일을 발명할 필요가 있었는데, 작은 소프트웨어팀을 큰 소프트웨어팀으로 조직할 때는 왜 이 독특함이 상관이 없냐는 것이다. 소프트웨어의 독특한 측면이 작은 팀을 넘어 큰 팀을 조직하는 데에도 영향을 주어야 하지 않을까?

나는 그렇지 않은 것 같다. 이미 5천 년도 더 전에 해결된 문제인 큰 팀의 문제는 어떻게 수많은 다양한 종류의 팀이 협업할 수 있게 만드느냐이기 때문이다. 애자일팀은 큰 프로젝트에서 조율해야 할 무수히 많은 종류의 팀 중 하나일 뿐이다. 다양한 팀을 통합하는 것은 이미 해결된 문제다. 소프트웨어팀의 독특함이 소프트웨어팀을 더 큰 팀으로 통합하는 데 매우 큰 영향을 준다는 증거는 본 적이 없다.

따라서 다시 한번 말하지만, 내 생각에 요점은 이것이다. 대규모 애자일이란 것은 없다. 애자일은 작은 소프트웨어팀을 조직하는 데 필요한 혁신이었다. 하지만 그 후에는 이 팀들을 수천 년 동안 큰 조직이 사용해 온 구조에 맞추면 된다.

자, 앞에서 언급했듯이 이 주제는 내가 열심히 연구해 보지 않은 것이다. 여기에 쓴 것은 내 의견이고, 완전히 틀렸을 수도 있다. 어쩌면 나는 '대규모 애자일 키즈'에게 우리 집 마당에서 꺼지라고 외치는 괴팍한 노인네일 수도 있다. 시간이 지나면 누가 옳았는지 알게 될 것이다. 하지만 내가 어느 쪽에 걸었는지는 이제 알게 되었으리라.

애자일 도구

팀 오팅거Tim Ottinger, 제프 랭어Jeff Langr, 2019년 4월 16일 씀. (저자의 허락을 받고 게재함)

무언가를 만드는 사람은 자신이 사용하는 도구의 달인이 된다. 목수는 경력 초기 단계 동안 망치나 자, 톱, 끌, 대패, 수평기 같이 저렴한 도구에 능숙해진다. 하지만 경력이 쌓일수록 더 강력하고 보통은 더 비싼 도구를 익히고 사용해야 하는 일이 점점 더 생기게 된다. 예를 들면, 드릴이나 네일 건, 공작용 선반, 목공 라우터, CAD, CNC 같은 것이 있다.

하지만 목수가 장인이 된다고 해서 간단한 도구를 쓰지 않는 것은 아니다. 해야 하는 일에 알맞은 도구를 사용한다. 숙련된 장인은 간단한 도구만 사용하더라도 복잡한 도구를 사용하는 것보다 더 빠르고 정교하게 나무를 깎아 목공 제품을 만들 수 있다. 그래서 현명한 목수라면 복잡한 도구를 도입하기 전에 간단한 도구부터 완전히 익히기 마련이다. 먼저 간단한 도구의 한계를 파악해야 언제 더 강력한 도구가 필요한지 알 수 있다.

간단한 도구든 복잡한 도구든, 목수는 언제나 도구 상자에서 꺼내는 도구에 능숙해지기 위해 노력한다. 우아한 모양으로 된 고급 가구를 만들 때, 도구에 능숙해져야 도구가 아니라 기교를 발휘하는 데 집중할 수 있다. 능숙하게 다룰 수 없다면 도구는 걸림돌이 될 뿐이다. 도구를 잘못 사용하면 작업뿐만 아니라 작업자도 위험해진다.

소프트웨어 도구

소프트웨어 개발자는 반드시 몇 가지 핵심 도구에 능숙해져야 한다.

- 최소 한 가지의 프로그래밍 언어. 대부분의 경우 여러 언어
- 통합 개발 환경이나 프로그래밍용 편집기(빔vim, 이맥스Emacs 등)
- 다양한 데이터 형식(JSON, XML, YAML 등)과 HTML 등의 마크업 언어

- 운영 체제의 명령 줄 및 스크립트 기반 대화형 인터페이스
- 소스 코드 저장소 도구(깃Git. 다른 대안이 있나?)
- 지속적 통합/빌드 도구(젠킨스Jenkins, 팀시티TeamCity, GoCD 등)
- 배포/서버 관리 도구(도커Docker, 쿠버네티스Kubernetes, 앤서블Ansible, 셰프Chef, 퍼핏Puppet 등)
- 의사소통 도구(이메일, 슬랙Slack, 국어[7])
- 테스트 도구(단위 테스트 프레임워크, 큐컴버Cucumber, 셀레늄Selenium 등)

여기까지가 소프트웨어를 만들 때 꼭 필요한 종류의 도구들이다. 요즘 세상에서는 여기서 하나만 빠져도 무언가 만드는 것이 불가능하다. 그런 의미에서 프로그래머 도구 상자에 들어 있는 '간단한 도구'에 해당한다고 볼 수 있다.

대부분의 도구는 효과적으로 사용하려면 힘들게 기술을 익혀야 한다. 하지만 그 와중에도 시장의 도구들은 계속 바뀐다. 도구를 능숙하게 익히기가 더욱 힘들어지는 것이다. 요령 있는 개발자라면 도구를 익히는 데 최소한의 노력으로 최대한의 효과를 볼 수 있는 방법을 찾기 마련이다. 어떻게 해야 투자 대비 효용을 극대화할 수 있을까?

무엇이 효과적인 도구를 만드는가?

우리가 사용할 수 있는 도구는 빠르게 바뀐다. 목적을 더 효과적으로 달성하는 방법을 끊임없이 배우기 때문이다. 지난 수십 년간 우리 곁을 스쳐간 다양한 소스 코드 저장소 도구를 살펴보자. PVCS, 클리어케이스ClearCase, 마이크로소프트 비주얼 소스세이프Microsoft Visual SourceSafe, 스타팀StarTeam, 퍼포스Perforce, CVS, 서브버전, 머큐리얼Mercurial, 이 밖에도 많다. 모두 문제가 있었다. 너무 잘 깨지거나, 특정 회사에 지나치게 종속되어 있거나, 동작이 너

---

7 (옮긴이) 원문은 English다. 영어도 필요한 도구 중 하나이기는 하다.

무 알기 어렵게 되어 있거나, 너무 느리거나, 너무 도입이 어렵거나, 너무 무섭거나, 너무 복잡했다. 많은 반대를 이겨내고 결국 승자가 나타났다. 바로 깃Git이다.

깃의 가장 강력한 측면 중 하나는 사용자가 안전하다고 느끼게 만드는 능력이다. 다른 도구를 충분히 오래 사용해 보았다면, 아마 때때로 불안감을 느꼈을 것이다. 서버가 네트워크에 연결되어 있지 않으면 작업 내용이 날아갈 수도 있다. 가끔 CVS 저장소가 손상되면 손상되기 이전에 저장해 놓은 부분이 있는지 사방을 들추며 돌아다녀야만 했다. 가끔은 저장소 서버가 날아가기도 했다. 백업을 하고는 있었더라도, 적어도 한나절 일한 분량을 잃어버리는 것은 감수해야 한다. 유료 저장소 도구로 저장한 내용이 손상되는 경우도 있었다. 이때는 몇 시간 동안 저장소 도구 제작사의 고객 지원 부서와 통화를 하며, 동시에 복구에 필요한 막대한 비용을 확보하기 위해 노력해야만 했다. 서브버전을 쓸 때는 브랜치를 많이 만들기 힘들었다. 브랜치에 속한 소스 파일이 많아질수록 브랜치를 바꾸는 데 시간이 더 많이 걸렸기 때문이다. 대략 몇 분은 기다려야 했다.

좋은 도구는 손에 들었을 때 편안하게 느껴져야 한다. 도구를 사용하는 것이 두렵고 초조해서는 안 된다. 깃은 빠르다. 서버가 아니라 내 컴퓨터에 커밋할 수 있다. 인터넷 연결 없이도 내 컴퓨터의 저장소에서 작업할 수 있다. 여러 개의 저장소와 여러 개의 브랜치도 잘 지원하고, 머지도 아주 잘해낸다.

깃의 인터페이스는 간결하고 직접적이다. 그래서 한번 깃을 제대로 배우면 도구 자체에 신경 쓸 일은 많이 줄어든다. 그 대신 소스 코드의 안전한 저장이나 통합, 관리 같이 진짜 필요한 부분에 집중할 수 있다. 도구는 투명해진다.

깃은 강력하고 복잡한 도구이기도 하다. 그렇다면 '충분히 잘' 배운다는 것은 어떤 의미일까? 다행히도 80/20 규칙이 들어맞는다. 깃의 기능 중 작은 부분, 그러니까 아마 20% 정도만 잘 배우면 소스 코드 관리에 일상적으로 필요한 작업 중 80% 이상을 할 수 있다. 필요한 것 중 대부분은 몇 분만 투자하면 배울 수 있고, 그 밖의 것은 인터넷으로 검색하면 된다.

깃을 사용하는 것은 너무나 단순하고 효과적이어서, 의도치 않게 소프트웨어 제작 방식에 완전히 새로운 길을 개척해 냈다. 깃을 빠르게 코드를 지워 버리는 도구로 사용한다고 하면 리누스 토르발스Linus Torvalds[8]조차도 정신 나간 소리라고 생각했을 것이다. 하지만 미카도 메서드Mikado Method[9]나 TCRTest && Commit || Revert[10]에서는 깃을 그렇게 사용한다. 반면에, 브랜치를 효율적으로 다루는 것이 깃의 핵심이자 강력한 기능인데도 셀 수 없이 많은 팀이 깃을 쓰면서도 브랜치를 만들지 않고 개발을 한다. 깃은 확장적응되었다. 원저자가 의도하지 않은 방향으로 아주 잘 쓰이게 된 것이다.

훌륭한 도구는 다음과 같은 특징이 있다.

- 사람들이 원하는 일을 성취하도록 돕는다.
- 금방 '충분히 잘' 배울 수 있다.
- 사용법이 명료해서 도구에 신경 쓰지 않고 쓸 수 있게 된다.
- 주어진 요구 사항에 쉽게 적응adaptation한다. 원래 의도하지 않은 용도로 사용되는 확장적응exaptation도 한다.
- 가격이 적절하다.

여기서는 훌륭한 도구의 예로 깃을 살펴보았다. 2019년에는 그렇다. 이 글을 몇 년 후에 보는 것일 수도 있겠다. 도구는 계속 바뀐다는 것을 잊지 말라.

---

8 (옮긴이) 깃과 리눅스의 창시자.
9 Ellnestam, O., and D. Broland. 2014. *The Mikado Method*. Shelter Island, NY: Manning Publications. (옮긴이) 미카도 메서드는 복잡한 코드를 고칠 때 유용한 방법론이다. 조금씩 코드를 바꾸는 실험을 한 후, 바꾼 내용을 원상태로 되돌리는 것이 주요 단계 중 하나인데, 이때 깃을 유용하게 사용할 수 있다.
10 Beck, K. 2018. *test && commit || revert*. 접속 주소: *https://medium.com/@kentbeck_7670/test-commit-revert-870bbd756864*. (옮긴이) 코드를 변경한 후 테스트를 통과하면 커밋하고, 실패하면 무조건 마지막 커밋 상태로 되돌려서(revert) 다시 코드를 작성하는 개발 방법이다.

물리적 애자일 도구

애자일을 하는 사람은 화이트보드와 테이프, 인덱스카드, 매직펜, 다양한 크기의 포스트잇(작은 것부터 전지全紙 크기까지)을 사용하여 작업 내용을 시각화한다고 알려져 있다. 이런 단순한 '손 도구'는 훌륭한 도구의 조건을 모두 갖추고 있다.

- 진행 중인 작업을 시각화하고 관리하는 것을 돕는다.
- 직관적이어서 배우지 않아도 이해할 수 있다.
- 사용하기 위해 머리를 쓰지 않아도 된다. 다른 작업에 집중한 상태에서도 쉽게 사용할 수 있다.
- 확장적응한 것이다. 사실 소프트웨어 개발을 관리하기 위해 만들어진 도구가 아니다.
- 적응도 잘한다. 테이프나 풀로 여기저기 붙이거나, 사진이나 아이콘을 클립으로 고정시켜 놓을 수도 있다. 테이프를 써서 표시를 할 수도 있고, 아예 색깔이나 아이콘을 사용해서 새로운 의미를 부여할 수도 있다.
- 모두 저렴하고, 쉽게 구할 수 있다.

한 사무실에 모여서 일하는 팀이라면 이런 단순하고 저렴한 물리적 도구만 사용하더라도 거대하고 복잡한 프로젝트를 쉽게 관리할 수 있다. 벽에 큰 종이를 붙여서 중요한 정보를 퍼트릴 수 있다. 이런 정보 방열기information radiator는 중요한 경향이나 사실을 팀 구성원뿐 아니라 결정권자에게도 전달한다. 정보 방열기를 사용해서 필요할 때마다 새로운 종류의 정보를 고안하고 전달할 수 있다. 활용 방법은 무수히 많다.

모든 도구는 다 한계가 있다. 물리적 도구의 한 가지 큰 한계는 팀이 분산된 경우에 효과가 떨어진다는 것이다. 눈으로 쉽게 볼 수 있는 거리 안에서만 효과적이다. 물리적 도구는 예전 기록을 자동으로 보존할 수 없다는 단점도 있다. 오직 현재 상태만 볼 수 있다.

자동화 압력

최초의 XP 프로젝트였던 크라이슬러 급여 프로젝트는 대부분 물리적 도구로 관리했다. 하지만 애자일이 성장할수록, 자동화 소프트웨어 도구에 대한 관심도 커졌다. 타당한 이유를 몇 가지 살펴보자.

- 소프트웨어 도구는 데이터를 일관된 형식으로 모을 수 있도록 도와준다.
- 일관된 형식으로 데이터를 모으면 멋진 보고서나 차트, 그래프를 쉽게 만들 수 있다.
- 데이터를 안전하게 저장할 수 있다. 예전 기록을 찾아보기도 쉽다.
- 아무리 멀리 떨어져 있어도 모든 사람과 순식간에 정보를 공유할 수 있다.
- 온라인 스프레드시트 같은 도구를 사용하면, 뿔뿔이 흩어져 있는 사람들이 실시간으로 협업할 수 있다.

번지르르한 프레젠테이션이나 소프트웨어에 익숙한 사람은 더는 구시대적인 도구를 쳐다보지도 않는다. 게다가 우리는 소프트웨어를 만드는 산업에 속해 있기 때문에, 모든 것을 자동화하고 싶은 욕구가 이는 것이 당연하다.

소프트웨어 도구를 가져와!

아…… 아닐 수도 있다. 잠깐 멈춰서 생각을 좀 해 보자. 자동화 도구가 당신 팀의 특정한 프로세스에 맞지 않을 수도 있다. 일단 도구가 생기면, 실제로 필요한 방식이 아니라 도구가 동작하는 방식에 맞추어 일하게 되기 일쑤다.

먼저 자신의 상황에 맞는 일의 방식을 정립한 다음, 그런 방식을 잘 지원하는 도구를 찾는 것이 맞는 순서다.

일하는 사람이 도구를 사용하고 조종해야지, 도구가 사람을 조종하고 사용하면 안 된다.

다른 사람이 만든 작업 흐름에 갇히는 것을 원하지는 않을 것이다. 어떤 작업을 하든지 자동화하기 전에 먼저 자신의 작업 방식을 완전히 파악해야 한다. 그래도 따져 봐야 할 것이 있다면 자동화된 도구냐 물리적 도구냐가 아니다. "우리가 훌륭한 도구를 사용하고 있나? 훌륭하지 않은 도구를 사용하고 있나?"를 질문해 보아야 한다.

ALM을 살 돈이 있을 때

애자일이 자리를 잡자마자 애자일 프로젝트를 관리하는 소프트웨어가 쏟아져 나왔다. 애자일 생애 주기 관리Agile Lifecycle Management, ALM 시스템은 오픈 소스부터 세련되고 비싼 패키지 제품까지 다양하다. ALM은 애자일팀의 데이터를 모으고, 백로그 같은 긴 기능 목록을 관리하고, 복잡한 그래프를 만들어 주고, 연관된 팀들을 모아서 보여 주고, 몇 가지 숫자 계산까지 해 준다.

이런 일을 도와주는 자동화된 시스템이 있으면 편리할 것 같아 보인다. ALM 도구는 주요 기능 말고도 몇 가지 좋은 기능이 더 있다. 대부분 원격에서 사용할 수 있고, 지나간 내용을 찾아보거나, 지저분한 회계 관리를 도와주기도 하고, 많은 부분을 설정으로 바꿀 수 있다. 전문가가 만든 것 같은 알록달록한 그래프를 대형 출력장치로 큰 종이에 인쇄한 다음, 팀 공간에 붙여서 정보 방열기도 만들 수 있다.

하지만 온갖 기능과 상업적인 성공에도 불구하고 ALM 도구는 절대 훌륭한 도구가 아니다. ALM 도구의 실패는 반면교사로 삼을 만하다.

- 훌륭한 도구는 금방 '충분히 잘' 배울 수 있다: ALM은 복잡한 경우가 많다. 그래서 보통 따로 사용법을 교육받는다. (흠. 마지막으로 인덱스카드 사용법 교육을 들은 게 언제더라?) 교육을 받은 후에도, 분명 단순한 일인데 어떻게 하는지 몰라서 검색을 해 봐야만 하는 경우가 많다. 많은 사람이

도구가 복잡한 것은 생각하지 않고 도구가 어떻게 돌아가는지 이해하려고 애쓰다가, 결국에는 느리고 복잡한 방식을 참는 데 익숙해져 버린다.

- **훌륭한 도구는 사용법이 명료해서 도구에 신경 쓰지 않고 쓸 수 있게 된다:** 회의를 하다 보면 도구를 조작하는 사람이 헤매는 것을 다른 팀원들이 구경하는 상황이 늘 벌어진다. 웹 페이지 사이를 누비면서 복사–붙여넣기로 내용을 옮기고, 스토리끼리 엮거나 '에픽' 스토리에 넣으려고 한다. 스토리 카드를 조작하는 모습을 보면 술이라도 한잔 마신 것 같다. 스토리, 작업, 할당을 조작해서 정리하려고 하지만 자꾸 실수한다. 엉망진창이다. ALM 도구는 항상 긴장하고 사용해야 한다.

- **훌륭한 도구는 적응 또는 확장적응한다:** ALM의 카드에 속성을 하나 추가하고 싶은가? 가까운 지역에서 도구의 고객 지원을 담당하는 희생양이 된 전담 프로그래머를 찾아봐야 할 것이다. 그런 사람이 없다면 제조사에 변경 요청을 해야만 한다. 구식 도구에서는 5초면 가능한 일이 ALM에서는 5일 내지 5주가 걸린다. 프로세스 관리 방법을 빠르게 피드백을 받으며 실험하는 것은 불가능해진다. 아, 물론 추가한 속성이 필요 없어지면 누군가가 변경한 내용을 되돌리고 다시 릴리스를 해야 할 것이다. ALM 도구는 필요에 맞게 바꾸기 어려울 때가 있다.

- **훌륭한 도구는 가격이 적절하다:** 연 수백만 원에 달하는 ALM 도구 사용 비용은 시작일 뿐이다. 막상 도구를 설치하고 사용하려고 하면 교육이나 지원 그리고 때로는 사용자 맞춤 기능 변경 등을 위해 상당한 추가 비용이 발생한다. 이 막대한 금액에 지속적인 유지 및 관리 비용까지 더 얹힌다.

- **훌륭한 도구는 사람들이 원하는 일을 성취하도록 돕는다:** ALM 도구가 실제로 팀이 일하는 방식에 맞는 경우는 별로 없다. 사실 ALM 도구의 기본 설정이 애자일 방법론과 맞지 않는 경우도 많다. 예를 들어, 많은 ALM 도구는 구성원 개인에게 작업이 할당된다고 가정한다. 그래서 여러 역할을 담당하는 사람들이 함께 일하는 팀에서는 그대로 쓰기가 거의 불가능하다.

어떤 ALM 도구는 면박판_{pillory board}을 제공하기도 하는데, 개개인의 업무량이나, 가동률, 진도, 남은 업무 현황 등을 모아서 보여 주는 기능이다. 면박판은 진정한 애자일에서 하듯이 완성에 이르기까지의 업무 흐름을 잘 보여주고 공동의 책임을 강조하기보다는, 프로그래머를 더 열심히 오래 일하라고 압박하는 무기로 사용된다.

일일 스크럼이나 아침 스탠드업 미팅을 위해 모이는 것이 아니라 각자 ALM에 업무 내용을 입력하기 위해 모인다. 자동화된 상황 보고가 사람들 사이의 상호작용을 대체해 버린다.

가장 나쁜 점은 ALM 도구는 물리적 도구만큼 정보를 잘 퍼트리지 못한다는 것이다. 원하는 정보를 얻으려면 로그인해서 이리저리 헤매고 다녀야 한다. 정보를 찾더라도 원하지 않는 정보가 한 무더기 함께 딸려오는 경우가 많다. 가끔은 원하는 두세 가지 그래프나 정보가 여러 웹 페이지에 흩어져 있는 경우도 있다.

언젠가 ALM이 위대한 도구가 되지 말란 법은 없다. 만약 카드 더미를 관리하는 데 소프트웨어를 꼭 사용해야 한다면, 트렐로_{Trello}[11] 같은 범용 도구를 사용하라. 간단하고, 빠르고, 싸고, 확장이 쉽고, 사용자를 초조하게 만들지 않는다.

우리가 일하는 방식은 계속 바뀐다. 소스 코드를 관리하는 방식이 몇 년에 걸쳐 SCCS에서 RCS로, 또 CVS로, 서브버전으로, 깃으로 거대한 변화를 겪는 동안, 우리도 계속 따라가며 진화했다. 테스트 도구나 개발 도구, 그리고 여기에 언급하지 않은 많은 도구도 비슷한 진화를 겪었다. 아마 자동화된 ALM 도구도 비슷한 변화를 겪을 것이다.

현재 대다수의 ALM 도구 상태를 보면 일단 물리적 도구로 시작하는 것이 안전하고 현명해 보인다. 나중에 ALM 도구 사용을 고려해 볼 수 있다. 금방

---

11 다시 말하지만 2019년에는 그렇다는 것이다. 도구는 계속 바뀐다.

배울 수 있고, 일상적으로 사용할 수 있도록 명료하고, 적응이 쉽고, 도입해서 운용할 예산이 충분한지 먼저 확인하라. 그리고 가장 중요하게는 이 도구가 팀이 일하는 방식에 적합한지, 투자 대비 효과가 충분한지 확인해야 한다.

코치하기 - 다른 견해

데이먼 풀Damon Poole· 2019년 5월 14일 씀. (저자의 허락을 받고 게재함)

데이먼 풀은 내 친구지만, 많은 것에 대해 나와 의견이 다르다. 애자일 코치가 그중 하나다. 그래서 다른 시각을 보여 주기에 좋은 사람이라고 생각했다.

- 엉클 밥

애자일로 향하는 다양한 길

애자일로 향하는 길은 다양하다. 사실 우리 중 많은 수가 의도하지 않은 길을 따라 애자일에 도착했다. 누군가는 애자일 선언의 저자들은 자신들이 모두 비슷한 경로를 걸어왔다는 것을 깨닫고 다른 사람도 같은 길로 따라오기를 기대하며 애자일 선언을 만들었다고 주장할지도 모르겠다. 나는 1977년에 TRS-80을 파는 가전매장에 걸어 들어가는 것으로 애자일을 향한 첫발을 내디뎠다. 당시 나는 완전히 풋내기였지만 그저 질문하는 것만으로도 경험 많은 프로그래머가 '스타트렉' 게임의 버그를 수정하는 것을 도울 수 있었다. 오늘날에는 이걸 짝 프로그래밍이라고 부른다. 그리고 공교롭게도 질문하는 것은 코치할 때 중요한 요소다.

그때부터 2001년 즈음까지 나는 나도 모르게 애자일을 했다. 작은 교차 기능팀cross-functional team에서만 코딩을 했고, 대부분 고객이 회사 내에 있었으며, 지금은 우리가 사용자 스토리라고 부르는 것에 집중했다. 늘 작게 자주 릴리스를 했다. 그런데 어큐레브AccuRev에서 일하고 있던 즈음, 큰 릴리스 사이의 간격이 점점 벌어지기 시작하더니 2005년에는 무려 18개월에 달했다. 나는 4년간 나도 모르게 폭포수 개발을 하고 있었다. 끔찍했지만 그때는 왜 그런지 몰랐다. 게다가 나는 그 당시 '프로세스 전문가' 소리를 듣고 있었다. 세부 사항은 좀 다를 수 있겠지만, 많은 사람이 비슷한 경험을 했을 것이다.

프로세스 전문가에서 애자일 전문가로

나의 첫 애자일 경험은 고통스러웠다. 2005년은 애자일 얼라이언스 콘퍼런스 같은 행사의 인기가 아직 폭발하기 전이었는데, 그때 〈소프트웨어 디벨롭먼트Software Development〉 잡지에서 주최한 콘퍼런스가 열렸다. '소프트웨어 디벨롭먼트 이스트Software Development East'에서 나는 분산된 개발팀을 관리하는 방법에 대해 강연을 했다. '애자일'과는 전혀 상관없는 내용이었다. 발표 후 참석한 발표자 연회에서 나는 밥 마틴이나, 조슈아 케리에브스키Joshua Kerievsky, 마이크 콘Mike Cohn, 스콧 앰블러Scott Ambler 같은 소프트웨어 업계의 선각자들과 마주치게 되었다. 그런데 그들은 3×5인치 인덱스카드니, 사용자 스토리니, 테스트 주도 개발이나 짝 프로그래밍 같은 것에만 열광하는 것 같아 보였다. 이런 선각자들이 돌팔이 약장수에게 속아 넘어가다니. 정말 충격을 금할 수 없었다.

몇 달 후, 나는 애자일의 실체를 제대로 연구해 보았다. 그때 깨달음이 찾아왔다. 애자일은 시장에서 가장 높은 가치를 만들어 내는 기능을 찾고, 이러한 기능을 보다 빠르게 매출로 바꿔내는 알고리즘이었던 것이다. 프로그래머이자 사업가인 나에게는 신선한 통찰이었다.

나는 영감이 찾아온 순간 이후로 누구에게나 열정적으로 애자일을 전파했다. 무료 웹 세미나를 열고, 블로그에 글을 쓰고, 콘퍼런스에서 강연을 했다. 보스턴 지역의 '애자일 뉴잉글랜드' 모임을 운영하고, 애자일을 퍼트리기 위해 할 수 있는 모든 일을 했다. 사람들이 애자일을 실천하며 생기는 어려움을 공유할 때면 도와주고 싶어서 안달복달했다. 나는 문제 해결 모드로 전환하고선 내가 생각하는 해결책을 설명했다.

그러다 보니 내 접근 방법이 반발을 불러일으키거나, 더 많은 문제로 이어진다는 것을 깨달았다. 그런데 나만 그런 것이 아니었다. 극단적으로는 콘퍼런스 장에서 애자일 옹호자들이 아직 애자일을 모르는 사람들과 서로 대립하는 것을 본 적도 있다. 애자일을 진정으로 받아들이고, 효과적으로 사용하게 만들려면 배우는 사람 각각의 상황을 고려하여 애자일 지식과 경험을 전달하는 새로운 방법이 필요하겠다는 생각이 들기 시작했다.

애자일 코치의 필요성

애자일의 기본 개념은 단순하다. 애자일 선언은 겨우 264개(한글로는 212개)의 단어로 이루어져 있다. 하지만 애자일해지기는 어렵다. 쉬운 일이면 모든 사람이 이미 애자일을 하고 있고, 애자일 코치는 필요가 없을 것이다. 사람들은 대개 변화를 힘들어한다. 애자일을 온전히 다 받아들이는 것은 말할 것도 없다. 애자일을 받아들이는 것은 이미 자리를 잡고 있는 믿음과 문화, 프로세스, 생각, 일하는 방식을 모두 바꾸는 것이다. 한 사람의 생각을 바꾸고, '그래서 무엇이 좋은지'를 깨닫게 도와주는 것만으로도 충분히 어렵다. 팀 전체를 바꾸는 것은 난도가 한층 더 높다. 전통적으로 일하는 방식에 맞춰진 환경에서 변화를 만들어 내야 한다면 난도가 더더욱 높아진다.

변화를 이끌어 내는 계획을 세울 때 잊지 말아야 할 진리가 있다. 사람은 자신이 원하는 일만 한다는 것이다. 변화를 지속하려면 다음과 같이 해야 한다. 먼저 사람들이 알고 있고 노력을 기울일 생각이 있는 문제나 기회를 찾고, 그들이 요청하거나 필요로 할 때만 조언을 하면서, 목표를 달성하도록 도와야 한다. 다른 방식은 모두 실패한다. 코치는 사람들이 맹점을 발견하도록, 발전을 가로막는 잠재된 생각을 드러내도록 돕는다. 단순히 해결책을 던져 주는 것이 아니라 각자의 과제를 해결하고 자신의 목표를 달성하도록 돕는 것이다.

코치를 애자일 코치로 바꾸기

2008년, 리사 앳킨스Lyssa Adkins가 등장하며 애자일 코치에 완전히 새로운 바람을 불러일으켰다. 리사는 애자일 코치 세계에 전문적인 코치의 기술을 소개하면서, 순수한 코치 요소에 방점을 두었다.

나는 전문적인 코치 방법과 리사의 접근 방법에 대해 더 배우면서 실제로 내가 일하는 방식에 적용해 보기 시작했다. 그리고 코치에게서 배우는 지식이나 기술과는 완전히 별개로, 코치를 받는다는 것만으로도 사람들에게 어마어마한 가치가 있다는 것을 깨닫게 되었다.

리사는 2010년에 쓴 자신의 책 《Coaching Agile Teams》[12]에서 애자일 코치 접근 방법을 잘 설명했다. 그리고 동시에 애자일 코치를 가르치는 과정을 개설하였다. 2011년에는 이 강의의 학습 목표를 바탕으로 국제 애자일 컨소시엄International Consortium for Agile, ICAgile 애자일 코치 인증ICAgile's Certified Agile Coach, ICP-ACC의 학습 목표를 만들었다. 그리고 ICAgile은 다른 ICP-ACC 수업을 제공하는 기관도 승인하기 시작했다. 현재 ICP-ACC 수업은 애자일 업계에서 가장 포괄적인 전문 코치 교육을 제공하고 있다.

ICP-ACC를 넘어서

ICP-ACC 인증에 들어 있는 코칭 기술은 적극적 경청, 감성 지능, 존재감, 명확하고 직접적인 피드백 제공, 열려 있고 답을 유도하지 않는 질문 하기, 중립 지키기 등이다. 전문적인 코칭 기술은 이 밖에도 훨씬 많다. 예를 들어, 인증받은 전문 코치 3만 5000명을 대표하는 국제코치연맹International Coach Federation, ICF은 70가지 능력을 11개의 범주로 나누어 정의한다. 공인 전문 코치가 되려면 많은 교육과 엄격한 인증 과정을 통해 70가지 능력 모두를 보여 주고, 수백 시간의 유료 코치 과정을 문서로 남겨야 한다.

---

12 Adkins, L. 2010. *Coaching Agile Teams: A Companion for ScrumMasters, Agile Coaches, and Project Managers in Transition.* Boston, MA: Addison-Wesley.

코칭 도구

애자일 커뮤니티에서 애자일 교육이나 애자일 전환을 위해 사용하는 방법이나 체계, 실천 사항 중에는 전문적인 코칭 방식과 일치하는 것이 많다. 이런 '코칭 도구'는 개인이나 단체가 장애물을 발견하고, 이를 극복할 해결책을 찾는 것을 돕는다.

코치를 평가하는 역량 중 효과적인 질문하기_{powerful questioning}가 있는데, 이 역량을 나타내는 것 중 하나가 "발견이나 통찰, 약속, 행동을 이끌어 내는 질문을 한다"이다. 회고하기, 특히 '최고의 성과를 냈던 팀 되돌아 보기'나 '여섯 색깔 생각 모자_{Six Hats}[13]' 같은 변종 기법은 효과적인 질문을 할 수 있는 기법이다. 효과적인 질문은 듣는 사람 스스로 변화의 기회를 찾고, 이 기회를 어떻게 추구할 것인지 직접 결정하도록 해 준다. 언콘퍼런스_{unconference}라고도 부르는 오픈스페이스_{open space} 모임[14]도 큰 규모의 단체에 효과적으로 질문을 할 수 있는 방법이다. 심지어는 조직 전체를 대상으로 모임을 열 수도 있다.

애자일이나 애자일 방법론에 대해 체계적으로 교육을 받았다면, 애자일 개념을 잘 드러내는 게임을 몇 가지 해 보았을 것이다. 페니 게임_{penny game}[15]이나 스크럼 시뮬레이션, 칸반 피자_{Kanban Pizza}, 레고 도시 건설_{LEGO city building} 같은 것 말이다. 게임을 통해 참가자는 자기 조직화, 작은 배치 크기,

---

13 (옮긴이) 중립적, 감정적, 부정적, 낙관적, 창의적, 이성적 사고를 뜻하는 여섯 가지 색깔의 모자를 차례대로 바꾸어 쓰면서 모자 색깔이 뜻하는 유형대로 생각해 보는 방법이다. de Bono, Edward. 1985. *Six Thinking Hats: An Essential Approach to Business Management*. Little, Brown, & Company.

14 (옮긴이) 오픈스페이스 모임은 사전에 정해진 의제나 발표자 없이, 참가자들이 모임의 의제나 진행 방식을 결정하는 방식의 모임을 말한다.

15 (옮긴이) 페니 게임은 20개의 동전을 뒤집는 작업을 통하여 일의 작업 단위가 어떤 영향을 미치는지 배우는 게임이다. 팀원이 나란히 앉아 있는 상태에서 맨 처음에 앉은 사람이 정해진 개수만큼의 동전을 뒤집은 후 다음 사람에게 뒤집은 동전을 넘겨주면, 넘겨받은 동전을 다시 뒤집은 후 다음 사람에게 넘겨주기를 반복한다. 맨 끝에 앉은 사람이 동전을 모두 뒤집으면 게임이 끝난다. 작업 단위를 다르게 하여 진행함으로써 고객에게 제품이 도달하는 시간이나 업무 양상이 달라지는 것을 체험할 수 있다.

교차기능팀, 테스트 주도 개발, 스크럼, 칸반 등이 얼마나 유용한지 체험할 수 있다. 참가자의 관심을 고취하고 참가자가 스스로 자신의 행동을 결정하도록 게임을 운영함으로써 전문적인 코치가 지향하는 바를 이룰 수 있다.

코칭 도구는 계속 늘어나고 있다. 대부분은 tastycupcakes.org, retromat. org, liberatingstructures.com 같은 사이트에서 찾아볼 수 있다.

전문적인 코칭 기술만으로는 충분치 않다

칸반을 쓰면 좋을 것 같은 팀이 있는데, 칸반에 대해서 한 번도 들어본 적이 없다고 해 보자. 제아무리 효과적인 질문을 하거나 다른 코칭 기술을 써도 칸반을 스스로 발명해 내지는 못할 것이다. 애자일 코치는 이럴 때 유용할 만한 전문 지식을 전달하는 것으로 코칭 방식을 바꿔야 한다. 팀원들이 관심을 보이면 애자일 코치는 가르치거나 조언을 하면서 자신의 전문 지식을 전달한다. 하지만 팀원들이 새로운 지식을 습득한 후에는 다시 순수하게 코치만 하는 방식으로 돌아와야 한다.

애자일 코치가 전달할 수 있는 전문 지식에는 크게 여섯 가지 분야가 있다. 애자일 체계, 애자일 전환, 애자일 프로젝트 관리, 애자일 기술 실천 방법, 애자일 촉진, 코치하기이다. 애자일 코치마다 각 분야별로 가지고 있는 지식에 차이가 있을 것이다. 대부분의 조직이 처음에는 애자일 체계 경험을 가진 애자일 코치를 찾는다. 그리고 점차 애자일을 받아들임에 따라 다른 애자일 전문 지식의 가치도 알아보게 된다.

많은 조직이 과소평가하는 전문 지식 분야 중에 코딩과 테스트가 있다. 코딩과 테스트에 참여하는 모든 사람은 애자일 환경에 맞는 코드와 테스트를 만드는 데 능숙해져야 한다. 이 책에서 설명하는 것처럼 말이다. 그래야 기존의 코드나 테스트만 고치고 또 고치게 되거나, 기술 부채가 쌓이는 일을 막을 수 있다. 속도가 느려지지 않고, 새로운 기능과 테스트를 추가하는 일에 집중할 수 있게 만든다.

여러 팀 코치하기

2012년 즈음, 개별 팀의 성공 사례가 모이면서 애자일의 규모를 키우는 데 관심이 몰리기 시작했다. 전통적인 방식으로 일하기 위해 만들어진 조직을 애자일 방식으로 일하는 조직으로 바꾸고자 했다.

오늘날에는 대부분의 애자일 코치가 여러 팀과 함께 일한다. 가끔은 수십에서 수백 개의 팀과 일하는 경우도 있다. 그리고 처음에는 팀들이 제각각 자원과 인력을 관리하고, 팀마다 서로 다른 프로젝트를 담당하고 있는 경우가 많다. 코치는 보통 셋 이상의 프로젝트를 담당하게 된다. 모든 '팀'이 공동의 목표를 향하여 일하지는 않는다. 이런 조직은 팀 혹은 제품 기반의 사고를 하기보다는 전통적인 환경에서 다년 자금 조달, 포트폴리오 계획, 프로젝트 기반의 사고를 한다.

대규모 애자일

대규모 애자일은 팀 단위 애자일과 매우 비슷하다. 애자일에서는 한두 주마다 요청 사항에서 릴리스 준비 완료까지 움직이기 위해 팀 전체의 힘을 모아야 한다. 애자일을 통해 성과를 내기 어려운 점 중 하나는 반복적으로 이 과정에 존재하는 모든 장애물을 찾아 없애야 한다는 것인데, 필요할 때마다 릴리스를 할 수 있게 하려면 한층 더 힘들다.

게다가 여러 팀이 협동하여 하나의 결과물을 만드는 경우라면 그 어려움이 훨씬 더 배가된다. 불행하게도 큰 조직이 애자일을 도입하는 방식을 보면 보통 전통적인 프로젝트 같이 취급한다. 한마디로 수많은 변경 사항이 사전에 계획된 후, 상의하달식 명령 및 통제 방식으로 반영된다. 여기서 수많은 변경 사항이라는 것은 진짜로 수천 개의 변경 사항을 말한다. 수백 명의 사람에게 매일 하는 행동 수십 개를 바꾸라고 명령해야 하니 실제 변경 사항은 수천 개가 되는 것이다. 이런 변경 사항으로 인한 영향을 수백 명의 사람이 각자 어떻게 느끼느냐에 따라 성공 혹은 실패가 결정된다. 시작부터 대규모 애자일 체계를 확립하는 것이 목표라고 말하는 것은 "우리 계획은 여기 산더미처럼 쌓여있는 소프트웨어 요구 사항을 구현하는 것입니다"라고 말하는 것과 마찬가지다.

수백 개의 팀을 동시에 아울러야 했던 대규모 애자일 도입 사례, 그리고 여러 경험 많은 애자일 코치와 함께 일했던 경험에 비추어 볼 때, 내가 배운 가장 중요한 것은 이것이다. 성공적으로 애자일을 도입하는 문제는 성공하는 소프트웨어를 만드는 것과 완전히 똑같은 문제다. 고객과 자주 소통하는 것이 소프트웨어를 발전시키는 최고의 방법인 것처럼, 프로세스도 잘 유지하려면 실제로 영향을 받는 사람들이 잘 이해해야 한다. 그리고 프로세스가 그들만의 개별적 상황에 비추어 볼 때 실제로 필요해야 한다. 다시 말하면, 내 생각에 가장 효과적인 애자일 전환 전략은 애자일 도입 자체를 코칭 기술을 적용하는 애자일 과업으로 간주하는 것이다.

애자일해지기 위해 애자일과 코칭 사용하기

애자일 선언은 코칭과 여러 팀의 업무 조정에 아주 좋은 지침을 제시한다. "그들이 필요로 하는 환경을 만들고 지원해 주어라. 그리고 해낼 수 있을 것이라 믿어라" 동일한 맥락에서 애자일 커뮤니티는 애자일 선언의 가치와 원칙에 맞게 규모를 키우는 방법을 많이 제공하고 있다. 여기서는 애자일 체계를 직접 소개하기보다는 여러 체계를 구성하는 재료인 개별 실천 방법을 살펴보자.

모든 애자일 체계는 근본적으로 개별 애자일 실천 방법을 모아서 구성한 '기성품' 요리법이다. 정해진 요리법을 그대로 지키려고 하기보다는, 애자일과 코칭을 사용하여 각자의 상황에 꼭 맞는 요리법을 만들어 보는 것을 추천한다. 직접 만든 요리법이 결국에는 SAFe나 Nexus, LeSS, Scrum@Scale가 되어버린다면, 그것도 좋다!

어떻게 애자일과 코칭을 조합하여 각 조직에 딱 맞는 방법을 찾고 애자일을 구현해야 할까? 가장 성공한 기업 애자일 코치는 이렇게 한다. 개인을 코치할 때 중요한 것은 그 사람이 자신의 문제를 해결하도록 도와주는 것이다. 팀이나 조직을 코치할 때는 팀이 그 팀의 목표를 달성하도록 도와주면 된다. 먼저 코치는 애자일 도입으로 영향을 받는 사람 모두를 '고객'이라고 생각한다. 그리고 회고나 오픈스페이스 모임, 다른 유사한 방법을 사용하여 고객이 어려워하는 것은 무엇이고, 기회라고 생각하는 것은 무엇인지 듣는다. 다음으로는 스티커 투표 같은 단체 의사 결정 도구를 이용하여 백로그에서 어떤 일을 먼저 할지 고른다. 그리고는 조직에서 고른 일 몇 가지를 실천하도록 돕는다. 마지막으로 회고를 하고, 반복한다. 물론 참여하는 사람 대부분이 애자일을 처음으로 접하는 상황일 것이다. 코칭만으로는 부족하다. 가르치기도 하고 조언도 하면서 사람들이 충분히 이해한 후 결정을 내리도록 도와야 한다.

애자일 도입을 확대하기

애자일 도입 백로그에 넣을 만한 개별 실천 방법 목록을 나열해 보았다. 이 목록은 열 명 남짓한 기업 코치 모임에서, 포스트잇을 모으고 겹치는 것을 빼고 스티커 투표를 하는 애자일 코치 3단계 프로세스를 통해 만들고, 정기적으로 갱신하고 있다. 이 목록은 참고용이므로 실천 방법은 개략적으로만 설명하겠다. 이 밖에도 수많은 애자일 실천 방법이 있으니 이 목록에서 시작하여 얼마든지 확장할 수 있다. 예를 들어, 스크럼이나 칸반, XP 혹은 다른 대규모 조직용 체계를 도입하지 않고, 조직이나 팀에서 현재 필요한 것과 가장 관련이 있는 실천 방법 딱 하나만 골라서 도입해도 된다. 일정 기간 시도해 보고, 또 하나를 더 고르는 일을 반복하면 된다.

- 칸반 실천 방법: 칸반 실천 방법에는 벽에 카드를 붙여서 업무를 시각화하기, 진행 중인 업무 수 제한하기, 시스템을 통해 업무 시작하기 등이 있다.

- **스크럼과 XP 실천 방법**: 스크럼과 XP는 XP의 기술 실천 방법을 제외하고는 매우 비슷하기 때문에 하나로 묶었다. SAFe에서는 아예 스크럼XP라고 묶어서 부르기도 한다. 스크럼과 XP 둘 다 다양한 실천 방법을 갖추고 있는데, 짧은 일일 팀 회의나 제품 책임자, 프로세스 촉진자(스크럼 마스터라고도 한다), 회고, 교차기능팀, 사용자 스토리, 작은 릴리스, 리팩터링, 테스트 먼저 쓰기, 짝 프로그래밍 등이 있다.

- **팀 일정 맞추기**: 스탠드업이나 회고 같이 여러 팀이 참가하는 행사 일정이 맞춰져 있으면, 매일 체계적으로 장애물을 모아서 보고 경로를 따라 상위 조직장에게 전달할 수 있다. 반복 주기 길이뿐 아니라 시작과 완료 일정을 맞추는 것도 좋다. 반복 주기에 구애받지 않고 필요할 때마다 릴리스를 하는 조직은 어떤 일정에든 맞출 수 있다.

- **장애물 보고 경로**: 언제나 가장 높은 가치를 만드는 일을 하는 것이 맞다면, 일하다가 맞닥뜨린 장애물을 미리 정해진 보고 경로를 따라 바로바로 보고해야 최대한 빨리 가장 높은 가치를 만드는 일을 재개할 수 있다. 이 실천 방법은 많이 쓰이는 '스크럼의 스크럼' 실천 방법이나 그보다는 덜 알려진 '회고의 회고'에 적용할 수 있다. 이 실천 방법을 사용하는 예로는 스크럼을 통해 규모를 키우는 Scrum@Scale의 프랙털 패턴fractal pattern이나 경영진 행동팀Executive Action Team이 지원하는 스크럼의 스크럼이 있다.

- **정기적인 팀 간 소통**: 이 실천 방법은 공동의 결과물을 향하여 함께 일하는 스크럼 마스터, 제품 책임자, 팀 구성원들이 정기적으로 소통하는 것이다. 정기적인 오픈스페이스 모임을 여는 것이 한 방법이다.

- **포트폴리오 칸반**: 전통적인 포트폴리오 관리 방식은 사람을 여러 팀에 소속시키는 경향이 있다. 그 결과 늘 여러 가지 일을 동시에 하게 된다. 많은 일을 동시에 하면 일 사이에 충돌이 생기고, 복잡도는 증가하며, 처리량은 줄어든다. 포트폴리오 칸반은 진행 중인 일의 수를 계획 단계에서

부터 제한하기 때문에, 조직이 언제나 가장 높은 가치를 갖는 일에 집중할 수 있게 해 준다. 동시에 진행하는 프로젝트의 수를 줄이면 여러 팀의 업무를 조정하기도 매우 쉬워진다. 아예 조정할 필요가 없어질 수도 있다. 포트폴리오 칸반은 최소 기능 개선_{Minimum Viable Increments}과 함께 사용할 때 가장 빛을 발한다.

- 최소 기능 개선: 이 아이디어에는 다양한 변종이 있다. 하지만 핵심적인 생각은 동일하다. 가장 빠른 시간 안에 가장 높은 가치를 창출하는 최단 경로를 찾는 것이다. 점차 많은 조직에서 이 방법을 최대한 실천하기 위하여 지속적 배포를 구현하고 있다. 작은 변경 사항을 자주 릴리스하는 것이다. 많은 경우에는 하루에 여러 번 릴리스할 수도 있다.

작은 것에 집중하여 큰 성공 이루기

여러 팀에서 함께 애자일을 도입할 때, 문제는 대부분 단순한 해결책이 아니라 복잡한 문제에 대응하는 데 집중한 경우에 발생한다. 내 경험상 팀 단위로는 기민함을 유지하면서, 그보다 큰 조직은 복잡하지 않게 만드는 것이 대규모 애자일의 핵심 기반이다. 쾌속선 선단이 있더라도 모든 배가 서로 묶여 있다면 아무짝에도 쓸모가 없을 것이다. 일반적으로 팀 단위 애자일에서 중요하지만 동시에 여러 팀 간 조정을 도와주는 역할도 하는 실천 방법을 살펴보자.

- SOLID[16] 원칙: 이 원칙은 어느 규모에서나 중요하긴 하다. 여러 팀이 함께 일할 때는 의존성을 확 줄여서 팀 간 조정을 단순하게 만들어 주어 특히 더 유용하다.
- 작고 가치 있는 사용자 스토리: 작고, 개별적으로 릴리스할 수 있는 스토리는 의존 범위를 줄이고 팀 간 조정을 단순하게 만든다.

---

16 (옮긴이) *https://ko.wikipedia.org/wiki/SOLID_*(객체_지향_설계) 참조

- 작은 릴리스를 자주 하기: 릴리스가 실제로 고객에게 전달되는지 여부와 상관없이, 여러 팀이 참여하는 제품을 릴리스 가능한 상태로 만들다 보면, 조정이 필요한 사항이나 구조적인 문제가 드러나기 마련이다. 이를 통해 문제의 원인을 찾고 해결할 수 있다. 종종 이 문제를 잊는 스크럼팀이 있는데, 스크럼은 "릴리스를 실제로 하는지 여부에 상관없이 변경 사항을 적용한 제품은 언제나 사용할 수 있는 상태여야 한다"고 말한다. 이 말은 제품을 언제나 의존성이 있는 다른 팀의 결과물과 통합해야 한다는 것이다.
- 지속적 통합: XP는 통합에 더 강경한 입장이다. 모든 체크인마다 전체 제품을 통합해야 한다.
- 단순한 설계: 창발적 설계Emergent Design라고도 부르는 이 실천 방법은 배우고 적용하기 정말 어렵다. 우리의 직관과는 완전히 반대이기 때문이다. 다른 팀과 조정할 것이 없을 때도 적용하기 힘들다. 아키텍처가 거대한 단일 모듈인데다, 중앙 집중식으로 미리 계획되었다면, 여러 팀의 결과물을 조정해야 하는 경우에 무지막지한 팀 간 의존성을 만들어 낸다. 무언가 고칠 때마다 특정한 방식을 따라야만 제대로 동작하게 되어버리기 일쑤다. 애자일의 장점은 사라져 버린다. 단순한 설계를 특히 마이크로서비스 아키텍처 같은 방법과 함께 쓰면 대규모 애자일을 할 수 있게 된다.

애자일 코칭의 미래

지난 몇 년간 전문적인 코치와 전문적인 촉진 방법이 애자일 교육 과정에 들어가기 시작했다. 스크럼 얼라이언스Scrum Alliance의 고급 스크럼 마스터 인증Advanced Certified Scrum Master, ACSM 과정에 코치와 촉진에 관한 학습 목표가 몇 가지 들어 있다. 스크럼 얼라이언스의 팀 코치 인증Certified Team Coach, CTC과 기업 코치 인증Certified Enterprise Coach, CEC 프로그램은 한 걸음 더 나아가 더 많은 촉진 기술과 코칭 기술을 습득하도록 요구한다. 스크럼에서는 이제 스크럼 마스터가 함께 일하는 사람을 코치해야 한다고 안내하고 있다.

여기서 소개한 교육 과정이나 애자일 커뮤니티에서 일하는 전문 코치를 통해서 더 많은 사람이 전문적으로 코치하는 법을 접하게 되면 애자일 코치의 '코치' 측면이 더 부각될 것이다. ICP-ACC 과정을 건너뛰고 바로 ICF에 도전하는 사람도 생기고 있다. 애자일리스트를 위한 최초의 ICF 공인 코치 양성소도 만들어졌고, 추가로 더 만들어지고 있다. 애자일 코칭의 미래는 밝다!

결론(다시 엉클 밥)

여러모로 이번 장은 해야 하는 일이 아니라 하지 말아야 하는 일에 대한 내용이 더 많았다. 아마도 애자일해지기에 실패한 사례를 너무 많이 본 탓일 것이다. 어쨌든 나는 아직도 20년 전 생각에 변함이 없다. "너무 쉬운데? 몇 가지 단순한 규칙과 실천 방법만 지키면 되잖아. 아무것도 아니네."

7장

장인 정신

- 산드로 만쿠소(Sandro Mancuso). 2019년 4월 27일 씀.

* 삽화 설명: 폴 리비어(Paul Revere)는 18세기에 활동한 미국 독립 운동가이자 은 세공사다. 영어로
  revere는 '존경하다'라는 뜻도 있다.

홍분. 많은 개발자가 처음 애자일을 접할 때 느끼는 감정이다. 소프트웨어 공장에서 일하며 폭포수 사고방식에 빠져있던 대부분의 개발자에게 애자일은 해방을 꿈꾸게 해 주었다. 우리 의견이 반영되고 존중되며 서로 협동하는 환경에서 일할 수 있다는 꿈이었다. 더 나은 업무 프로세스와 방법이 생길 것이다. 피드백을 빠르게 받으며 짧은 반복 주기로 일할 것이다. 응용 프로그램을 정기적으로 릴리스할 것이다. 사용자와 소통하며 피드백을 얻을 것이다. 지속적으로 일하는 방식을 검토하고 조정할 것이다. 프로세스의 시작부터 참여할 것이다. 사업 부서와 매일 의견을 나눌 것이다. 우리는 하나의 팀이 될 것이다. 사업이나 기술적인 문제를 정기적으로 논의하고 해결 방법을 함께 정할 것이다. 우리는 전문가 대접을 받을 것이다. 사업 부서와 기술 부서가 함께 일하며 위대한 소프트웨어 제품을 만들고, 우리 회사와 고객에게 가치를 제공할 것이다.

처음에는 애자일이 너무 좋아 보여서 사실이 아닐 것만 같았다. 우리 회사는 애자일 실천 방법은 고사하고 애자일 사고방식도 받아들이지 못할 것 같았다. 하지만 많은 회사가 애자일을 받아들이는 것을 보고 꽤 놀랐다. 갑자기 모든 것이 달라졌다. 요구 사항 문서가 아니라 제품 백로그와 사용자 스토리가 생겼다. 간트 차트Gantt chart가 아니라 진짜 게시판에 붙은 번다운 차트가 생겼다. 매일 아침 진척 상황에 따라 옮겨 붙이는 포스트잇이 생겼다. 포스트잇에는 마력이 있어서 왜인지 헤어나올 수 없이 중독된다. 포스트잇은 우리의 애자일함을 보여 준다. 벽에 포스트잇이 더 많이 붙어있을수록 더 '애자일'한 것처럼 느껴진다. 건설팀이 아니라 스크럼팀이 된다. 더 이상 프로젝트 관리자는 없다. 우리는 더 이상 관리받지 않는다고 들었다. 우리의 관리자는 이제 제품 책임자가 되고, 우리는 스스로 팀을 조직한다. 제품 책임자와 개발자는 한 팀에서 밀접하게 협력할 것이라고 들었다. 그리고 이제부터 결정을 내릴 권한은 우리 스크럼팀에 있다. 기술적인 결정뿐 아니라 프로젝트 관련 결정도 말이다. 어쩌면 우리만 그렇게 생각했을 수도 있지만.

애자일은 소프트웨어 업계에 폭풍을 일으켰다. 하지만 '고요 속의 외침'[1] 게임에서처럼, 원래 애자일의 의도는 와전되고 단순해져 버렸다. 애자일이 회사에 도착했을 때는 소프트웨어를 더 빠르게 만드는 프로세스가 되어 버렸다. 폭포수나 RUP를 사용하던 회사나 관리자에게는 아주 달콤한 소식이었다. 관리자와 이해관계자는 흥분했다. 누가 애자일해지기를 원하지 않겠는가? 소프트웨어를 더 빠르게 만든다는 데 누가 원하지 않겠냐는 말이다. 회의적인 사람도 애자일을 거부하지 못했다. 만약 경쟁 업체가 애자일을 쓴다고 광고하고 다니는데, 당신은 애자일을 쓰지 않는다면 당신은 뭐가 되겠는가? 당신이 영업하려는 고객이 당신을 어떻게 보겠는가? 기업은 애자일을 거부할 수 없었다. 애자일 선언 이후 수년에 걸쳐 전 세계 회사들이 애자일 전환을 향해 닻을 올렸다. 애자일 전환 시대가 열린 것이다.

애자일 후유증

문화를 바꾸기는 쉽지 않다. 회사의 조직을 애자일로 전환하려면 외부의 도움이 필요하다. 그 결과 애자일 코치라는 새로운 유형의 전문가 수요가 폭증했다. 애자일 인증 제도도 많이 만들어졌다. 어떤 인증은 이틀짜리 교육 과정에 참석하기만 하면 딸 수 있었다.

중간 관리자에게 애자일 도입을 권하는 것은 아주 쉬웠다. 중간 관리자가 원하는 것은 소프트웨어를 빠르게 만드는 것뿐이었다. 관리자에게 "엔지니어링은 쉬운 문제예요. 프로세스를 고치면 엔지니어링 문제는 자동으로 해결된답니다. 언제나 문제는 사람이라니까요"라고 말하면, 백이면 백 넘어왔다. 관리자는 사람을 관리하는 것이 일이다. 그들은 자신이 관리하

---

1 (옮긴이) 여러 사람이 차례대로 다음 사람에게 특정한 말을 입 모양으로만 전하는 게임이다. 여러 사람을 거치다 보면 첫 사람이 했던 말과는 달라지기 일쑤다. '고요 속의 외침'은 KBS의 오락프로그램이었던 〈가족오락관〉에서 사용한 이름이다.

는 부하 직원이 더 빠르게 일한다는 것에 그저 행복할 따름이었다.

애자일 전환 과정에서 많은 기업이 실제로 이득을 보았고, 기존보다는 훨씬 발전했다. 많은 회사에서 하루에도 여러 번 서비스를 배포할 수 있고, 사업 부서와 기술 부서가 진짜로 하나의 팀이 되어 일한다. 하지만 그렇지 않은 회사도 여전히 많다. 관리자가 개발자를 더 빠르게 일하도록 압박하려고 프로세스의 투명성을 활용하여 시시콜콜하게 관리한다. 사업 경험도, 기술적인 배경도 없는 애자일 코치가 관리자를 코치하고, 개발팀에 해야 할 일을 지시한다. 개발팀은 관리자가 정한 개발 계획과 마일스톤을 강요받는다. 개발자가 일정 추산을 하긴 하지만, 이미 잡혀있는 마일스톤에 일정을 끼워 맞추도록 요구받는다. 향후 반년, 혹은 1년간 진행할 반복 주기 및 사용자 스토리를 관리자가 미리 다 정해 둔 프로젝트도 심심치 않게 보인다. 스프린트 동안 모든 스토리 포인트를 달성하지 못했다면 개발자가 다음 스프린트 때 더 열심히 일해서 늦어진 것을 메워야만 한다. 일일 스탠드업 미팅은 개발자가 제품 책임자와 애자일 코치에게 진행 상황을 보고하는 자리로 바뀌었다. 지금 하는 일을 자세히 설명하고, 언제까지 마칠지 말해야 한다. 제품 책임자가 보기에 개발자가 자동화된 테스트나 리팩터링, 짝 프로그래밍 등에 너무 많은 시간을 쓰고 있는 것 같으면, 팀 전체에 바로 그만두라고 말한다.

중요한 기술 활동은 이런 애자일 프로세스에서 찾아볼 수 없다. 아키텍처나 설계도 필요 없다. 위에서 떨어진 명령은 그저 백로그에서 가장 우선순위가 높은 일에 집중하라는 것이다. 우선순위가 높은 일을 최대한 빨리 끝내고, 또 그다음 일을 끝내라는 것이다. 이런 방식은 눈앞의 문제를 해결하기 위한 작업만 오랫동안 반복하게 만들어서 기술 부채를 누적시킨다. 쉽게 깨지는 소프트웨어, 악명 높은 거대한 단일 모듈 구조(마이크로서비스를 도입하려는 팀이라면 분산된 거대한 모듈 구조)를 당연히 그러려니 받아들이게 된다. 버그나 운영상의 문제가 일일 스탠드업 미팅과 회고의 단골 메뉴가 된다. 사업 부서가 원하는 만큼 자주 제품 릴리스를 할 수 없다. 수동 테스트를 모두 하는 데는 여전히 며칠, 심하면 몇 주가 걸린다. 이 모든 문제를 막아 주는 애자일을 도입하려던 꿈은 사라졌다. 관리자는 개발자가 일하는 게 느리다고 비난한다. 개발자는 관리자가 꼭 필요한 기술적인 작업을 하지 못하게 막는다고 비난한다. 제품 책임자는 자신을 팀의 일원으로 생각하지 않고, 일이 잘못되었을 때 책임을 함께 지지도 않는다. 편 가르기 문화가 팽배해진다.

이것이 바로 애자일 후유증이다. 애자일 전환에 몇 년을 쓴 다음에야 회사들은 원래 있었던 문제를 여전히 가지고 있다는 것을 깨닫는다. 그리고 당연하게도 애자일에 그 책임을 뒤집어 씌운다.

서로 다른 기대

오직 프로세스에만 초점을 둔 애자일 전환은 반쪽짜리 전환이다. 관리자와 프로젝트팀에는 애자일 코치가 애자일 프로세스를 안내하지만, 개발팀이 기술적인 실천 방법과 엔지니어링을 배우는 것은 아무도 돕지 않는다. 사람들끼리 함께 일하는 방식을 고치면 엔지니어링도 개선될 것이라는 가정은 완전히 틀렸다.

> 협업이 원활하게 이루어지면 일을 할 때 장애물이 다소 줄어들기는 하지만, 사람들에게 없던 기술을 만들어 주지는 않는다.

애자일을 도입한다고 하면 많이 기대하는 것이 있다. 개발팀이 기능을 만들자마자, 아니면 적어도 매 반복 주기가 끝날 때마다 서비스에 바로 적용할 수 있는 소프트웨어가 나오리라는 것이다. 하지만 이것은 대부분의 개발팀에는 엄청난 도전이다. 평소에 일하는 방식을 바꾸지 않고서는 이 수준에 도달할 수 없다. 따라서 실천 방법을 배우고 숙달하기 위해 노력해야 한다.

바로 여기에 문제가 있다. 애자일 전환을 하는 동안 개발자의 기술을 향상시키기 위한 예산이 있는 경우는 드물다. 사업 부서는 개발자의 업무 속도가 느려지리라 생각하지 않는다. 대부분은 개발자가 새로운 업무 방법을 배워야 한다는 것을 알지도 못한다. 그저 어디선가 더 협동해서 일하면 개발자가 더 빠르게 일할 것이라고 들었을 뿐이다.

2주마다 소프트웨어를 제품으로 릴리스하려면 많은 훈련과 기술 역량이 필요하다. 1년에 몇 번 소프트웨어를 내놓던 팀에서는 쉽게 찾기 힘든 것들이다. 개발자가 몇 명씩밖에 없는 여러 팀이 하나의 시스템 위에서 일한다면, 게다가 기능 개발이 끝나는 대로 바로 제품에 반영해야 한다면 상황이 훨씬 나빠진다. 시스템의 전반적인 안정성을 담보하면서 하루에 여러 번 소프트웨어를 서비스에 배포하려면, 기술적인 작업이나 엔지니어링에 대한 숙련도가 엄청나게 높아야 한다. 개발자가 그저 제품 백로그 맨 위의 항목을 뽑아서, 코딩을 하고, 다 괜찮아 보인다는 생각이 들면 서비스에 배포를 할 수 있게 되는 것이 아니다. 전략적인 사고가 필요하다. 동시에 여러 명이 작업을 할 수 있도록 모듈식 설계가 필요하다. 시스템을 언제나 서비스에 배포할 수 있도록 유지하면서 변경 사항을 계속 통합할 수 있어야 한다. 유연하면서도 튼튼한 소프트웨어를 지속적으로 만들어야 한다. 하지만 지속적으로 소프트웨어를 서비스에 배포해야 하는 상황에서 유연함과 튼튼함 사이의 균형을 맞추기란 엄청나게 어려운 일이다. 이에 걸맞은 엔지니어링 기술이 뒷받침되어야 한다.

그저 원활하게 협업이 이루어진다고 해서 이런 기술이 생겨날 리는 없다. 이런 기술 역량을 습득하려면 지원이 필요하다. 지원은 코칭, 교육, 실험, 자체 학습 등을 조합하여 이루어질 수 있다. 사업이 얼마나 애자일한지는 회사가 얼마나 빠르게 소프트웨어를 진화시킬 수 있는지에 달려 있다. 즉, 엔지니어링 기술 및 작업 방법의 진화에 달려 있다는 말이다.

떠나감

물론 애자일을 도입한 모든 회사가 이런 문제에 시달리는 것은 아니다. 적어도 이 정도로 시달리지는 않는다. 부분적으로라도 애자일 전환을 한 회사는 사업 관점에서 보면 대부분 더 나아졌다. 예전보다 더 짧은 반복 주기로 일하고, 사업 부서와 기술 부서도 예전보다 더 가깝게 일한다. 문제와 위험 요소는 더 일찍 발견된다. 소프트웨어 개발을 반복 주기 단위로 하는 덕분에, 사업 부서는 더 빠르게 새로운 정보를 얻고 대응할 수 있다. 이렇게 회사가 예전보다 더 좋아지긴 했지만, 애자일 프로세스와 엔지니어링 사이의 간극은 여전히 아픈 지점이다. 요즈음 대부분의 애자일 코치는 기술 실천 방법을 가르칠 만한 기술 역량이 아예 없거나 부족하다. 그래서 엔지니어링 이야기는 거의 꺼내지도 않는다. 이런 상태가 계속되면서 개발자는 애자일 코치를 또 하나의 관리층으로 여기게 되었다. 일을 더 잘할 수 있게 도와주는 사람이 아니라 그냥 일을 시키는 사람으로 보는 것이다.

개발자가 애자일에서 떠나가는 것일까? 애자일이 개발자에게서 떠나가는 것일까?

답은 아마 둘 다일 것이다. 애자일과 개발자는 서로에게서 떠나가는 것 같다. 많은 조직에서 애자일은 스크럼과 동의어가 되었다. XP를 한다고 하더라도 TDD나 지속적 통합 같은 기술 실천 방법 몇 가지만 겨우 사용하는 형편이다. 애자일 코치도 개발자가 XP 실천 방법을 몇 가지는 지켜야 한다고 생각은 한다. 하지만 개발자가 일하는 방식에 관여하거나 실제로 도움을 주지는 않는다. 많은 제품 책임자나 제품 관리자는 여전히 팀의 일부라고 느끼지 못한다. 일이 계획대로 되지 않았을 때 자신도 책임이 있다고 여기지 않는다. 개발자는 지속적인 시스템 개발과 유지보수에 필요한 기술적 개선을 하기 위해 여전히 사업 부서와 힘든 협상을 해야만 한다.

기업은 아직도 기술적인 문제가 사실은 비즈니스 문제라는 것을 깨달을 만큼 성숙하지 못하다.

기술적인 역량에 대한 관심이 계속 줄어든다고 했을 때, 애자일은 소프트웨어 프로젝트를 얼마나 개선할 수 있을까? 그동안 애자일이 해왔던 것보다 훨씬 더 개선할 수 있을까? 애자일 선언에 썼던 것처럼, 애자일이 아직도 소프트웨어를 개발하고, 다른 사람이 개발하는 것을 도우면서 더 나은 소프트웨어 개발 방법을 알아내는 데에 집중하고 있는가? 나는 잘 모르겠다.

소프트웨어 장인 정신

전문 소프트웨어 개발의 기준을 높이고, 애자일이 처음에 품었던 목표를 재정립하기 위하여, 일군의 개발자가 2008년 11월 시카고에 모여서 '소프트웨어 장인 정신Software Craftsmanship'이라는 새로운 운동을 만들었다. 2001년의 애자일 회의에서 그랬던 것과 마찬가지로, 이 회의에서도 참가자들은 몇 가지 핵심 가치에 뜻을 모았다. 그리고 애자일 선언을 바탕으로 새로운 선언[2]을 만들어 발표했다.

미래의 소프트웨어 장인으로서 우리는 전문 소프트웨어 개발의 기준을 높이려 한다. 이를 위하여 높은 수준의 개발을 실천하고, 다른 사람이 기술을 배우는 것을 도울 것이다. 이 작업을 통하여 우리가 동의한 가치는 다음과 같다.

- 작동하는 소프트웨어뿐 아니라, 잘 만들어진 소프트웨어

- 변화에 대응할 뿐 아니라, 꾸준히 가치를 더하기

- 개인과 상호작용뿐 아니라, 전문가 커뮤니티

- 고객과의 협력뿐 아니라, 생산적인 동반 관계

2 _http://manifesto.softwarecraftsmanship.org_

왼쪽에 있는 것을 추구하다 보면, 오른쪽에 있는 것이 필요해진다는 것이다.

소프트웨어 장인 정신 선언은 이념이나 사고방식을 다룬다. 여러 가지 관점을 통하여 전문성을 갖추도록 돕는다.

잘 만들어진 소프트웨어는 잘 설계하고 테스트한 코드다. 변경하기가 두렵지 않고, 사업이 변화에 빠르게 반응할 수 있도록 만들어 주는 코드다. 유연하면서도 튼튼한 코드다.

꾸준히 가치를 더하기는 우리가 무엇을 하든지 고객과 고용주에게 계속 더 많은 가치를 제공하는 데 집중해야 한다는 것이다.

전문가 커뮤니티는 지식을 나누고 서로 배우며 업계의 기준을 올려야 한다는 뜻이다. 우리는 다음 세대 개발자를 키워낼 책임이 있다.

생산적인 동반 관계는 고객 및 고용주와 전문가다운 관계를 맺어야 한다는 뜻이다. 언제나 윤리적으로, 공손하게 행동해야 한다. 가능한 한 최상의 방식으로 고객 및 고용주에게 조언하며 같이 일해야 한다. 우리가 솔선수범해서라도 상호 존중과 전문성이 있는 관계를 확립해야 한다.

우리 일을 직업이니까 해야만 하는 것으로 여기지 않을 것이다. 우리 일을 전문가 서비스로 보아야 한다. 자신의 경력에 책임감을 갖고, 자신의 시간과 돈을 투자하여 더 실력을 갖추어야 한다. 장인 정신의 네 가지 가치는 전문가적인 가치이기도 하지만 개인의 가치이기도 하다. 장인은 누군가가 돈을 지불해서가 아니라, 더 잘하고 싶은 스스로의 욕구를 바탕으로 최고의 결과물을 내기 위해 노력한다.

소프트웨어 장인 정신이 내세운 원칙과 가치에 전 세계 수천 명의 개발자가 즉각 뜻을 함께했다. 애자일 초기에 개발자들이 느꼈던 흥분이 돌아왔을 뿐만 아니라 한층 더 강해졌다. 자신을 장인이라 부르며, 다시는 우리의 운동이 다른 의도로 이용당하지 않게 만들기로 결심했다. 이 운동은 개발자의 운동이다. 개발자에게 가능한 한 최고가 되라고 격려하는 운동이다. 개

발자가 자신을 고급 기술을 가진 전문가로 만들고, 자신을 전문가로 여기도
록 만들려는 운동이다.

이념 대 방법론

이념은 견해와 이상으로 만들어진 체계다. 방법론은 방법과 실천 사항으로
이루어진 체계다. 이념은 우리가 추구해야 할 이상을 알려 준다. 이 이상에
도달하기 위해서 여러 방법론을 사용할 수 있다. 방법론은 목적을 이루기
위한 수단인 것이다. 애자일 선언과 선언에 포함된 12가지 원칙[3]을 보면 그
밑에 깔린 이념을 확연히 알아볼 수 있다. 애자일의 주요 목표는 사업을 기
민하게 만들고 고객을 만족시키는 것이다. 이를 위해 가깝게 협력하고, 반
복 주기를 따라 개발하고, 짧은 피드백 고리를 만들고, 기술적인 완성도를
높인다. 스크럼이나 익스트림 프로그래밍, 동적 시스템 개발 방법DSDM, 적
응 소프트웨어 개발Adaptive Software Development, ASD, 크리스털 방법론, 기능 주
도 개발FDD, 아니면 다른 애자일 방법론은 모두 동일한 목적을 이루기 위한
수단일 뿐이다.

　　방법론과 실천 사항은 자전거 보조 바퀴와도 같아서 처음 시작하는 사람
에게 아주 좋다. 아이들이 자전거 타는 법을 배울 때 보조 바퀴를 쓰면 안전
하게 단계적으로 배우기 시작할 수 있다. 조금 더 확신이 생기면 보조 바퀴
를 조금 높여서 균형 잡는 연습을 한다. 그다음으로는 한쪽 보조 바퀴를 떼
고, 마지막으로 나머지 보조 바퀴도 뗀다. 그러고 나면 혼자서 자전거를 탈
수 있게 되는 것이다. 하지만 보조 바퀴 자체에 너무 집중하거나 보조 바퀴
를 단 채로 자전거를 너무 오래 타면, 아이는 보조 바퀴에 너무 의지하게 되
고 보조 바퀴를 계속 사용하고 싶어진다. 방법론이나 실천 사항에 너무 집

3　*https://agilemanifesto.org/principles.html.* (옮긴이) 한국어 번역문은 *https://agilemanifesto.org/*
　*iso/ko/principles.html*을 참고하기 바란다.

중하면, 팀이나 조직이 진짜 목표에서 벗어나 버릴 수 있다. 자전거를 타는 것이 목표지 보조 바퀴에 익숙해지는 것이 목표가 아닌데 말이다.

짐 하이스미스는 자신의 책《Agile Project Management: Creating Innovative Products》에서 이렇게 말했다. "실천 방법이 없는 원칙은 빈 껍데기다. 원칙 없는 실천 방법은 단순히 주어진 절차를 생각 없이 암기하는 것밖에 되지 않는다. 원칙은 실천 방법을 안내하고, 실천 방법은 원칙을 구체화한다. 둘은 늘 함께 가야 한다."[4] 방법론과 실천 사항은 목적을 이루기 위한 도구일 뿐이기는 하지만, 하찮게 보아서는 안 된다. 전문가는 그 사람이 일하는 방식으로 정의할 수 있다. 우리가 일하는 방식, 즉 방법이나 실천 사항이 원칙이나 가치와 맞지 않는다면, 우리는 그런 원칙과 가치를 지키고 있다고 말할 수 없다. 훌륭한 전문가는 주어진 환경에서 어떻게 일하는지 정확하게 설명할 수 있다. 그리고 다양한 실천 방법을 익혀서 필요에 따라 적절하게 사용할 수 있다.

소프트웨어 장인 정신도 실천 방법이 있나요?

소프트웨어 장인 정신은 실천 방법이 없다. 대신 더 나은 실천 방법과 일하는 방법을 끊임없이 찾아보라고 권한다. 좋은 실천 방법은 더 좋은 것이 나타나서 대체되기 전까지만 좋다. 소프트웨어 장인 정신에 특정한 실천 방법을 넣으면, 더 좋은 실천 방법이 발견됨에 따라 소프트웨어 장인 정신 자체가 약해지고 쓸모없어질 수 있다. 하지만 그렇다고 해서 전 세계 소프트웨어 장인 정신 커뮤니티가 아무런 실천 방법도 장려하지 않는 것은 아니다. 오히려 2008년 처음 만들어졌을 때부터 XP를 현재 사용할 수 있는 최고의 애자일 개발 실천 방법으로 여기고 있다. 소프트웨어 장인 정신 커뮤니티에

---

4 Highsmith, J. 2009. *Agile Project Management: Creating Innovative Products*, 2nd ed. Boston, MA: Addison-Wesley, 85.

서는 TDD, 리팩터링, 단순한 설계, 지속적 통합, 짝 프로그래밍을 적극적으로 권장한다. 하지만 그래도 XP 실천 방법이지 장인 정신의 실천 방법은 아니다. 그리고 XP 실천 방법만 권장하는 것은 아니다. 장인 정신은 클린 코드와 SOLID 원칙도 권장한다. 작은 커밋과 작은 릴리스, 지속적 배포도 권장한다. 모듈식 소프트웨어 설계도 권장하고, 손으로 하는 반복 작업을 없애는 모든 종류의 자동화도 권장한다. 생산성을 높이고, 위험을 줄이며, 가치 있고 튼튼하고 유연한 소프트웨어 만들기를 돕는다면, 어떤 실천 방법이든 모두 권장한다.

장인 정신은 기술적인 실천 방법과 엔지니어링, 자가발전만 다루지는 않는다. 전문가다움과 고객의 사업 목표 성취를 가능하게 하는 방법도 다룬다. 그리고 이 지점이 애자일, 린Lean, 장인 정신이 완벽한 조화를 이루는 곳이다. 모두 동일한 목표를 갖고 있지만, 문제를 각각 다른 관점으로 접근하여 해결하려고 한다. 세 가지 관점이 다르긴 하지만, 모두 똑같이 중요하고 서로를 보완해 준다.

실천 방법이 아니라 가치에 집중하라

애자일이나 장인 정신 커뮤니티에서 실천 방법이 품고 있는 가치가 아니라 실천 방법 자체만 강조하는 실수가 자주 눈에 띈다. TDD를 예로 들어 보자. 장인 정신 커뮤니티에 가장 자주 올라오는 질문 중에 "어떻게 관리자나 동료, 팀원에게 TDD를 하자고 설득할 수 있을까요?"가 있다. 하지만 이 질문은 틀렸다. 문제에 공감하기에 앞서 해결 방법을 들이밀고 있기 때문이다. 사람들은 그 가치를 깨닫기 전에는 일하는 방식을 바꾸지 않는다.

TDD를 들이밀기 전에 먼저 전체 시스템을 테스트하기 위해 들이는 시간을 줄이는 일에 어떤 가치가 있는지 의견을 모아 보면 어떨까? 지금은 얼마나 걸리지? 두 시간? 이틀? 2주일? 몇 명이나 필요할까? 테스트에 걸리는 시간을 20분으로 줄일 수 있다면 어떨까? 2분은? 아예 2초까지 줄이면? 버튼 하나만 누르면 언제든 테스트를 할 수 있다면 어떨까? 투자 대비 효율이 괜찮을까? 우리 삶을 더 낫게 만들어 줄까? 믿을 만한 소프트웨어를 더 빠르게 릴리스할 수 있게 될까?

만약 여기에 대한 답이 "예"라는 것에 동의한다면 이 가치를 달성하기 위한 실천 방법에 어떤 것이 있을지 이야기를 해 볼 수 있을 것이다. 자연스럽게 TDD를 선택할 것이다. TDD를 탐탁지 않아 하는 사람이 있다면 어떤 실천 방법을 선호하는지 물어보아야 한다. 어떤 실천 방법을 제안할까? 제안하는 실천 방법은 동의한 목표에 있어 TDD 이상의 가치를 가져다주어야 한다.

실천 방법을 논의할 때는 반드시 달성할 목표에 먼저 공감해야 한다. 다만 더 나은 대안 제시 없이 실천 방법을 거부하는 것은 용납할 수 없다.

실천 방법 논의하기

실천 방법을 둘러싼 논의는 적절한 사람들과 적절한 수준에서 해야 한다. 사업 부서와 기술 부서가 더 잘 협력하기 위한 실천 방법을 도입하고 싶다면 두 부서의 사람이 모두 논의에 참여해야 할 것이다. 개발자끼리 시스템 빌드 방법을 개선하는 실천 방법을 논의한다면 사업 부서 사람이 끼어들 이유가 없다. 사업 부서는 비용이나 프로젝트 기간에 큰 영향이 있을 때만 참석하면 된다.

거대한 단일 모듈 시스템을 마이크로서비스 구조로 뒤집어엎는 것과 TDD를 도입하는 것은 다르다. 구조를 뒤집어엎는 것은 비용과 프로젝트 기간에 매우 큰 영향을 주지만, TDD 도입은 개발자가 TDD 때문에 힘들어하지만 않는다면 사업에 별 영향이 없다. 개발자가 테스트를 자동화하는지 여부는 사업과는 관련이 없을 것이다. 테스트를 제품 코드 전에 쓰는지 후에 쓰는지는 더더욱 사업과 관련이 없을 것이다. 사업 부서가 신경 써야 할 것은 새로운 사업 아이디어가 소프트웨어 제품에 반영되기까지 걸리는 시간이 점점 줄어드는지다. 버그나 테스트 같은 수동 프로세스, 배포, 서비스 모니터링 등을 위한 재작업에 쓰는 시간과 돈을 줄이는 것도 개발팀이 해결하지만, 사업 부서가 신경 쓸 만한 사안이다. 실험을 하는 데 드는 비용을 줄이는 것도 사업 부서 안건이다. 소프트웨어가 모듈화되지 않았고, 쉽게 테스트할 수 없다면 실험 비용이 매우 비싸진다. 개발자는 사업 부서와 기술 실천 방법이 아니라 사업 가치에 관해서 대화해야 한다.

개발자가 테스트를 쓰는 데 허락을 받으려 해서는 안 된다. 단위 테스트나 리팩터링 작업 일정을 따로 잡아서도 안 된다. 출시를 위해 기능을 더 다듬는 작업을 따로 잡아서도 안 된다. 이런 기술적인 작업은 기능 개발 과정에서 이미 이루어졌어야 한다. 선택이 아니라 필수적인 작업이기 때문이다. 관리자는 개발자와 무엇이 언제 완성될 것인지만 논의해야지 어떻게 하는지까지 간섭해서는 안 된다. 개발자가 자신이 어떻게 일하는지 세세히 밝히는 것은 관리자에게 일일이 간섭하라고 초대하는 꼴이다.

개발자가 자기 일을 숨겨야 한다는 뜻일까? 아니다. 전혀 그렇지 않다. 개발자는 자신이 어떻게 일하는지, 그렇게 일할 때의 장점이 무엇인지 명확하게 설명할 수 있어야 한다. 상대가 관심이 있다면 누구에게든지 말이다. 하지만 그 누구에게도 자신이 일하는 방법을 대신 결정하도록 해서는 안 된다. 개발자와 사업 부서와의 대화에서도 왜, 무엇을, 언제까지인지만 논의해야지 어떻게를 다루어서는 안 된다.

장인 정신이 개인에게 끼치는 영향

장인 정신은 개인에게 지대한 영향을 준다. 사람들은 보통 자신의 개인적인 삶과 회사에서의 삶을 분리한다. "회사를 나온 후에는 일 얘기 하기 싫어요"

나 "밖에서는 다른 것에 관심이 있어요" 같은 말을 들으면, 일이란 따분하고, 나쁜 것이고 원해서 하는 것이 아니라 어쩔 수 없이 하는 것으로 느껴진다. 문제는 우리 인생을 여러 개의 삶으로 나누면 끊임없이 갈등이 생긴다는 것이다. 어떤 인생을 선택하든지 하나의 인생을 위해 다른 인생을 희생해야 할 것만 같이 느껴진다.

장인 정신은 소프트웨어 개발자를 전문가로 만든다. 전문가란 단순히 직업이 있는 사람을 가리키는 말이 아니다. 직업이 있더라도 그 직업이 자신의 일부인 것은 아니다. 하지만 전문가는 우리 자신의 일부다. 누군가가 "무슨 일을 하십니까?"하고 물었을 때, 직업이 있는 사람은 보통 이렇게 말한다. "저는 X사에서 일해요" 아니면 "저는 소프트웨어 개발자로 일해요"라고 한다. 하지만 전문가라면 보통 이렇게 말한다. "저는 소프트웨어 개발자예요." 전문가가 되려면 투자를 해야 한다. 전문가는 더 잘하고 싶어 한다. 더 많은 기술을 얻고 더 오래, 더 많은 성취를 하며 경력을 쌓고 싶어 한다.

그렇다고 해서 가족과 시간을 보내지 않는다거나, 살면서 다른 취미를 가지지 않는다는 것은 아니다. 오히려 노력과 관심을 균형 있게 나누는 방법을 찾음으로써, 균형 잡히고 행복한 하나의 삶을 살 수 있게 해 줄 것이다. 가끔은 가족에게, 또 가끔은 일이나 취미에 더 관심을 쏟는 경우도 있을 것이다. 지극히 정상이다. 우리는 그때그때 다른 것에 관심을 가진다. 하지만 우리가 전문가라면 출근이 지겨운 일이 되어서는 안 된다. 일은 우리 인간에게 기쁨을 주고 성취감을 준다. 전문가는 일에서 삶의 의미를 찾는다.

장인 정신이 우리 산업에 끼치는 영향

2008년부터 전 세계 각지에서 소프트웨어 장인 정신 커뮤니티와 콘퍼런스의 수가 늘어나기 시작했다. 수만 명의 개발자가 관심을 보였다. 애자일 커뮤니티가 소프트웨어 프로젝트의 사람과 프로세스 측면에 방점을 찍었다면, 장인 정신 커뮤니티는 보다 기술적인 측면에 집중하고 있으며, 세계의 많은 개발자와 회사에 XP를 비롯한 기술 실천 방법을 보급하는 데 초점을 두고 있다. 많은 개발자가 소프트웨어 장인 정신 커뮤니티를 통하여 TDD나 지속적 통합, 짝 프로그래밍, 단순한 설계, SOLID 원칙, 클린 코드, 리팩터링을 배우고 있다. 그 외에도 어떻게 마이크로서비스를 사용하여 서비스를 구성하는지, 배포 파이프라인을 어떻게 자동화하는지, 어떻게 시스템을 클라우드로 이관하는지도 배우고 있다. 여러 프로그래밍 언어와 패러다임도 배운다. 응용 프로그램을 테스트하고 관리하기 위한 새로운 기술과 여러 가지 방법도 배우고 있다. 장인 정신 커뮤니티는 개발자들이 비슷한 생각을 가진 사람을 만나고 직업에 관해 이야기할 수 있는 안전하고 편안한 공간으로 발전해 나가고 있다.

소프트웨어 장인 정신 커뮤니티는 활짝 열려 있다. 처음 시작부터 소프트웨어 장인 정신의 주요 목표 중 하나가 배경에 상관없이 소프트웨어 개발자를 한곳에 모으는 것이었다. 그래서 서로서로 배우고 소프트웨어 개발이라는 직업의 수준을 올리려는 것이었다. 장인 정신 커뮤니티는 기술에 얽매이지 않는다. 모임을 할 때도 경험이 많고 적고를 떠나 모든 개발자를 환영한다. 다음 세대의 전문가를 육성하기 위해서도 노력하고 있다. 우리 산업에 처음 진입하는 사람을 위한 다양한 행사를 주최하여 우수한 소프트웨어를 만드는 데 필수적인 실천 방법을 교육하고 있다.

장인 정신이 기업에 끼치는 영향

소프트웨어 장인 정신은 점차 널리 퍼지고 있다. 애자일을 도입했던 많은 기업이 이제는 엔지니어링 역량을 올리기 위하여 장인 정신을 살펴보고 있다. 하지만 사업 측면에서 보기에 소프트웨어 장인 정신과 애자일은 차이가 있다. 여전히 많은 관리자는 XP를 이해하지 못하거나, 그다지 선호하지 않는다. 관리자는 스크럼이나 반복 주기, 데모, 회고, 협업, 빠른 피드백 고리 같은 것은 이해한다. 하지만 프로그래밍 관련 기법에는 흥미가 없다. 대부분의 관리자는 XP를 프로그래밍에 관련된 것으로 보고, 애자일 소프트웨어 개발과는 상관이 없다고 생각한다.

기술적인 지식이 풍부했던 2000년대 초반의 애자일 코치와는 다르게 오늘날 대부분의 애자일 코치는 XP 실천 방법을 가르치거나, 사업 부서에 엔지니어링에 대해 알려 줄 수 없다. 개발자와 함께 앉아서 짝 프로그래밍을 하지도 못한다. 단순한 설계에 대해 조언하거나 지속적 통합 파이프라인 설정을 도와줄 수도 없다. 개발자가 오래된 코드를 리팩터링하는 것도 도와주지 못한다. 테스트 전략도, 여러 서비스를 어떻게 관리하는지도 상의할 수 없다. 기술 실천 방법을 만들어 내거나 조언하는 것은커녕, 특정 기술 실천 방법의 진짜 장점을 사업 부서에 설명하지도 못한다.

하지만 기업이 사업의 필요에 따라 빠르게 반응하려면 신뢰할 수 있는 시스템이 필요하다. 또 기업은 훌륭하게 시스템을 만들고 관리할 수 있는 의욕 넘치고 능력 있는 기술팀도 필요하다. 그리고 소프트웨어 장인 정신은 바로 이 부분에서 빛을 발한다.

소프트웨어 장인 정신 사고방식은 많은 개발자에게 영감을 준다. 소프트웨어 장인 정신은 목적의식, 자부심, 스스로 일을 잘하고 싶은 마음을 불러일으킨다. 대부분의 개발자는 사람이라면 그렇듯이 무언가 배우고 잘하고 싶어 한다. 그저 지원과 성장할 수 있는 환경이 필요할 뿐이다. 장인 정신을 받아들인 기업에는 실천 방법을 퍼트리는 내부 커뮤니티가 많이 있다. 개발자들은 함께 모여서 코딩을 하고, TDD를 연습한다. 소프트웨어 설계 기술을 연마하는 내부 모임을 갖는다. 새로운 기술을 배우고, 담당한 시스템을 현대화하는 데 관심을 갖게 된다. 소스 코드를 개선하고 기술 부채를 없애는 좋은 방법도 토론한다. 소프트웨어 장인 정신은 서로 배우는 문화를 촉진하고, 회사가 더욱 혁신적이고 빠르게 반응할 수 있도록 만든다.

장인 정신과 애자일

소프트웨어 장인 정신 운동을 만들게 된 계기 중에는 애자일에 관한 것도 있었다. 많은 개발자는 애자일이 택한 방향 때문에 당황스러워했다. 그래서 장인 정신과 애자일이 서로 대립하고 있다고 생각하는 사람도 있다. 원래는 애자일 운동에 참여했었지만, 이제는 장인 정신 운동에 참여하는 사람들은 애자일이 엔지니어링은 등한시하고 프로세스에만 너무 집중한다고 비판했다. 애자일 운동 쪽 사람들은 장인 정신 운동이 너무 시야가 좁고, 진짜 사업이나 사람의 문제에는 관심이 없다고 비판했다.

양쪽의 우려에 타당한 측면이 있기는 하지만, 대부분의 의견 충돌은 근본적인 의견의 차이라기보다는 집단이 쪼개지다 보니 생겨난 것이다. 근본적으로 두 운동은 매우 비슷한 것을 이루려고 한다. 둘 모두 고객의 만족을 원하고, 둘 다 가깝게 협력하기를 바라며, 둘 다 짧은 피드백 고리를 중요시한다. 둘 다 높은 품질의 가치 있는 결과물을 만들기 원하고, 둘 다 직업의식을 원한다. 사업이 애자일해지려면 필요한 것이 원활한 협력과 반복하는 프로세스만은 아니다. 좋은 엔지니어링 기술도 있어야 한다. 그러려면 애자일과 장인 정신을 조합하는 것이 가장 완벽한 방법이다.

결론

2001년 스노버드 회의에서 켄트 벡은 애자일이 개발 부서와 사업 부서 사이의 불화를 치유하기 위한 것이라고 말했다. 불행하게도 프로젝트 관리자들이 애자일 커뮤니티에 쏟아져 들어오면서 애초에 애자일 커뮤니티를 탄생시켰던 개발자들은 무언가 빼앗긴 것 같고, 평가절하되었다는 느낌을 받았다. 그래서 다시 장인 정신 운동을 만들었다. 결국, 오래된 불신은 계속 이어지고 있다.

하지만 여전히 애자일의 가치와 장인 정신의 가치는 동일한 목표를 갖고

있다. 두 운동은 분리되어서는 안 된다. 언젠가는 두 운동이 다시 함께하게
될 날을 꿈꿔 본다.

8장

결론

자, 여기까지다. 애자일에 대한 내 기억, 내 의견, 내 고함과 호통 소리를 적어 보았다. 부디 재미있게 읽었기를, 어쩌면 한두 가지는 배웠기를 바란다.

애자일은 그동안 있었던 소프트웨어 프로세스와 방법에 관한 많은 혁신 중에서 가장 중요하고 오래 지속되고 있는 혁신이다. 이렇게 오랫동안 조명을 받는 것을 보면 2001년 2월에 유타주 스노버드에 모였던 17명이 아주 긴 언덕 아래로 눈덩이를 굴리기 시작한 것 같다. 눈덩이에 올라탄 채 눈덩이가 점점 커지며 속도를 받는 것을 지켜보고, 또 바위와 나무에 부딪히는 것을 지켜보는 일은 나에게 큰 기쁨이었다.

내가 이 책을 쓴 이유는 이제는 누군가가 일어나서 애자일은 무엇이었고, 여전히 무엇이어야 하는지를 외칠 때가 되었다고 생각했기 때문이었다. 다시 기본을 떠올려야 할 때라고 생각했다.

론 제프리즈의 삶의 순환 그림에 나오는 실천 방법이 이런 기본이었고, 지금도 그렇고, 앞으로도 그럴 것이다. 켄트 벡의 《Extreme Programming Explained》[1]에 나오는 가치와 원칙, 실천 방법이 기본이다. 마틴 파울러의 《Refactoring》[2]에 나오는 동기와 기법, 실천 방법이 기본이다. 부치, 드마르

---

[1] Beck, K. 2000. *Extreme Programming Explained: Embrace Change*. Boston, MA: Addison-Wesley. (옮긴이) 번역서는 《익스트림 프로그래밍》(인사이트, 2006)이다.

[2] Fowler, M. 2019. *Refactoring: Improving the Design of Existing Code*, 2nd ed. Boston, MA: Addison-Wesley. (옮긴이) 번역서는 《리팩터링 2판》(한빛미디어, 2020)이다.

코, 요던Yourdon, 콘스탄틴Constantine, 페이지 존스Page-Jones, 리스터Lister[3]가 이야기한 기본이다. 데이크스트라, 달Dahl, 호어Hoare[4]가 외쳤던 기본이다. 커누스Knuth나 마이어Meyer, 야콥손Jacobson, 럼보Rumbaugh[5]가 이야기했었던 것이다. 코플리언, 감마Gamma, 헬름Helm, 블리시디스Vlissides, 존슨Johnson[6]이 다시 이야기했던 것이다. 귀를 잘 기울였다면 톰슨Thompson, 리치Ritchie, 커니핸Kernighan[7], 플로거Plauger[8]가 속삭이는 것도 들었을 것이다. 그리고 이들의 목소리가 퍼져 나가는 것을 어딘가에서 처치Church[9], 폰 노이만von Neumann, 튜링이 흐뭇하게 지켜보고 있을 것이다.

이 기본은 오래되고, 검증된, 진짜다. 새로운 뜨내기가 가장자리에 엉겨붙든 말든, 이 기본은 변함이 없다. 여전히 유효하고, 여전히 애자일 소프트웨어 개발의 핵심이다.

---

3 (옮긴이) 드마르코, 요던, 콘스탄틴, 페이지 존스, 리스터는 1970~80년대에 주로 구조적 프로그래밍, 구조적 분석, 구조적 설계 등에 이바지했다. 로버트 C. 마틴의 《클린 아키텍처》(인사이트, 2019) 참조.

4 (옮긴이) Dahl, O.-J., E. W. Dijkstra, C. A. R. Hoare. 1972. *Structured Programming*. Academic Press, London.

5 (옮긴이) 마이어, 야콥손, 럼보는 주로 객체 지향 프로그래밍 분야에 공헌했다.

6 (옮긴이) 감마, 헬름, 블리시디스, 존슨이 《GoF의 디자인 패턴》의 GoF 네 사람이다.

7 (옮긴이) 톰슨, 리치, 커니핸은 최초의 유닉스 개발에 앞장섰다. 리치는 유닉스 개발을 위하여 C 프로그래밍 언어를 만들기도 했다.

8 (옮긴이) P. J. 플로거는 70년대에 앞의 세 명과 함께 벨 연구소에 근무했으며, 짝 프로그래밍을 발명했다고도 알려져 있다.

9 (옮긴이) 미국의 수학자로 람다 대수를 고안했다.

후기

- 에릭 크리츨로(Eric Crichlow). 2019년 4월 5일 씀.

애자일 전환을 처음으로 경험했던 회사의 기억이 아직도 생생하다. 2008년이었고, 더 큰 기업에 인수된 상황이었다. 정책이나 절차, 사람이 모두 급격하게 물갈이되는 와중이었다. 애자일 실천 방법을 강조했던 다른 직장도 두어 곳 생각난다. 절차 자체는 칼같이 잘 지켰다. 스프린트 계획, 데모, 스프린트 회고⋯⋯. 한 회사에서는 모든 개발자가 인증받은 스크럼 마스터에게 이틀간 애자일 교육을 받아야 했다. 모바일 개발자인 나에게는 애자일 포커를 하는 모바일 앱을 개발하라고 시켰다.

애자일을 처음 만난 후로 11년이 흘렀다. 그동안 다녔던 회사 중 솔직히 애자일 실천 방법을 사용했었는지 기억이 잘 나지 않는 회사도 많다. 아마 애자일이 너무나 흔해진 나머지, 당연히 애자일을 한다고 생각하고 애자일에 대해 인식조차 하지 않게 되어서일 것이다. 반대로 아직도 애자일을 도입하지 않은 조직이 너무 많은 건지도 모르겠다.

처음 접했을 땐 애자일에 그다지 열광하지 않았다. 폭포수 방법론에 문제가 있기는 하겠지만 내가 속한 조직에서는 설계 문서 작성에 많은 시간을 빼앗기지는 않았다. 개발자로서의 내 생활은 대략 다음과 같이 돌아갔다. 먼저 다음 릴리스에 넣을 기능 목록을 구두로 전해 듣는다. 다음 릴리스 마감 날짜가 언제인지도 듣는다. 그러고 나면 어떻게 기능을 만들든지 나는 자유였다. 아무도 나를 신경 쓰지 않고 내버려 두었다. 물론 그러다 끔찍한 죽음의 행진에 접어들 수도 있었겠지만, 내가 원하는 방식으로 일할 수 있었다. 보고도 자주 할 필요가 없었다. 어제 어떤 일을 했고, 오늘은 어떤 일을 할 것인지 설명하는 일일 스탠드업 미팅도 없었다. 라이브러리를 처음부터 다시 만드는 데 일주일을 쓰기로 결정하더라도, 누구의 평가도 받지 않은 채 내 마음대로 할 수 있었다. 행복했다. 누구도 내가 진짜 하는 일을 몰랐기 때문이었다.

우리 개발팀의 전 임원은 우리를 '코드 발사기'라고 불렀다. 그가 맞았다. 우리는 소프트웨어 개발이라는 서부극 무대에서 키보드로 코드를 쏘아대는 것을 정말 사랑했다. 애자일 실천 방법은 마치 마을의 새로운 보안관 같이 제멋대로인 우리의 성향을 통제하려 했다.

하지만 나는 애자일에 쉽게 넘어가지 않았다.

애자일이 모든 소프트웨어 개발 집단에서 사실상 표준이 되었다거나, 모든 개발자가 애자일을 긍정적으로 받아들인다고 하기에는 좀 무리가 있었다. 하지만 소프트웨어 개발 세계에서 애자일이 갖는 중요성을 부인할 정도로 경험이 없지는 않았다. 그런데 그게 무슨 뜻일까? 애자일이 중요하다는 게 정확히 뭘까?

'애자일 조직'에 있는 개발자에게 애자일이 무엇인지 물어보면, 개발자의 관리자나 더 윗사람에게 물어볼 때와는 상당히 다른 답을 얻게 될 것이다. 어쩌면 이 책에서 가장 많이 배우는 것이 그 차이일 수도 있겠다.

개발자는 애자일을 개발 프로세스의 능률를 높이는 방법론이라고 본다. 소프트웨어 개발을 예측하고, 실행하고, 관리하기 더 쉽게 만들어 준다고 말이다. 이 관점이 가장 직접적으로 우리에게 영향을 주는 것이니 이렇게 바라보는 것도 이해가 된다.

개인적인 경험에 비추어 볼 때 애자일 실천 방법이 만들어 내는 지표나 데이터를 관리자가 활용한다는 사실을 모르는 개발자가 많다. 어떤 조직에서는 전체 개발팀이 지표를 검토하는 회의에 참석하기도 한다. 하지만 대부분의 경우 개발자들은 이런 논의가 벌어지는 것조차 잘 모른다. 심지어는 이런 논의가 아예 이루어지지 않는 곳도 많을 것이다.

오래전부터 애자일의 여러 측면을 알고 있었지만, 이 책에 나오는 애자일 창시자들의 원래 의도와 생각의 흐름을 따라가면서 많은 깨달음을 얻었다. 애자일의 창시자들을 그냥 사람으로 다시 보게 되는 점도 좋았다. 그들은 슈퍼 엘리트 소프트웨어 아키텍트 모임이 아니었다. 소프트웨어 장인들에게 임명을 받았거나, 소프트웨어 프로그래머들이 경전을 만들어 달라고 선출한 것도 아니었다. 그저 자신의 직업과 삶을 더 쉽고, 스트레스를 덜 받게 만드는 방법을 알고 있는 경험 많은 개발자였다. 실패할 것이 뻔한 환경에서 일하는 데 지친 나머지, 성공할 수 있는 환경을 조성하고 싶었던 것이다.

말하다 보니 내가 일해 본 회사의 개발자 중 대다수가 이랬을 것 같다.

만약 스노버드 회의가 15년 후에 열렸다면 미팅을 주최하고 애자일이라는 생각을 웹사이트에 올리는 것은 나를 비롯하여 나와 개인적으로 함께 일했던 몇몇 개발자일 수도 있었을 것 같다. 경험이 많은 개발자 모임이긴 하겠지만, 우리 모임에서는 아마도 진짜 기업 소프트웨어 개발 세계에서는 잘 먹혀들지 않았을 허황된 생각만 너무 많이 했을 것 같기도 하다. 고급 컨설턴트의 세계에서는 생각한 대로 잘 돌아갈 수도 있을 것이다. 고급 컨설턴트처럼 필요하면 요구를 할 수 있고, 약속을 지키기 위해 조직과 관리자들을 주무를 권한이 있다면 말이다. 하지만 우리 대부분은 일개미이자 소프트웨어 공장의 톱니바퀴일 뿐이다. 우리는 대체 가능하고, 영향력이 거의 없다. 그래서 권리 장전 같은 것은 이상일 뿐이지 우리 대부분에게는 현실이 아니라는 것을 안다.

근래 들어 소셜 미디어 커뮤니티를 통해서 많은 새로운 개발자를 보며 가슴이 뭉클해지곤 한다. 그들은 컴퓨터 과학 학위와 9시-6시 개발 업무의 틀을 벗어나 자신의 영역을 확장하고, 전 세계의 다른 개발자와 소통한다. 수없이 다양한 방법으로 배우고, 자신의 지식과 경험을 공유함으로써 다른 초보 개발자를 가르치고 격려한다. 나는 이런 젊고 장래가 유망한 이들의 온라인 모임에서 다음번 방법론의 거대한 혁신을 만들어 낼 것으로 믿어 의심치 않는다.

다음 세대가 가져다 줄 다음 혁신을 기다리는 동안, 일단 우리가 지금 어디에 있고, 어떻게 일해야 하는지 재평가해 보자.

이제 이 책을 다 읽었으니 잠시 생각을 해 보자. 애자일의 여러 측면 중 이미 알고는 있었지만 많이 고민해 보지는 않은 부분이 있는지 생각해 보자. 업무 분석가의 관점에서, 프로젝트 관리자의 관점에서, 그리고 개발자를 제외한 다른 직군의 관리자 관점에서 생각해 보자. 릴리스 계획을 하고 제품 계획을 만들어야 하는 입장이라면 어떨까? 개발자가 애자일 프로세스에 투입하는 것 중 어떤 것이 그들에게 가치가 있을까? 내가 애자일 프로세스에 들이는 노력이 나의 다음 2주간 업무량 말고 어떤 다른 영향을 줄지 파악해 보자. 그리고 책의 처음으로 돌아가서 책을 다시 한번 훑어보자. 이런 더 넓은 관점으로 책을 보면, 아마 더 유용한 깨달음을 얻을 수 있을 것이다.

그다음으로는 조직의 다른 개발자에게 책을 읽고 마찬가지로 스스로를 되돌아보라고 권해 보자. 아니면 아예 개발자가 아닌 사람에게 이 책을 건네면 어떨까? 회사의 '사업' 쪽에 있는 사람에게 책을 줘 보자. 권리 장전 같은 것은 깊이 생각해 본 적이 없을 것이라고 거의 장담할 수 있다. 권리 장전이 애자일에서 산출되는 지표 못지않은 애자일의 핵심 요소임을 사업 부서 사람이 이해한다면 인생이 훨씬 더 즐거워질 것이다.

소프트웨어 개발 업계에서 애자일은 종교 비슷한 무언가가 되었다고도 할 수 있다. 많은 사람이 애자일을 본받을 만한 것으로 여기고 있다. 왜일까? 대부분의 경우는 그렇다고 들었기 때문이다. 이제는 전통이 되었고, 그냥 모두 그렇게 할 뿐이다. 업계에 입문한 새로운 세대의 개발자에게 애자일은 당연하다. 심지어 오래된 개발자 중에서도 많은 사람이 애자일이 어디에서 시작되었고, 원래의 목표나 목적, 실천 방법이 무엇이었는지 잘 모른다. 종교에 대해서 여러 의견이 있겠지만, 최고의 신봉자는 그저 들은 것을 믿는 수준을 넘어, 믿는 것을 이해하기 위해 노력한다. 그리고 전 세계 모든 사람이 단 하나의 종교를 믿지 않는 것처럼, 애자일에도 어디에나 적용할 수 있고 모든 경우에 맞는 단 하나의 방법론은 없다.

당신이 믿는 종교의 기원을 살펴보는 일은 아마 무척 중요할 것이다. 경전을 만드는 바탕이 되는 사건이나 생각을 이해하는 것은 또 얼마나 의미 있는 일일지 상상해 보라. 당신의 직업으로 시선을 돌려보면 이 책이 바로

그 역할을 한다. 이 책을 최대한 이용하자. 영향을 끼칠 수 있는 사람들에게 권하자. 원래의 목표를 되찾자. 당신, 그리고 당신과 함께 일했던 적이 있는 사실상 모든 사람이 간절히 원했던, 이야기했던, 하지만 포기했던 바로 그 목표 말이다. 성공적인 소프트웨어 개발을 가능하게 만들자. 조직의 목표를 이룰 수 있게 만들자. 상황을 더 좋게 만드는 프로세스를 만들자.

찾아보기

ㅈ